U0829685

权威·前沿·原创

皮书系列为

“十二五”“十三五”“十四五”时期国家重点出版物出版专项规划项目

BLUE BOOK

智库成果出版与传播平台

大洋洲蓝皮书
BLUE BOOK OF OCEANIA

大洋洲发展报告（2020~2021）

ANNUAL REPORT ON DEVELOPMENT OF OCEANIA (2020-2021)

全球公共卫生危机下的地区发展

Regional Development under the Global Public Health Crisis

主　编 / 王学东　费　晟
副主编 / 许少民

社会科学文献出版社
SOCIAL SCIENCES ACADEMIC PRESS (CHINA)

图书在版编目(CIP)数据

大洋洲发展报告.2020－2021：全球公共卫生危机下的地区发展/王学东，费晟主编.－－北京：社会科学文献出版社，2022.8
（大洋洲蓝皮书）
ISBN 978－7－5228－0353－1

Ⅰ.①大… Ⅱ.①王… ②费… Ⅲ.①大洋洲－研究报告－2020－2021 Ⅳ.①D76

中国版本图书馆 CIP 数据核字（2022）第 112305 号

大洋洲蓝皮书
大洋洲发展报告（2020～2021）
——全球公共卫生危机下的地区发展

主　　编／王学东　费　晟
副 主 编／许少民

出 版 人／王利民
组稿编辑／高明秀
责任编辑／宋浩敏
责任印制／王京美

出　　版／社会科学文献出版社·国别区域分社（010）59367078
地址：北京市北三环中路甲 29 号院华龙大厦　邮编：100029
网址：www.ssap.com.cn
发　　行／社会科学文献出版社（010）59367028
印　　装／三河市东方印刷有限公司

规　　格／开 本：787mm×1092mm　1/16
印 张：15.75　字 数：233 千字
版　　次／2022 年 8 月第 1 版　2022 年 8 月第 1 次印刷
书　　号／ISBN 978－7－5228－0353－1
定　　价／168.00 元

读者服务电话：4008918866

本书由中山大学“一带一路”研究院资助

大洋洲蓝皮书编委会

主要编撰者简介

王学东　中山大学国际关系学院副教授，教育部国别和区域研究培育基地——中山大学大洋洲研究中心副主任。主要研究领域为中澳关系、澳大利亚对外政策和国内政治、太平洋岛国等。

费　晟　中山大学历史学系教授，教育部国别和区域研究培育基地——中山大学大洋洲研究中心副主任。主要研究领域为亚太国际关系史、大洋洲移民问题及澳大利亚社会问题等。

许少民　中山大学国际关系学院副教授，教育部国别和区域研究培育基地——中山大学大洋洲研究中心主任助理。主要研究领域为中澳关系、软实力和公共外交。

摘 要

《大洋洲发展报告（2020～2021）》主要对2020～2021年度澳大利亚、新西兰及南太平洋主要岛国的国内政治、经济与对外关系发展状态，进行了全面总结、评估与展望。首先，突如其来的全球公共卫生事件对大洋洲地区经济发展和社会治理造成了全面冲击，尤其是对高度依赖外部援助的南太平洋岛国带来了空前压力。大洋洲地区国际旅游及国际教育产业首当其冲。在内外经济发展条件急剧恶化的情况下，澳大利亚与新西兰先后采取了量化宽松的经济政策，并且提出了以拉平疫情增长曲线为主要目标的应对策略，以求最大限度减少封锁所造成的负面经济与社会影响。这一对策取得了一定成效，澳大利亚与新西兰的年度经济增长呈现比较明显的“V”形走势，其中房地产交易热成为推动经济复苏的重要因素。

2020年澳大利亚内部治理问题较为突出。从2019年蔓延至2020年的森林大火不仅造成了重大人员与财产损失，破坏了澳大利亚的生态环境，也凸显了澳大利亚社会治理的结构性缺陷，莫里森政府的执政威信遭受了空前打击。伴随着新冠肺炎疫情的蔓延，澳大利亚社会内部族群分裂和种族歧视问题也暴露无遗，对亚裔的仇恨言行频繁显现，引起了一定的社会心理恐慌。

2020年新西兰举行了大选，执政党工党在杰辛达·阿德恩的率领下以压倒性优势毫无悬念地赢得连任。这说明新西兰执政党各方面的工作获得了民众较为广泛的支持。这也再次说明新西兰社会分化程度较轻，政府能够较好规避阶级、族群及文化撕裂问题，其政治体制也能较好地回应民众的诉求。

2020年，南太平洋岛国尽管因为远离高风险疫区而没有遭遇显著疫情，但它们缺乏足够的自救资源。一方面应急性防疫手段与物资不足，另一方面也缺乏真正的公共防疫体系。因此无论从硬件还是软件层面看，以中国援助为代表的外部防疫援助尤其是直接援助成为当地防疫工作的基础。随着疫情的持续，南太平洋岛国发展不平衡问题会进一步加大，对外来援助及大国的依赖将进一步加强。以帕劳为代表的密克罗尼西亚诸岛国纷纷退出太平洋岛国论坛，造成了第二次世界大战后南太平洋岛国区域合作史上的最大危机。

2020年大洋洲对外关系受到美国政府肆意加剧地区紧张局势以及刻意毒化中美关系的负面影响。尤其是随着“美日印澳”“印太”战略的联合推进，域内外各大国在大洋洲地区的竞争持续加剧。一方面，美国在太平洋地缘政治问题上竭力拉拢驱使澳大利亚参与以遏制中国为目的的各种挑衅。美国也尝试增加对太平洋岛国的援助与干预，尤其是试图通过军事上的交流将其整合进更大范围的地缘政治同盟体系。另一方面，澳大利亚一系列破坏中国国际声誉及遏制中国的言行使本已处于低谷的中澳关系进一步下滑。中新关系尽管出现了一些杂音，但新西兰政府对国际事务依然保持了理性负责的评价与参与态度。

关键词： 澳大利亚　新西兰　南太平洋岛国　新冠肺炎疫情　印太战略

目 录

Ⅰ 总报告

Ⅱ 分报告

Ⅲ 专题篇

Ⅳ　附录

皮书数据库阅读使用指南

总报告

General Report

B.1
2020年度大洋洲地区发展形势回顾与展望

王学东　费　晟*

摘　要：突如其来的新冠肺炎疫情给2020年的国际形势造成了空前冲击，同时也深刻影响了大洋洲地区的内外事务。澳大利亚国内的民粹主义积极呼应西方新保守主义、民粹主义思潮，其国内政治极速右倾化。澳方不顾自身面临的巨大经济发展压力，强势站队传统大国，对新兴大国的政治戒心不断高企。相比之下，新西兰举行大选，工党政府顺利实现连任，在国内事务诸如推动温室气体减排、应对新冠肺炎疫情等议题上表现得可圈可点。在国际事务上，工党政府保持对西方意识形态的集体认同立场，并奉行相对审慎的“贸易中立”原则，取得了与各方关系的平衡平缓发展。而对南太平洋岛国

* 王学东，中山大学大洋洲研究中心副主任、国际关系学院副教授；费晟，中山大学大洋洲研究中心副主任、历史学系教授。

来说，气候变化与疫情冲击多重交织、经济停滞，治理问题进一步突出，地区内部合作遭遇困境。这一切都说明，随着全球化型构作用日益凸显，日趋加剧的全球性议题使得大洋洲地区不再可能偏安一隅，而是成为世界主要国家双边或多边关系的重要交点。大洋洲地区各国只有采取科学理性的态度与政策，通力合作，才能实现本地区的和谐发展。

关键词：　大洋洲地区　政治形态　外交政策　气候治理

一　大洋洲地区经济发展整体疲软，内外部挑战较大

突如其来的新冠肺炎疫情肆虐及其关联因素持续，且受世界经济衰退影响，2020 年大洋洲地区国家经济普遍呈负增长；随着世界经济触底反弹，2021 年大部分大洋洲国家经济转为正增长，但预计增长速度总体低于世界平均水平，大洋洲地区经济复苏仍显疲软（见表 1）。

从反映其内部经济活力的消费者物价指数来看，2020 ~ 2021 年大洋洲地区各国居民消费价格指数普遍呈低速增长，但在经济衰退和复苏的困难时期，物价持续上涨仍给国计民生造成较大压力。在经常账户差额方面，2020 ~ 2021 年大洋洲地区国家大部分呈走低态势，或由顺差转为逆差，或逆差进一步扩大，反映出 2020 年大洋洲国家在国际贸易中处于不利地位。在政府净借款率方面，2020 ~ 2021 年大洋洲各国普遍出现财政赤字，且部分国家财政赤字有进一步扩大的趋势，政府对经济的宏观调控持续吃紧。

就宏观经济政策调整及效果上看，面对疫情造成的全面冲击，澳大利亚率先采取量化宽松宏观经济政策调整，新西兰紧随其后。澳大利亚联邦储备

银行在2020年3月将存款利率由0.75%降低至0.25%，创历史新低。但是在3~6月，澳大利亚失业率仍然由于旅游业和内部商贸活动的停滞而从5.2%上升至7.4%，加上消费者信心指数的急剧下滑，澳大利亚国民生产总值在2020年前两个季度连续负增长，为29年来首次出现。下半年澳大利亚经济形势有所好转，主要是得益于政府的刺激政策以及适度解除封锁的政策。即澳大利亚政府接受疫情以“平滑曲线”形式上升，减少地区间隔离封锁，鼓励非群聚性活动。尽管远低于历史同期水平，但下半年澳大利亚经济增长幅度达到3.3%实属不易，一个值得注意的贡献点在于房地产消费的报复性反弹。另外对于社会稳定有益的指标是，澳大利亚就业率至2020年底比6月的数据上升3.4%。①

新西兰的经济发展形势优于澳大利亚，明显呈现出一个“V”形变化模型。新西兰经济从2020年第二季度开始回升，至年底增幅比第一季度增加11%，全年经济实现了0.4%的正增长。与澳大利亚类似，房地产消费的增长成为下半年新西兰经济恢复的重要刺激因素。从宏观层面看，新西兰经济明显恢复的主要原因一是该国本身没有遭遇大面积疫情，封锁隔离政策针对具体疫情动态调整，最大限度保证了国内各类生产生活的正常秩序；另一个原因是政府采取了大规模的经济救助和刺激手段，包括量化宽松的货币政策以及44亿美元的面向全体国民的纾困资助金。②

南太平洋岛国的情况更为复杂。一方面由于南太平洋岛国经济体量小、产业单一且薄弱，在面临全球性防疫封锁并限制人员流动的局面下，其自我经济恢复困难重重；另一方面，由于域内外大国都采取了更直接的防疫物资援助和经济援助措施，南太平洋岛国经济有不同程度的增长。不过，其中的隐忧是南太平洋岛国因为更加依赖外部市场，其外汇储备进一步缩水，且通

① Guay Lim, Viet Nguyen, Tim Robinson, Sarantis Tsiaplias and Jiao Wang, “The Australian Economy in 2020 -2021: The COVID -19 Pandemic and Prospects for Economic Recovery”, *The Australian Economic Review*, Vol. 54, No. 1 (Spring 2021), pp. 5 -7.

② Tracy Withers, “New Zealand Economy Surges Out of Recession in V-Shaped Recovery”, https://www.bloomberg.com/news/articles/2020 -12 -16/new -zealand -economy -surges -out -of -recession -amid -spending -spree，访问日期：2021年4月9日。

货膨胀率的预期远高于澳大利亚和新西兰。以巴布亚新几内亚为例，其债务占国内生产总值的比例从 2019 年的 41.4% 上升至 2020 年的 44%。①

表 1　2019～2021 年大洋洲国家宏观经济指数

单位：%

项目	GDP 实际增长率			居民消费价格指数			经常账户差额			政府净借款率		
	2019 年	2020 年	2021 年	2019 年	2020 年	2021 年	2019 年	2020 年	2021 年	2019 年	2020 年	2021 年
世界	2.8	-4.4	5.2	—	—	—	—	—	—	—	—	—
发达经济体	1.7	-5.8	3.9	1.4	0.8	1.6	0.7	0.5	0.6	0.6	0.5	0.6
澳大利亚	1.8	-4.2	3.0	1.6	0.7	1.3	0.6	1.8	-0.1	-3.9	-10.1	-10.5
新西兰	2.2	-6.1	4.4	1.6	1.7	0.6	-3.4	-2.0	-2.4	-2.9	-9.2	-8.7
巴布亚新几内亚	4.9	-3.3	1.2	3.7	3.4	3.9	22.2	14.7	18.9	-5.0	-6.3	-5.4
斐济	-1.3	-21.0	11.5	1.8	-1.3	1.1	-12.9	-15.3	-12.1	-5.1	-19.2	-9.0
所罗门群岛	1.2	-5.0	4.5	1.8	3.9	3.0	-9.6	-11.3	-16.4	-1.7	-5.6	-4.9
瓦努阿图	3.3	-8.3	4.3	2.7	2.9	2.4	13.1	-0.3	-1.6	4.6	-7.6	-5.5
萨摩亚	3.5	-5.0	-1.5	2.2	2.8	2.5	2.3	-7.1	-7.0	2.7	-7.3	-9.8
汤加	0.7	-2.5	-3.5	3.3	0.5	0.8	-4.8	-4.6	-17.5	3.2	5.1	-4.5
密克罗尼西亚联邦	1.2	-3.8	1.2	1.9	-0.8	2.5	16.0	1.6	3.5	16.4	-1.7	4.5
帕劳	-1.8	-11.4	-7.4	0.6	0.0	0.0	-26.6	-32.7	-35.4	0.3	-6.4	-12.3
马绍尔群岛	5.3	-4.5	-0.9	1.2	0.9	1.1	8.0	1.6	1.2	0.3	-3.5	2.3
基里巴斯	2.3	-1.1	3.0	-1.9	1.5	2.0	32.0	-1.6	2.8	15.0	-13.2	-9.5
瑙鲁	1.0	0.7	1.3	4.3	0.9	1.2	10.5	4.2	3.4	20.8	31.5	13.2
图瓦卢	6.0	-0.5	3.0	2.2	1.5	2.2	12.4	17.0	-11.0	-8.6	-12.3	-10.3

注：四项指标中 2020 年、2021 年数据及政府净借款率部分 2019 年数据为国际货币基金组织预测数据；经常账户差额和政府净借款率以其占 GDP 的百分比表示。

资料来源：IMF，*World Economic Outlook*，October 2020，Statistical Appendix，https：//www.imf.org/－/media/Files/Publications/WEO/2020/October/English/StatApp.ashx。

① IMF，*World Economic Outlook Database*，October 2020，Statistical Appendix，https：//www.imf.org/－/media/Files/Publications/WEO/2020/October/English/StatApp.ashx.

就大洋洲地区经济发展的整体趋势来看，形势能否有所好转，基本上取决于三个外部因素。第一是全球疫情控制的效果。如果全球疫情导致的各国封闭国门的状态无明显改观，那么高度依赖外部市场及投资的大洋洲经济体都会继续面临严重的市场需求疲软问题。尤其是作为澳新两国经济支柱的国际旅游业与国际教育产业，将持续遭受打击，导致明显的失业。第二是地区国际关系的变化。由于澳大利亚政府的屡次挑衅破坏了中澳双方经济交流合作的互信基础，其出口市场遭受不可测的外部政策变化因素打击的风险极高，澳大利亚国内生产与出口行业的压力很大。如果中澳关系短期内难以回升，则澳大利亚经济将更依赖于其他较小市场的支撑，增长的不确定性也增大。新西兰则相对有可能获得较好的外部贸易环境，但也取决于其应对国际关系变化的立场。第三是社会内部秩序的稳定。持续的经济下滑已经影响到大洋洲地区各国社会内部的稳定性，尤其是在基础本身较为脆弱的南太平洋岛国。持续增加的地区发展不平衡与利益人群分化现象，可能导致社会冲突和动荡，进而严重伤害国家经济政策的连续性以及地区合作共赢的团结协作局面。

二　大洋洲地区政治光谱摇摆分裂，区域治理问题不容乐观

2020 年，大洋洲地区各国国家政治氛围明显受到国际环境的影响。其中，澳大利亚更是右倾化加剧，保守主义政治价值观强势回归；澳国内的经济状况因此受到相当大影响，也导致其在气候变化等问题的治理上力不从心。新西兰工党政府施政得当、治理有方，顺利赢得大选连任；新政府在国际事务上不盲从、不冒进，奉行“贸易中立”的原则；在地区事务治理上扮演着相对务实的角色。由于 2020 年经济的萧条与停滞，南太平洋岛国普遍处于社会焦虑当中；而日益严峻的气候变化问题，让这一区域的岛国感到前所未有的无力与焦灼。与此同时，太平洋岛国论坛由于运行规则与各国政治主张之间的分歧问题而走向分裂。总而言之，大洋洲地区的国际合作意识减少、合作尝试退缩，区域内外的政治猜忌与经济对抗态势增加。

（一）澳大利亚国内政治生态明显右倾，外交政策追随传统西方大国

一直以来，澳大利亚由于相对超然的地缘优势，在亚太区域的势力增长与均衡的天平上占据着有利地位，并从大国间的竞争中获取了不少收益：其游走于新兴国家与传统大国之间，既获得了广阔的市场与丰厚的经贸收益，同时又从另一方获取政治认同与安全保障。但是在近几年尤其是 2020 年，受国内外民粹主义、逆全球化思潮以及极端利己主义的影响，澳大利亚政府在国内国外各个层面均呈现出大幅倒退。在政治意识形态方面，澳大利亚不再恪守价值中立的原则，明显将右翼思想作为国内外决策的首要依据，对亚洲地区新兴国家展现出明显的抵制心理与文化拒斥；甚至在其引以为荣的环境保护领域也连连失分，在应对全球气候变化、加强环境保护的国内实践和国际合作方面逐步蜕化，进入落后阵营。

2019 年澳大利亚大选的结果已经决定了其联邦政府在 2020 年的各项重大决策中难以享受更灵活变通的迂回空间。莫里森政府的成功连任，本身就是西方国家新保守主义、民粹主义普遍盛行的国际氛围与澳大利亚国内右倾化相呼应的结果。具体而言，以美国为首的发达国家右倾化暗流涌动，澳大利亚无法排除其影响。另外，在经济普遍不景气的情形下，澳大利亚人会优先关注包括就业在内的个人利益问题，而淡化甚至敌视政府根据社会整体发展所需的战略性决策。2020 年新冠肺炎疫情席卷全球和澳大利亚经济下行对其国内政局、政治氛围和对外政策产生了重大影响，加速了澳大利亚政局和国内政治氛围右倾化、民粹化的发展，也鼓励了其国内逆全球化思潮的发展。2020 年初期，莫里森政府由于应对山火不力招致社会民众以及各方媒体的批评，其执政压力显著加剧。疫情发生之后，虽莫里森政府应对不力，但鉴于澳大利亚自身的地理环境，尤其是主要西方国家的数据与措施提供了对比的素材与下限，澳联邦政府的民意支持率反而得到一定的提升。①

① 费晟：《澳大利亚森林大火警示人类重视自然规律》，《中国社会科学报》2020 年 4 月 16 日，第 1908 期。

随着上述社会思潮和政治氛围的持续蔓延与发酵，澳大利亚在与国际社会合作抗疫、促进全球经济复苏、推动世界经济自由化和投资便利化以及区域发展一体化方面的表现都出现言行不一的状况。比如在全球合作抗疫急需强化的紧急关头，莫里森政府在 2020 年 8 月宣布推出《外交关系法案》(*Foreign Relations Bill*) 并于4 个月后获得正式通过。该法案赋予澳联邦政府阻止州政府、地方政府及大学机构与外国政府签署新协议，以及废除过去签署的协议的权力。① 这就意味着，执政党能在广泛领域阻止或限制外国参与合作，涵盖基础设施、贸易合作、旅游、文化交流、科技、健康和教育(包括大学研究合作)。②

此外，澳大利亚政府在应对全球气候变化、加强环境保护的国内实践和国际合作方面均呈现出大幅倒退，首先遭到了南太平洋岛国的猛烈批评。③ 在中国、日本、韩国等传统能源重要国家纷纷提倡大幅削减温室气体排放、设立雄心勃勃的减排目标的同时，以莫里森为首的澳大利亚执政党却始终为煤炭产业辩护，并且拒绝呼应国际社会和环境保护人士的合理诉求，招致国际社会的批评。区域内外的国家普遍认为，澳大利亚政府不负责任、不守承诺，丝毫没有表现出一个碳排放大国应有的责任感。④

澳大利亚作为大洋洲地区客观上最大的行为体，需要不断地自我反思、重新定位。在 2020 年，由于澳大利亚在意识形态上过度倾向于美国，且并未采取一种实事求是、客观中立的政治立场，结果导致其经济下滑。澳大利

① *Australia's Foreign Relations* (*State and Territory Arrangements*) *Bill 2020 and Australia's Foreign Relations* (*State and Territory Arrangements*) (*Consequential Amendments*) *Bill 2020*, Parliament of Australia, 10 December 2020, https: //www. aph. gov. au/Parliamentary_ Business/Committees/Senate/Foreign_ Affairs_ Defence_ and_ Trade/AustForeignRelations2020.

② “Aussie Foreign Relations Bill Could Further Worsen China Ties”, 华东师范大学新西兰研究中心官网, 5 December 2020, http: //english. ecnu. edu. cn/00/87/c1706a262279/page. htm。

③ “Pacific Islands Criticize Australia's Carbon Accounting Dodge”, *Climate Home News*, 31 July 2019, https: //www. climatechangenews. com/2019/07/31/pacific – islands – criticise – australias – carbon – accounting – dodge/.

④ “Asian Net Zero Wave Leaves Australia's Scott Morrison Isolated”, *Climate Home News*, 30 October 2020, https: //www. climatechangenews. com/2020/10/30/asian – net – zero – wave – leaves – australias – scott – morrison – isolated/.

亚过分投机、站队传统大国的做法已经使其国内经济偏离正常轨道、外交立场僵化以及国际地位波动。随着美国新总统上台与战略的调整，澳大利亚何去何从是摆在澳政府面前的一个重要问题。2022 年澳大利亚联邦大选即将到来，莫里森政府面临巨大的压力。面对保经济增长的巨大压力，如何摆正澳大利亚在新兴大国与传统大国天平上的位置，是考验澳大利亚执政党及在野党政治智慧的首要问题。

（二）新西兰国内政治稳定、治理有序，外交政策秉承“贸易中立”原则

在 2020 年新冠肺炎疫情的大背景下，新西兰政治形态发展良好，外交政策游刃有余。新西兰政府积极应对新冠肺炎疫情和推动疫情防控，并成功完成 2020 年全国大选，在气候变化与环境保护、就业和房价控制等议题上的表现颇有可圈可点之处。此外，聚焦 2019 年“基督城恐怖袭击”犯罪嫌疑人的审判，围绕反恐和枪支管理的讨论也成为新西兰国内政治的一大焦点。外交方面，新西兰一贯秉承“巩固关系、发展贸易”的主旋律，积极地与太平洋地区和亚太地区的几个国家（中国、日本、新加坡等）进行沟通合作。新西兰在处理各项问题上思路清晰、立场中立，对问题的处理游刃有余。新西兰政府应对疫情措施得力，在气候变化问题上态度积极，在 2020 年选举中，工党不负众望，继续引领新西兰发展。2021 年新西兰即将承办 APEC 会议，届时也会引来国际社会的关注。

2020 年是新西兰的大选之年。新西兰大选尽管在疫情下举行，但总体而言，投票过程比较顺利，结果没有引发太多争议。阿德恩领导的工党、优先党和绿党组成的执政联盟尽管遭受些许批评，但总体上受到各方称赞。大选的结果是，工党得票比例过半，最终得到的议席为 65 席，从而成为自混合比例代表制施行以来，第一个取得议会过半议席、可单独组阁执政的政党。[①] 这

① 《新西兰总理所在党赢得大选　拟两到三周内组建新政府》，中国新闻网，2020 年 10 月 18 日，http：//www. chinanews. com/gj/2020/10 - 18/9315823. shtml。

个成绩很大程度上是民众对阿德恩联合政府过去三年执政成绩特别是新冠肺炎疫情应对措施的认可与肯定。总的来说，新西兰工党等左翼政党注重在环保、民生、社会公正与对弱势群体保护等议题上的平衡；而国家党等右翼政党则更强调经济发展和基础设施投资等方面的重要性与优先性。究其实质，新西兰的基本国情基本上决定了其国内的主要政党（特别是工党和国家党两大政党）的政治纲领与执政措施之间的区别仅仅是程度上的不同，而没有根本原则上的差异。

阿德恩新内阁的施政纲领将治理气候变化问题与推动经济复苏、促进良性发展有机结合起来。虽然新西兰不同党派与群体对于气候变化问题有不同的态度、立场与政策建议，但总体而言，新西兰社会对于气候变化、可持续发展的重视程度在全球都排在前列。新西兰议会 2019 年 11 月以多数票通过了世界上首部《零碳法案》（*Zero Carbon Bill*），在某种程度上就反映了新西兰社会这种对环境与气候变化问题的重视和共识。① 此外，阿德恩政府提出的“恢复与振兴”愿景中涉及两大机会，其中一个领域和机会是数码技术的发展与应用；另一个机会就是气候变化、减排与可持续发展。

在外交层面，新西兰政府奉行相对独立的原则与立场，即奉行多边主义，积极拓展与其他国家的贸易往来；在经济问题上不以意识形态划线。新西兰虽然是“五眼联盟”中的一员，但在对华问题上表现相对审慎。2021 年 3 ~ 4 月，世界卫生组织公布有关新冠病毒起源的研究报告后，美国不愿意正视科学，纠集一些国家发表了联合声明污蔑中国。新西兰政府没有参与其中，且其外交部官员表示新西兰政府要独立分析世卫组织的报告后再做出决议。

在贸易问题上，新西兰政府不以意识形态划线，奉行“贸易中立”的原则。新西兰与中国的双边贸易额从 2008 年的 44 亿美元，增长到 2020 年的 181 亿美元，年均增速 14%。自 2013 年起，中国已连续多年成为新西兰

① “New Zealanders Vote for Climate Ambition of Ardern and Greens”, *Climate Home News*, 19 October 2020, https: //www. climatechangenews. com/2020/10/19/new - zealanders - vote - climate - ambition - jacinda - ardern - greens/.

第一大贸易伙伴，随着双方的贸易伙伴关系不断升级，两国进一步削减关税壁垒：新西兰已取消所有自中国进口产品的关税，中方已取消97.2%自新西兰进口产品的关税。2021年1月26日，《中华人民共和国政府与新西兰政府关于升级〈中华人民共和国政府与新西兰政府自由贸易协定〉的议定书》（简称《升级议定书》），通过视频方式正式签署。根据协定，新西兰确认放宽对中资审查的门槛，给予中方投资者与《全面与进步跨太平洋伙伴关系协定》（CPTPP）成员同等的审查门槛待遇。中方在《区域全面经济伙伴关系协定》（RCEP）基础上，对新方进一步扩大在航空、教育、金融、养老、客运等领域的开放。同时，新西兰99%的木材和纸品将获得免关税准入，新西兰对华出口的乳制品将在2024年实现“免税”。[①] 这是中国签署的第一个涵盖货物贸易、服务贸易、投资等诸多领域的双边全面自贸协定（FTA）。同时，也是中国同西方发达经济体第一个启动谈判、第一个生效、第一个实施的高标准自贸协定。中新双边全面自贸协定（FTA）升级使新西兰成为继新加坡、智利之后第三个与中国完成FTA升级的国家。

新西兰政府与中国政府在中新自贸协定问题上实现了合作双赢的利好。中新FTA升级版开启了双方着力提升自贸协定水平的行动，既进一步推动中国自贸区梯度发展建设的新格局，同时也为新西兰经济复苏助力加油。与中国完成签署《升级议定书》之后，新西兰贸易和出口增长部长奥康纳（Damien O'Connor）在接受美国消费者新闻与商业频道（CNBC）采访时表示，中新关系是新西兰最重要的双边关系之一，新协议将帮助新西兰“贸易复苏计划”。他一再主张多边主义取代保护主义与民族主义，共同推动国际贸易。同时他还建议澳大利亚等国政府，应该效仿新西兰与中国打交道的方式，“多点外交技巧”，展现更多尊重。他认为，过去几年，部分欧美国家过度关注本国经济和问题，有时会牺牲与其他国家的合作和协作，导致保护主义和民族主义占据主导地位，但民族主义不是“前进的方向”，并希望在世界各地建立多边贸易和外交关系，

---

① 王立：《“十四五”时期自贸区升级，将助力“双循环”发展新格局》，第一财经，2021年2月21日，https://www.yicai.com/news/100954224.html。

并发挥新西兰的作用。[①]

新西兰大选直接决定了未来三年内新西兰的政治生态与外交走向，影响地区的良性互动以及国际关系的发展走向。在过去的几年中，以阿德恩为首的新西兰执政党在联合国舞台、应对气候变化等议题上的表现获得了国内外的肯定；阿德恩对“基督城恐怖袭击”事件的处理进一步提升了新西兰政府在国内外的声誉。新冠肺炎疫情发生后，工党政府做出了相对及时和坚决的反应，较为成功地控制了新冠肺炎疫情的扩散和伤害。以特朗普政府为代表的部分西方国家政府为了迎合民粹选票，忽视专家建议，歪曲科学结论，结果导致防疫成果有限，甚至阶段性失控。在这种强烈对比之下，新西兰政府的成功更能说明“价值理性与工具理性统一”的伟大意义。新西兰的上述成功也引发了新西兰政府与新西兰社会主流民意对自己的社会价值观与治理经验的自豪。新西兰或许会将自己的经验与价值观向区域内甚至全球积极传递。在可以预期的将来，新西兰将延续一贯的原则，追求相对独立自主的外交政策，强调联合国等国际组织、国际规范的作用，重视在气候变化、环境保护等全球问题上的参与和影响，重视在本地区事务上的参与和与各方的协调、合作，并推动国际贸易和投资等方面的合作，包括地区和全球贸易多边体系的建设与提升。对于大洋洲及南太平洋区域事务，新西兰将仍然优先予以关注，并保持积极参与的态势。

（三）南太平洋岛国遭遇疫情与气候变化双重压力，身份与认同问题加深阵营裂痕

新冠肺炎疫情会随着疫苗接种普及率的提高而有望得到一定程度的有效控制。但新冠肺炎疫情对世界各国的经济稳定发展造成了严重创伤，大洋洲地区自然难以独善其身。其中，经济发展相对单一而乏力的南太平洋岛国具

---

① “Nationalism ‘Is Not the Way Forward’: New Zealand Minister Calls for More Trade Relationships”, *CNBC News*, 27 January 2021, https://www.cnbc.com/2021/01/27/new-zealand-trade-minister-on-trade-deal-with-china-china-australia-tensions.html?&qsearchterm=Damien%20O%27Connor.

有显著的敏感性与脆弱性。经济结构单一、可持续能力薄弱导致南太诸岛国的内政外交不断分化、重新组合；区域内的政治极化现象与全球大国的深度影响叠加引发了“共振放大效应”。二者的合力反过来可能会进一步加剧南太岛国社会内部更为持久的动荡。

特朗普政府时期，以美国为首的发达国家在应对气候变化、对外援助及人文交流等事务方面大踏步地倒退，结果造成南太平洋岛国的发展被置于边缘化的境地。从长远看，这会影响到该地区最弱小国家发展的希望，而且也会导致该地区部分国家孤立主义、民粹主义势力抬头。大洋洲地区可能成为逆全球化现象冲击和伤害最大的区域。2020 年美国总统选举，民主党总统候选人拜登最终获胜。“积极应对气候变化”是民主党的一贯立场。拜登获胜之后，高调地宣布“美国将重返世界”，而气候变化问题就是拜登推行美国多边外交的一个重要舞台。2021 年 3 月底，美国白宫发表声明称，拜登已邀请约 40 位全球政要参加于 4 月 22 ~ 23 日“地球环境日”举行的全球气候高峰论坛。大洋洲地区温室气体主要排放国家澳大利亚、新西兰受邀参加会议。此外，马绍尔群岛代表气候脆弱性国家也受邀参会。拜登邀请各国领导人集中讨论减少排放以将全球变暖控制在 1.5 摄氏度以内，采取气候行动的经济效益，以及减少排放的技术等问题。为此，此次峰会着重突出气候变化问题的紧迫性，再次呼吁世界各国追求长期收益。① 更为重要的是，美国拜登政府试图以气候治理为探路石，强调在气候治理进程中的对外援助。具体而言，即相关机构应在美国国务院海洋及国际环境与科学事务局以及美国环保署国际与部落事务办公室领导下向其他国家提供技术援助，有时还提供资金援助，以实施有效的环境和公共健康保护计划。美国民主党政府的最终目的，就是既要抗衡新兴国家日益凸显的影响力，又要恢复对传统盟国的把控，稳固既定秩序。具体而言，就是以非传统领域（如气候变化治理、经济恢复、卫生措施、社

① “Biden Invites World Leaders to Climate Summit”, *CBS News*, 26 March 2021, https://www.cbsnews.com/news/biden-invites-putin-xi-40-world-leaders-climate-summit/?intcid=CNM-00-10abd1h.

会法治等）为契机与抓手，进一步拉拢大洋洲地区国家，实现其分化组合的目的。其结果之一是，作为澳大利亚和新西兰展现外交影响力的太平洋岛国论坛由于领导层换届问题而出现分歧，导致这个地区性组织面临分崩离析的危险。2021 年 2 月 9 日，基里巴斯、密克罗尼西亚联邦以及马绍尔群岛和瑙鲁表示，将效仿帕劳退出太平洋岛国论坛。几个岛国集体对外发表联合声明称，退出的原因为论坛秘书长选举程序“不可控”，论坛伙伴忽视了有关这一职位轮换的非正式协议，使得该论坛面临结构危机和可能的进一步分裂。众所周知，尽管过去太平洋岛国论坛对于地区间的国家合作发挥了非常重要的作用，但当下论坛分裂的主要原因可能还是岛国之间的利益纷争。对此，中方多次通过不同场合表态，衷心希望不要因为个别国家的利益或者其他的纷争因素，而导致太平洋岛国论坛处于四分五裂甚至完全不合作的状态。[①] 因为这不仅对于退出的国家不利，而且会给整个南太平洋岛国未来的合作与发展投下阴影。

三　全球化与逆全球化持续交锋，区域内外的政治互动与外交沟通日益凸显

在全球化与逆全球化的双重型构作用之下，大洋洲地区的重要性日益凸显。大洋洲地区事务不断成为以联合国为主要框架的国际组织的重要话题。美国、日本、英国以及欧洲大陆国家等不断加深、加强与该地区的联系与互动。大洋洲地区各国的对外关系虽然反映了各自国家利益的诉求，但无可否认它们都深受国际政治大局变化尤其是大国博弈的牵动。

2021 年 4 月，美国参议院外交委员会抛出《2021 年战略竞争法案》（草案），其第 291 号议案“美国在大洋洲地区的接触战略及其政策”中建议：美国政府应该提升大洋洲地区各国在美国安全问题上的重要性与经济问题上的优先性，将大洋洲地区打造、培育成为印太地区法治与民主的典范。

① 《中国侵犯太平洋岛国利益？外交部：纯属抹黑》，《新京报》2020 年 12 月 25 日。

具体而言，美国应该深化与帕劳、马绍尔群岛、密克罗尼西亚联邦之间在防御、外交、经济与发展等层面的全方位的关系；与此同时，美国还要依托与澳大利亚、新西兰以及日本一道强化联盟目标，处理该地区乃至全球的卫生、环境保护、灾害应对防御、非法渔业、海洋安全以及经济发展等众多问题；在现存区域组织与国际结构之下，尽可能地积极参与该地区事务，以促进美国与大洋洲地区国家的安全与经济目标；旗帜鲜明地反对恶意的外来势力影响，反对破坏大洋洲地区原有的政治、环境、经济与社会稳定与秩序的行为。为此，美国参议院外交委员会还专门勾画了“大洋洲区域战略路线图”（Oceania Strategic Roadmap），敦促美国国务院在该法案颁布180天之内，与澳大利亚、新西兰、日本等盟国一道加强合作、通力而为。①

大国全球层面的博弈在大洋洲地区表露无遗。这种竞争不仅体现在澳大利亚对传统大国的偏袒与认同上，也体现在新西兰对自主性的坚守与对“贸易中立”原则的秉持上，还体现在有关各方主动与众多南太岛国之间的交往和互动以及阵营的分化上。澳大利亚在文化、意识形态上与传统西方国家具有共性，对在外交与军事上进一步趋同于美国具有主动性；同时也对亚洲新兴国家全方位崛起日益担忧且存在认知抵触，而美澳军事同盟及“五眼联盟”等机制为澳大利亚追随美国提供了制度保障。与澳大利亚相比，新西兰的领导阶层更加注重经济事务。而众多的南太岛国既需要世界各国的积极帮助与支持，又可以充当大国沟通与博弈的平衡点。在当前的境遇下，南太岛国可能将进一步寻求传统域内外大国之外的外部援助，并强化与东亚国家的全面联系，因为这有利于增加这些国家发展的资本、技术与安全来源。不可忽视的是，中国与大洋洲地区国家关系的发展未来仍存在一定的变数，而美国对大洋洲地区主要国家特别是对南太岛国关系的调整可能对该地区发展产生难以预测的影响。

关于大洋洲地区未来的整体发展局面，至少有两大主要因素可能构成决

① “A Bill to Address Issues Involving the People's Republic of China ”, 117th Congress, 1st Session, USA, https://www.senate.gov/.

定性的影响。第一大因素是全球公共卫生事件的发展态势。澳大利亚、新西兰与南太平洋岛国由于特殊的地理位置，可以很轻松地做到对外封锁，防止疫情传入。但为了保证经济发展以及对外交流，澳新两国其实都采取了一种接受感染人数以“平滑曲线”形式上升的防疫原则。一方面不完全中断对外民事交流与活动，另一方面避免过分严苛的内部隔离管控。但是，澳新两国与亚洲国家保持着特别紧密的传统联系，而其中一些国家防疫成效不明显，因此在澳新两国都将长期面临输入性疫情的风险，在不完全锁国的情况下，需要投入大量的公共资源予以监督和防控。而对南太岛国来说，疫情导致的公共卫生的直接负担以及国际旅游产业的凋敝，将给当地经济造成持续的严重打击，很可能导致当地发展举步维艰。第二大因素是传统大国与新兴大国关系变化的影响。如果中美两国能够求同存异，保持总体合作而非对抗的交流态势，则澳大利亚与新西兰将更容易保持中立。但中美两国如果在国际事务的基本原则与目标上存在分歧并且关系紧张，则澳新两国将会面临“选边站”。对于澳大利亚而言，在意识形态与国际关系上倒向美国，将导致澳方外贸与经济发展空间更加狭小。相比之下，新西兰因其体量较小而具有一定的选择空间。而南太平洋岛国将更明显地受到域外大国的干预和竞争的影响，一方面它们需要外来援助，另一方面它们在接受西方国家援助时将被迫负担更多政治义务。在国际格局整体呈现极化对抗的趋势下，大洋洲地区国家社会内部的撕裂将更加明显。当然，在全球气候变化问题上，即便澳大利亚继续保持较为消极的态度，但是相比于特朗普政府领导美国的时代，其国际合作的潜力会有所丰富。这些都说明，相关国家只有摒弃零和游戏的思维，以迅速控制全球疫情并消除其造成的负面影响为近期目标，以促进经济发展和维持地区平稳为长期目标，采用科学理性和开放多边的合作，才能确保包括大洋洲地区在内的世界的稳定与可持续发展。

分报告

Special Reports

B.2
澳大利亚2020年内政、外交和经济形势

黄家瑜　于　镭　于飞洋*

摘　要：　受经济衰退和美国国内政治氛围的影响，2020年澳大利亚国内政治形势加速右转，右翼势力、种族主义势力和民粹主义力量呈快速增长之势。澳大利亚国内政治近年来的持续右翼化、民粹化表明该国在短期内难以生成逆转国内政治氛围和演进趋向所需的政治变革力量。莫里森政府在严峻的疫情挑战下除了积极抗击新冠肺炎疫情蔓延之外，在对外关系上也持续发挥澳大利亚“中等强国”的功能，包含深化美澳同盟合作、积极拉拢“印太地区”盟友、巩固澳大利亚在南太地区的领导地位、强化与欧洲的经贸联结等等。受冷战思维的影响，澳大利亚连续28年的经济增长因

* 黄家瑜，澳大利亚新南威尔士大学国际政治学博士，广州南方学院副教授、通识教育中心副主任，主要研究领域为国际政治、中国外交政策、亚太区域安全研究；于镭，聊城大学太平洋岛国中心首席研究员、教授，北京外国语大学客座教授，主要研究领域为亚太国际关系、中澳关系；于飞洋，北京建筑大学外语与国际文化学院硕士研究生。

疫情防控政策失误和追求与中国“脱钩”政策而终结。其经济急剧萎缩，失业率飙升至历史峰值。2020年下半年以来，受国际市场大宗商品价格快速回升拉动，澳大利亚经济止跌回升。

关键词：澳大利亚　国内政治　右翼化　民粹化　外交政策　经贸发展

一　新冠肺炎疫情加速澳大利亚国内政治右翼化和民粹化倾向

（一）国内疫情无法获得有效控制

2020 年，澳大利亚国内政治形势加速右转。新冠肺炎疫情和美国国内政治氛围是影响澳大利亚政局和国内政治氛围加速右翼化和民粹化的最主要因素。在新冠肺炎疫情防控失策和与中国经济“半脱钩”（即只要中国市场，不要中国投资和商品）的双重打击下，澳大利亚经济快速下行，失业率飙升，贫富差距日益扩大；在经济困顿和美国民粹主义膨胀的影响下，澳大利亚右翼势力、种族主义势力和民粹主义力量呈现出加速增长之势。澳大利亚国内政治近年来的持续右翼化发展轨迹表明该国在短期内难以生成逆转国内政治氛围和演进趋向所需的政治变革力量。受其影响，澳大利亚在新冠肺炎疫情国际合作防控、全球合作应对气候变化和坚定贸易自由化、投资便利化等方面都出现明显退步。

澳大利亚政府在新冠肺炎疫情出现时没有采取积极隔离和防范措施，致使疫情在澳大利亚迅猛传播，反复暴发，不仅致相当数量的民众染疫病亡，而且对澳大利亚经济造成重大打击。澳大利亚截至 2020 年 12 月下旬已有超过2.8万人确诊感染新型冠状病毒，900余人死亡（见表1）。[①] 澳大利亚未能阻止疫情在本国的迅猛传播和反复暴发，究其原因，主要有以下三点。

表1　澳大利亚新型冠状病毒性肺炎确诊病例和死亡人数

单位：例

地区	24小时新增本土病例	24小时新增境外移入病例	在院治疗人数	全部确诊人数	全部死亡人数
全国	8	11	146	28328	908
堪培拉	0	0	1	118	3
新南威尔士	8	8	103	4805	53
北领地	0	1	10	72	0
昆士兰	0	1	10	1236	6
南澳大利亚	0	0	3	566	4
塔斯马尼亚	0	0	0	234	13
维多利亚	0	1	10	20361	820
西澳大利亚	0	0	9	846	9

资料来源：澳大利亚卫生部，2020年12月24日。

首先，澳大利亚政府既对疫情缺乏正确认知，又对疫情缺乏应有重视，同时也缺乏认真防控。疫情早期，只是与部分国家断航，并继续与欧洲、美国和世界其他地区通航，且未对这些地区出入澳大利亚的旅客采取任何医学防范措施。[②] 澳大利亚政府错误地判断疫情形势，放任与欧美的交通联系，致使国内新冠病毒感染病例迅速增加。在严峻的疫情传染形势和医学界人士的强烈呼吁下，澳大利亚联邦政府才不得不于2020年3月下旬发布旅行禁令，加强对欧美入境旅客检疫。在疫情迅速蔓延之际，澳大利亚一些右翼政

① Australian Department of Health, "Coronavirus (COVID－19) Current Situation and Case Numbers", 24 December 2020, https://www.health.gov.au/news/health－alerts/novel－coronavirus－2019－ncov－health－alert/coronavirus－covid－19－current－situation－and－case－numbers.

② Jade Macmillan, "Australian Authorities Won't Be Banning Flights from the UK, Despite New Cases of Mutated COVID－19 Strain", Australian Broadcasting Company, 22 December 2020, https://www.abc.net.au/news/2020－12－22/why－isnt－australia－banning－uk－flights－new－coronavirus－strain/13007540.

客和种族主义势力与美国种族主义分子一道借机宣扬种族歧视，妄称新冠病毒仅仅攻击亚洲民众。澳大利亚右翼政客借疫情遏制中国的不健康心态和种族主义势力对疫情别有用心的谬误宣传严重地误导了澳大利亚政府和民众对疫情的认知，干扰了澳大利亚国内的防疫、抗疫工作，阻碍了其与国际社会通力合作共同防疫、抗疫。

其次，澳大利亚一些政客和右翼势力在疫情防控期间以“保护人权”“捍卫自由”为名，攻击隔离、封锁等防控措施，致使部分地区防控措施无法严格落实，导致疫情在这些地区迅猛传播和反复暴发。在疫情全面暴发后，澳大利亚联邦政府和各级地方政府相继在全国各地实行严格的社交距离规定，停止非必要场所的商业运营，限制民众外出，直至实施全城封锁。澳大利亚各州政府为了阻断疫情传播，相继采取关闭边境或限制交通等措施。[①] 但是，澳大利亚一些右翼政客和极端分子与欧美右翼势力相呼应，不断以“人权”“自由”为借口，攻击世界卫生组织的疫情防控建议，妖魔化某些疫情防控较好国家的防控措施，甚至在疫情期间发动民众大规模聚会，或游行抗议澳大利亚各级政府为应对疫情而采取的限制社交、旅行和交通的措施，导致疫情在全国范围特别是在经济发达的沿海地区反复暴发。[②]

最后，受欧美政客和部分民众的负面影响，澳大利亚民众对疫情的严重性和传播的迅速性缺乏正确认知，对疫情防控也缺乏重视，致使疫情在部分地区持续肆虐。美国和欧洲部分国家对疫情的错误应对和懈怠态度对澳大利亚各级政府和民众形成了较大的误导，即便是在政府发布“封锁令”后，许多民众仍然坚持认为新冠病毒的致死率不高，疫情并不严重，可以通过

① Frances Bell and Nicolas Perpitch, “WA to Lift Coronavirus Hard Border for Victoria and New South Wales Travellers Next Week”, Australian Broadcasting Company, 1 December 2020, https://www.abc.net.au/news/2020-12-01/wa-border-with-nsw-victoria-set-to-reopen-in-time-for-christmas/12934368.

② Elias Visontay, “More than 400 People Arrested at Anti-lockdown Protest in Melbourne”, *The Guardian*, 3 November 2020, https://www.theguardian.com/australia-news/2020/nov/03/more-than-400-people-arrested-at-anti-lockdown-protest-in-melbourne.

“群体免疫”来消除。[①] 在西方特别是美国一些政客和极端势力的影响下，澳大利亚政府在疫情传播并未得到有效控制的情形下即匆忙宣布解除各种限制措施，导致部分地区疫情反弹。2020 年 6 月初，墨尔本和维多利亚州部分地区的疫情出现猛烈反弹，单日新增超过 700 起确诊病例。维多利亚州政府不得不重新对墨尔本和墨尔本以北的米切尔郡地区（Mitchell Shire）恢复封锁，并大规模关闭企业和商业经营场所。[②] 澳大利亚政府和民众对疫情普遍存在的错误认识在很大程度上妨碍了疫情的防控，导致疫情一再反复。

（二）国内政治右翼化、民粹化现象加重

新冠肺炎疫情一再反复和经济下行对澳大利亚国内政局、政治氛围和对外政策产生了重大影响，加速了澳大利亚政局和国内政治氛围的右翼化、民粹化的发展，也鼓励了其国内逆全球化思潮的发展。在疫情失控和经济形势恶化的双重影响下，澳大利亚国内政局加速右转，国内民粹主义、种族主义和排外主义势力空前高涨，对澳大利亚国内政局和政治氛围的健康发展，澳大利亚与国际社会合作抗疫，促进全球经济复苏，推动世界经济自由化、投资便利化和区域发展一体化等领域造成了严重的负面影响。澳大利亚国内政治氛围的右翼化、民粹化和种族歧视化主要表现在以下几个方面。

第一，在国内外冷战思维和右翼势力的左右下，澳大利亚在新冠肺炎疫情的国内防范和国际合作中以意识形态划界，缺乏科学性、严肃性、合作性，不仅导致澳大利亚疫情反复暴发和大量的人员死亡，而且严重妨碍了国际社会对疫情的正本溯源和合作抗疫。2020 年初，在世界卫生组织和中国民众全力防疫、抗疫之际，澳大利亚政府受美国右翼势力的影响，企图迫使世界卫

① Nicholas McElroy, “Using Herd Immunity to Fight Coronavirus Has Been Ruled Out in Australia. What Happens Now?”, Australian Broadcasting Company, 30 April 2020, https://www.abc.net.au/news/2020-04-30/does-herd-immunity-stop-coronavirus-and-what-happens-without-it/12200326.

② Carrington Clarke, “Melbourne's Second Coronavirus Shutdown Sees Businesses Closing for Good”, Australian Broadcasting Company, 10 August 2020, https://www.abc.net.au/news/2020-08-10/melbourne-second-coronavirus-shutdown-business-closing-for-good/12542424.

生组织在西方主导下对疫情进行片面和歧视性“调查”。[①] 鉴于新冠肺炎疫情的强传染性和病毒源头的复杂性，新冠肺炎疫情的调查理应由世界卫生组织主导，而不宜由任何国家或地区组织主导。更重要的是，新冠肺炎疫情的调查应基于严谨的科学研究，而不应被政治化、意识形态化，更不应成为政治集团的角力工具。世界卫生组织坚持认为对新冠病毒的追根溯源不应仅限于疫情的暴发地，更应包括病毒的早期发现地。[②] 很显然，世界卫生组织的疫情调查更符合科学精神，理所当然地为世卫组织广大成员国所接受。

第二，在经济困顿和美国民粹主义、种族主义的影响下，澳大利亚右翼势力和民粹主义、种族主义力量呈现加速增长之势，针对有色人种的种族歧视言论和暴力攻击大幅增加，“多元文化”构建出现严重倒退。尽管澳大利亚在 20 世纪 90 年代初宣布废除“白澳”政策，构建多元社会，[③] 但澳大利亚社会中始终存在着较为浓烈的殖民主义和种族主义情愫。近年来，随着西方和澳大利亚国内政治的不断右倾和民粹主义力量的快速增长，种族主义在澳大利亚政治和社会生活中也加速回潮。澳大利亚国立大学发布的研究报告表明，亚裔澳大利亚人在新冠肺炎疫情期间普遍遭受过种族主义歧视和攻击。在接受澳大利亚国立大学调查的 3000 多名受访者中，84.5% 的亚裔澳大利亚人承认在疫情期间遭遇过种族歧视和攻击。[④] 澳大利亚亚裔联盟（Asian Australian Alliance）和帕卡皮特（Per Capita）智库联合开展的调查也表明有色人种特别是亚裔澳大利亚人在疫情期间面临“仇外和种族主义兴起与回潮”的威胁。超过 60% 的受访者表示在疫情期间曾遭受过种族主义者的

---

① Stephen Dziedzic, “Australia Started a Fight with China over an Investigation into COVID – 19 – Did It Go Too Hard?”, Australian Broadcasting Company, 20 May 2020, https://www.abc.net.au/news/2020 – 05 – 20/wha – passes – coronavirus – investigation – australia – what – cost/12265896.

② Smriti Mallapaty, “Where Did Covid Come from? WHO Investigation Begins But Faces Challenges”, *Nature*, 11 November 2020, https://www.nature.com/articles/d41586 – 020 – 03165 – 9.

③ Gwenda Tavan, “The Dismantling of the White Australia Policy: Elite Conspiracy or Will of the Australian People?”, *Australian Journal of Political Science*, Vol. 39, Issue 1, 2004, pp. 109 – 125.

④ Max Walden, “More than Eight in 10 Asian Australians Report Discrimination during Coronavirus Pandemic”, Australian Broadcasting Company, 2 November 2020, https://www.abc.net.au/news/2020 – 11 – 02/asian – australians – suffer – covid – 19 – discrimination – anu – survey/12834324.

谩骂，或被对着咳嗽、吐口水；约13%的受访者表示曾遭受过肢体上的威胁和殴打。[①] 澳大利亚国立大学社会研究方法中心比德尔（Nicholas Biddle）教授的研究成果表明“亚裔澳大利亚人在劳动力市场上也受到歧视”：他们的就业机会和工作时间普遍远远低于其他人种。[②] 比德尔教授的研究成果还表明，疫情出现后，澳大利亚有关部门认为与澳大利亚大多数人口有不同种族背景的人群应该被限制移居澳大利亚，这显然是针对亚洲族群。面对澳大利亚种族主义的回潮，比德尔教授呼吁澳大利亚各级政府有责任严格执行反歧视法，遏制澳大利亚日趋严重的种族主义。在澳大利亚疫情稍微缓和后，悉尼、墨尔本、布里斯班、阿德莱德等城市民众纷纷举行大规模游行，声援美国反种族歧视和平权运动，抗议澳大利亚种族歧视和对原住民的迫害。[③]

第三，在国内外民粹主义、逆全球化和极端利己主义的影响下，澳大利亚政府在应对全球气候变化、加强环境保护的国内实践和国际合作方面均出现大幅倒退。据英国广播公司报道，澳大利亚在履行《巴黎协定》承诺方面和其他国家的差距越来越大。[④] 在巴黎气候大会上，澳大利亚政府承诺2030年该国的碳排放量将比2005年减少26%～28%，但2000多万人口的澳大利亚在过去5年中的碳排放总量却占全球的3.6%（如计入煤炭出口，则高达5%）[⑤]，澳大利亚人均二氧化碳的排放量是碳排放大国美国人均排放量

---

① Asian Australian Alliance, "COVID - 19 Coronavirus Racism Incident Report", https://asianaustralianalliance.net/wp-content/uploads/2020/07/COVID-19-racism-incident-report-preliminary.pdf.

② Australia National University, "Asian-Australians Hit Hard by the COVID-19 Pandemic", 2 November 2020, https://www.anu.edu.au/news/all-news/asian-australians-hit-hard-by-the-covid-19-pandemic.

③ Australian Associated Press, "Thousands Protest Racism across Australia", *Canberra Times*, 7 June 2020, https://www.canberratimes.com.au/story/6783798/thousands-protest-racism-across-australia/.

④ Simon Atkinson, "Coronavirus and Climate: Australia's Chance to Shift to Green Energy", BBC News, 27 April 2020, https://www.bbc.com/news/world-australia-52395319.

⑤ Australian Broadcasting Company, "Do Australia's Greenhouse Gas Emissions Account for More than 5 Per cent of the Global Total Once Exports Are Included, as Mike Cannon-Brookes Says?", 20 November 2019, https://www.abc.net.au/news/2019-11-20/fact-check-australia-carbon-emissions-fossil-fuel-exports/11645670.

的四倍。依照这一趋势，澳大利亚 2030 年的碳排放量将仅比 2005 年的水平低 16%。联合国发表的有关碳排放差距的报告认为澳大利亚政府在世界气候大会上提出的碳排放目标不难实现，但澳大利亚的实践却令人失望。国际社会和环境保护人士因此批评澳大利亚政府的气候政策既没有现实行动，也没有长远规划，更没有表现出碳排放大国应有的责任感。英国广播公司的报道则批评澳大利亚政府并未遵守《巴黎协定》的承诺，其应对气候变化的表现“不及格”。澳大利亚在过去的 5 年中不仅没有认真落实环保承诺，反而不顾南太平洋岛国的强烈反对，大肆开采煤炭，成为世界最大的煤炭出口国。① 澳大利亚政府还对多年连续发生的毁灭性山火不作为，造成数十亿吨的二氧化碳排入地球大气层。② 仅澳大利亚 2020 年初长达数月不息的山火造成的二氧化碳的排放量即超过全球 116 个二氧化碳排放量最低国家的年排放量之和，对全球气候变化造成了极大的负面影响，澳大利亚政府因此受到国际社会的广泛批评。

二　2020年澳大利亚外交政策的主轴

（一）持续深化美澳同盟

澳大利亚在政治、意识形态和经济制度等方面都跟美国有较多的相同点，1951 年《澳新美安全条约》（*Australia*，*New Zealand*，*United States Security Treaty*，ANZUS）签订后的半个多世纪以来，美澳两国更是重要的军事战略盟友，澳大利亚多次加入美国在朝鲜战争、越南战争、海湾战争、反恐战争中所开展的军事行动，并且在许多重大外交事件上选择与美国站在同一阵

① Kait Kelly，“Passing the Pollution：Australia Becomes World's Biggest Exporter of Coal and Gas”，*New Daily*，9 July 2020，https：//thenewdaily. com. au/news/2020/07/09/australia – export – fossil – fuels/.

② Andrew Freedman，“Australia's Greenhouse Gas Emissions Effectively Double as a Result of Unprecedented Bush Fires”，*Washington Post*，25 January 2020，https：//www. washingtonpost. com/weather/2020/01/24/australia – bush – fires – have – nearly – doubled – countrys – annual – greenhouse – gas – emissions/.

线。例如耶路撒冷地位问题[1]、美国政府近年积极倡议的“印太战略”等，莫里森政府都毫无悬念地选择与美国站在同一阵线。其中，最能彰显美澳坚定盟友关系的案例，非2020年7月27～28日在美国召开的第30届美澳外长和防长“2+2”会谈莫属。在冒着隔离14天、可能染疫的风险与不便下，澳大利亚外交部长佩恩（Marise Payne）和国防部长雷诺兹（Linda Reynolds）仍亲赴华府会晤美国国务卿蓬佩奥（Mike Pompeo）和国防部长埃斯珀（Mark Esper），讨论在新冠肺炎疫情肆虐全球的时空背景下，美澳如何深化双方在全球的安全合作关系。[2] 在两天的会晤过程中，双方代表就共同防控新冠肺炎疫情、南海航行自由问题、中美经贸摩擦、“印太战略”与“五眼联盟”机制的优化、南太平洋岛国基础建设合作等议题达成多项共识，并在会后签署一份新的“原则声明”。[3]

美澳同盟在2020年间的深化还有另外两个案例可以说明。首先，澳大利亚于1月13日派遣战舰图文巴号（HMAS Toowoomba）搭载着近200名官兵前往波斯湾地区，与英美联军展开为期约半年的巡逻行动，目的为“保护比邻伊朗的霍尔木兹海峡的安全”，同时也将打击中东地区的海盗与恐怖主义势力。[4] 此次军事行动乃是莫里森兑现他在2019年8月答应美国政府

① 2018年12月15日莫里森政府在争议中宣布承认耶路撒冷为以色列首都，成为第一个跟风美国的西方国家，也是继美国、危地马拉之后的世界上第三个承认耶路撒冷城为以色列首都的国家。

② Stephen Dziedzic, “Australian Government Ministers Marise Payne and Linda Reynolds to Fly to U. S. during Coronavirus Pandemic”, *ABC News*, 24 July 2020, https://www.abc.net.au/news/2020-07-25/ausmin-australia-united-states-bilateral-meet-pandemic-defence/12490078，访问日期：2020年11月15日。

③ U. S. Department of State, “Secretary Michael R. Pompeo at a Press Availability with Secretary of Defense Mark Esper, Australian Foreign Minister Marise Payne, and Australian Defense Minister Linda Reynolds”, 28 July 2020, https://www.state.gov/secretary-michael-r-pompeo-at-a-press-availability-with-secretary-of-defense-mark-esper-australian-foreign-minister-marise-payne-and-australian-defence-minister-linda-reynolds/，访问日期：2020年11月2日。

④ James Carmody, “HMAS Toowoomba Leaves for the Middle East as Teary Families Farewell 200 Australian Sailors”, *ABC News*, 13 January 2020, https://www.abc.net.au/news/2020-01-13/hmas-toowoomba-leaves-for-middle-east-in-emotional-proud-scenes/11864232，访问日期：2020年11月15日。

“澳大利亚海军将加入以美国为首的国际队伍，保护通过中东地区霍尔木兹海峡的航运，提供海军护卫舰、海上巡逻机以及规划和行动人员”的承诺。其次，除了替美军在波斯湾地区“助阵”之外，澳方代表也在2020年度的美澳外长和防长“2+2”会谈上，同意加强双方在导弹和超高音速防卫技术方面的合作，而合作计划的核心地点在澳大利亚北领地的达尔文，澳大利亚同意美国在该地出资建造一座燃料库，以确保美军在该区域军事行动的燃料补给不受干扰。[①] 若此一军事燃料库顺利建成，将会是美国总统奥巴马于2011年宣布派遣2500名陆战队员进驻达尔文后，美国军队在澳大利亚北部区域进行战略部署的重大进展，不仅再次深化了美澳同盟的合作关系，也为美军布局南太地区、干预南海问题增加了更多的筹码。

（二）对华政策：未与中国相向而行

2020年澳大利亚政府的对华政策延续2017年以来较不和谐的基调，在公共卫生、安全、政治等方面皆与中国有摩擦。首先，新冠肺炎疫情使得中澳关系雪上加霜。莫里森政府于4月下旬表示，为了更有效地应对全球新冠肺炎疫情的肆虐，国际社会应该组建一个独立的调查团队，针对中国等关键国家进行疫情的源头调查。[②] 除了疫情的纷扰外，莫里森政府也在政治、安全方面的议题上持续对中国挑衅。5月28日中国全国人民代表大会表决通过香港国安法后，堪培拉随即发表声明，认为该法“侵蚀香港地区的自治地位”，并于7月9日宣布暂停与中国香港签署的引渡协议。[③]

① Byron Kaye, “Australia to Get U. S. – funded Military Fuel Reserve as Relations with China Cool”, *Reuters*, 30 July 2020, https://www.reuters.com/article/us-usa-australia-pompeo-fuel-idUSKCN24V0T6，访问日期：2020年11月13日。

② Kirsty Needham, “Australia to Pursue Coronavirus Investigation at World Health Assembly”, *Reuters*, 23 April 2020, https://www.reuters.com/article/us-health-coronavirus-australia-china-idUSKCN2251G7，访问日期：2020年11月17日。

③ Rachel Pannett, “Australia Suspends Extradition Treaty with Hong Kong over China's National-Security Law”, *The Wall Street Journal*, 9 July 2020, https://www.wsj.com/articles/australia-suspends-extradition-treaty-with-hong-kong-over-chinas-national-security-law-11594287990.

其次，澳大利亚政府内部也出现了步调不一的状况，部分政府单位为了自身部门利益的考量，采取了不同于情报单位、外交部等机构的强硬立场。例如，贸易部长伯明翰（Simon Birmingham）在 2020 年 6 月 17 日的一场演讲中表示，澳大利亚不会排斥与中国合作在第三国开展共建“一带一路”合作，并且期待中澳两国能够恢复互利互惠的经贸合作关系。[①] 为了促进两国贸易的重新回温、让更多的澳大利亚商品销售至中国，伯明翰也表示他将持续与北京方面沟通，解决近期两国间商品出口的问题。呼应伯明翰的立场，农业部长利特尔普劳德（David Littleproud）也数度澄清，澳大利亚无意对中国挑起贸易冲突，为了减少澳大利亚农民因中澳关系恶化所带来的经济损失，利特尔普劳德甚至宣称“如果有需要，我将成为第一个坐上飞机访问中国的部长”,[②] 同样表达了希望能够恢复两国经贸合作良好氛围的意愿。

（三）积极融入亚洲事务

澳大利亚在 2020 年积极融入亚洲区域内的各项事务。首先，在政治与安全层面莫里森政府主动拉拢印度与日本，并透过一系列的军事合作来强化澳大利亚在“印太地区”的角色。10 月 19 日，应印度国防部的邀请，澳大利亚政府正式宣布参加于 11 月举行由美、日、印、澳四国共同派遣海军出席的“2020 年度马拉巴尔军事演习”（Malabar Naval Exercise 2020）。该军事演习于 1992 年由美、印两国军方主导展开，日本、澳大利亚两国军方则是在 2007 年加入，但澳大利亚军方翌年旋即退出，往后的十余年也持续缺席。[③] 2020 年度的演习是澳大利亚海军自 2008 年退出该军演后的再度回归，也被外界广泛认为是澳大利亚政府深化美、日、印、澳“四方安全对话”

---

① 《澳中可以合作“一带一路”，挽救澳中关系澳释出最大诚意》，澳洲财经见闻，2020 年 6 月 18 日，https：//afndaily. com/85964，访问日期：2020 年 11 月 1 日。

② 张继丹：《如果有需要，我将成为第一个坐上飞机访问中国的部长》，环球网，2020 年 11 月 10 日，https：//finance. sina. com. cn/tech/2020 - 11 - 10/doc - iiznezxs1025774. shtml，访问日期：2020 年 11 月 11 日。

③ 《澳洲加入美日印“马拉巴尔军演”》，世界新闻网，2020 年 10 月 21 日，https：//www. worldjournal. com/wj/story/121257/4952255，访问日期：2020 年 11 月 22 日。

（QUAD）、扩大堪培拉在印度洋区域事务影响力的具体实践。[①] 继重返“马拉巴尔军事演习”后，莫里森于2020年11月17日访问日本，与日本首相菅义伟就日澳“互惠准入协定”（Reciprocal Access Agreement）基本达成一致，将允许日本自卫队和澳大利亚国防军互访，并在对方国家进行训练和联合行动。[②] 根据分析，一旦该协定获得正式签署与落实，日澳两国在安全层面的合作将会大幅强化，两国军队在地区防务等方面相互协调也将更为通畅，两国可望进一步达成“准军事同盟”。[③]

莫里森政府急欲对近一两年来出现停滞甚至衰退的国内经济寻找新的发展道路，而印度就是堪培拉积极开拓的新市场。拥有超过13.5亿人口的印度不但是世界人口第二大国，也是经济高速增长的发展中国家，对能源的需求与消费市场的潜力无穷，再加上印度与西方国家关系良好，又是美国“印太战略”主要的合作对象，自然对澳大利亚有很深的吸引力。2020年6月4日，澳印双方举行了首次“线上峰会”，讨论的议题除了共同打击疫情、维护印度洋区域的和平稳定外，两国领导人也同意尽快恢复自2015年起便中断的“印度—澳大利亚全面经济合作协议”（India-Australia Comprehensive Economic Cooperation Agreement，CECA）的协商，[④] 为加大对印度市场的出口增添利器。除了将印度列为重要贸易交往对象外，澳大利亚政府更在2020年11月15日，与东盟10国、中国、日本、韩国、新西兰签署了《区域全面经济伙伴关系协定》（*Regional Comprehensive Economic Partnership*，RCEP），这是目

---

① Ankit Panda，“Australia Returns to the Malabar Exercise”，19 October 2020，*The Diplomat*，https：//thediplomat. com/2020/10/australia – returns – to – the – malabar – exercise/，访问日期：2020年11月22日。

② Kiyoshi Takenaka and Ju-min Park，“Japan，Australia Reach Security Pact amid Fears over Disputed South China Sea”，*Reuters*，17 November 2020，https：//www. reuters. com/article/us – japan – australia – idUSKBN27X131，访问日期：2020年11月22日。

③ 严瑜：《〈互惠准入协定〉基本达成一致，日澳“准同盟”更近一步?》，《人民日报》（海外版）2020年11月21日，http：//paper. people. com. cn/rmrbhwb/html/2020 – 11/21/content_ 2019388. htm，访问日期：2020年11月22日。

④ Suhasini Haidar，“India-Australia Meeting Strengthens Ties”，*The Hindu*，4 June 2020，https：//www. thehindu. com/news/national/glad – to – be – joining – the – first – india – australia – virtual – summit – pm – modi/article31745133. ece，访问日期：2020年10月28日。

前全世界最大的自由贸易协定，涵盖了全球人口总数与 GDP 总量的 30%，对新冠肺炎疫情冲击下的世界经贸整合具有重大象征意义。而对澳大利亚来说，RECP 的签署更具有加速进入东亚市场、分散贸易风险的实质利益。①

（四）巩固南太平洋区域“领头羊”地位

近年来，随着美国、中国、日本，甚至欧洲国家对于南太岛国事务重视程度不断提升，这些域外大国在南太地区的角色与所发挥的功能也日益明显，在一定程度上稀释了澳大利亚在该区域的影响力，如何维持“领头羊”的地位是过去数年来堪培拉最头疼也是最急欲解决的难题之一。2020 年新冠肺炎疫情虽然对澳大利亚与南太岛国人民的健康与经济生活造成了重大冲击，但也提供给了莫里森政府一个新的契机，即借由领导抗击疫情来重塑澳大利亚在岛国区域的主导地位。根据堪培拉于 2020 年 10 月公布的 2020～2021 年度预算计划，除了维持约 40 亿澳元的对外援助总预算外，额外增加了一笔为时两年、金额达到 3.05 亿澳元的抗击疫情方案，主要的援助对象就是南太岛国。② 此外，在 40 亿澳元的援外总预算中，有超过三成、约 13.8 亿澳元的资金拨给了援助南太岛国的各个建设与服务项目，无论是从金额还是从比例上来说都比 2019～2020 年度有所成长。其中，瓦努阿图、斐济、萨摩亚、汤加、基里巴斯所分配到的援助金额都有显著提升，巴布亚新几内亚、所罗门群岛则是获得援助资金最多的国家。③ 相对于非洲等其他

① Eryk Bagshaw, “Australia's Gamble on the World's Biggest Trade Deal Not without Risk”, *The Sydney Morning Herald*, 16 November 2020, https://www.smh.com.au/world/asia/australia-s-gamble-on-the-world-s-biggest-trade-deal-not-without-risk-20201116-p56f09.html，访问日期：2020 年 11 月 23 日。

② Liam Fox and Erin Handley, “Australia's Aid Program Increased to Help Pacific Neighbors Fight COVID-19”, *ABC News*, 7 October 2020, https://www.abc.net.au/news/2020-10-07/foreign-aid-budget-unofficial-increase-pacific-asia-covid-19/12737096，访问日期：2020 年 10 月 20 日。

③ Madeleine Keck, “Australia's 2020 Federal Budget: COVID-19 Recovery and the Pacific Big Winners”, *Global Citizens*, 8 October 2020, https://www.globalcitizen.org/en/content/australia-2020-federal-budget-covid19-recovery/，访问日期：2020 年 10 月 20 日。

发展较落后的地区的国家所分配到的援助资金大幅减少，南太平洋岛国可以算是大“赢家”，也彰显出了莫里森政府对该地区事务的重视程度。

澳大利亚巩固其在南太区域的地位更少不了新西兰的支持与配合，莫里森政府分别于 2020 年 2 月与 5 月两度邀请新西兰总理杰辛达·阿德恩（Jacinda Ardern）访澳，就双边的政治、经济、安全、交流等问题进行协商，其中最受关注的便是“跨塔斯曼海峡旅游泡泡”（Trans-Tasman Travel Bubble），即松绑因疫情关系所设下的旅游限制，让澳新两国人民能够免于 14 天隔离检疫的不便，并希望在 2020 年圣诞节假期前夕能够实现。澳新两国分别是彼此最大的游客来源国，两国人民往来高度密切。例如 2019 年选择从“跨塔斯曼海峡路径”入境的旅客便占澳大利亚全年入境人数的 18%，新西兰旅客也是该国两大航空公司——澳大利亚航空（Qantas）与维珍澳大利亚航空（Virgin Australia）国际航线的最重要顾客，分别占有 27% 与 46% 的市场。[①] 在疫情肆虐，重创经济与旅行运输产业的困境下，实现旅行互通确实有其必要性，也成为 2020 年两国政府协商频率最高的议题之一。10 月 16 日，澳大利亚政府率先开通了第一波的单向“旅游泡泡”，新西兰旅客可以免隔离入境新南威尔士州、堪培拉首都特区与北领地，南澳大利亚州也在数日后加入“旅游泡泡”的行列。[②] 虽然新西兰政府尚未松绑旅游限制，但仍然对实现双向“旅游泡泡”感到乐观，并表示 2021 年第一季度是最佳的时机点。[③]

---

① Fiona Carruthers, “Australia-NZ Travel Bubble Takes off”, *Financial Review*, 2 October 2020, https://www.afr.com/politics/federal/australia-nz-travel-bubble-set-to-take-off-within-weeks-20201002-p561f6，访问日期：2020 年 11 月 4 日。

② 《旅行目的地 +1！澳大利亚又一州对新西兰人开放边境》，新西兰中文先驱网，2020 年 10 月 20 日，https://www.chineseherald.co.nz/news/travel/south-aus-opens-border/，访问日期：2020 年 11 月 4 日。

③ James Massola, “Pragmatic NZ Travel Bubble Mooted for January”, *The Sydney Morning Herald*, 6 November 2020, https://www.smh.com.au/world/oceania/pragmatic-travel-bubble-muted-for-january-20201106-p56c60.html，访问日期：2020 年 11 月 14 日。但 2021 年 1 月，随着变异新冠病毒的威胁不断提升，澳新“旅游泡泡”又再次被迫中断，直到 4 月 6 日，新西兰政府才宣布双向的“旅游泡泡”将于 4 月 19 日正式启动。

（五）强化澳大利亚—欧洲经贸联结

澳大利亚政府对签署区域性经济合作协议展现出高度的兴趣与企图心，除了上述提到的 RCEP 外，莫里森政府亦积极推展与欧洲国家的经济合作。与此同时，英国自 2016 年脱欧公投通过后便努力寻找新的替代市场，希望能抵消脱欧对自身经济发展所造成的负面冲击，堪培拉与伦敦在此议题上一拍即合，双方的经贸合作谈判有较为明显的进展。2020 年 2 月 6 日，英国外交大臣拉布（Dominic Raab）应邀赴堪培拉进行访问，这不仅是拉布亚洲之行的第一站，也是英国外交大臣在该国 2020 年 1 月 31 日正式脱离欧盟后的首个出访地。会谈中双方代表均对签署自由贸易协定有着高度的期待，拉布更生动地形容澳大利亚是英国“天生的好伙伴”（natural partner）。[①] 拉布访澳结束后，澳英两国贸易谈判代表随即在接下来的几个月内展开了数轮的线上谈判，澳大利亚贸易部长伯明翰乐观地表示，同英国签署自由贸易协定可以为澳大利亚农业、工业和企业带来数以亿计的额外出口机会，并期待能够在 2020 年底前完成相关谈判。[②] 此外，堪培拉与伦敦也同时在协商一份旅行协议，拟允许 30 岁以下的澳大利亚年轻人到英国生活或工作 2 年以上，并且开放更多专业资格认证，让双方公民皆可以更自由地在两地工作与生活。[③]

除了英国，作为澳大利亚第三大贸易伙伴的欧盟同样是莫里森政府积极合作的对象，有鉴于双边贸易在 2019 年已经达到了 850 亿美元，欧盟国家更是澳大利亚最主要的外资来源地，若能完成自由贸易协定的签署，将有助

① “Brexit：Raab in Australia at Start of Trade Mission”，*BBC News*，7 February 2020，https：//www.bbc.com/news/uk－politics－51399215，访问日期：2020 年 11 月 5 日。

② 《谁会最先与澳洲签署自贸协定？英国和欧盟“竞争紧张”》，《澳大利亚人报》（中文版），2020 年 6 月 17 日，https：//cn.theaustralian.com.au/2020/06/17/40768/，访问日期：2020 年 11 月 5 日。

③ 欧阳宇琦：《澳英拟签自由贸易协定，加强两国自由往来！澳护照含金量或升级！》，《看新闻》，2020 年 10 月 27 日，https：//vct.news/news/4527a38d－665d－4692－9d11－362485fcf4b6，访问日期：2020 年 11 月 5 日。

于吸引更多欧洲资金进入该国市场。[①] 2020 年 2 月、5 月、9 月、12 月，澳大利亚与欧盟贸易代表展开了一轮的面对面谈判与三轮的线上会议，这也是双方自 2018 年正式开启自由贸易谈判以来的第 6 ~9 回合谈判。四个回合的谈判均由欧盟首席谈判代表柯宁（Helena König）以及澳大利亚外交部首席谈判代表布洛斯（Alison Burrows）领军，就开放商品贸易数额、减免海关审查流程、消除贸易障碍、政府保护与补贴、国有企业的地位问题、保护智慧财产权等议题进行协商并取得阶段性的协商成果。[②] 即便如此，双方代表仍在部分议题上有所分歧，其中就包括产品地理标志权（geographical indications，GIs）的争议。欧盟谈判代表将地理标志权的保护作为主要的谈判目标之一，认为其是达成自由贸易的一项重要指标，但澳方谈判代表不愿承诺保护来自欧盟的商品的地理标志，并表明只有确保自身利益，包括实现澳大利亚农产品市场准入，才会考虑改变现有的地理标志保护方式、修改相关法律的问题。[③]

三　2020年澳大利亚经济急剧萎缩

受疫情和冷战思维的影响，澳大利亚 2020 年经济形势急剧恶化，连续 28 年的经济增长因政府防疫封锁政策和追求与中国“脱钩”政策而终止。自 2019 年下半年以来，受国际市场大宗商品价格快速回升和亚洲新兴市场

---

① Australian Department of Foreign Affairs and Trade, “Australia-European Union Free Trade Agreement Fact Sheet”, https://www.dfat.gov.au/trade/agreements/negotiations/aeufta/Pages/australia-european-union-fta-fact-sheet，访问日期：2020 年 11 月 5 日。

② European Commission, “News Archive: EU-Australia Trade Agreement Negotiations”, 3 October 2020, https://trade.ec.europa.eu/doclib/press/index.cfm?id=1865，访问日期：2020 年 11 月 5 日；Australian Department of Foreign Affairs and Trade, “Australia-EU FTA: Report on Negotiating Round Nine, 30 November—11 December, 2020”, https://www.dfat.gov.au/trade/agreements/negotiations/aeufta/news/australia-eu-fta-report-negotiating-round-nine-30-november-11-december-2020，访问日期：2020 年 12 月 21 日。

③ Australian Intellectual Property Agency, “The Australia-EU Free Trade Agreement-Consultation on a Possible New Geographical Indications Right”, 4 September 2020, https://www.ipaustralia.gov.au/about-us/news-and-community/news/australia-eu-free-trade-agreement-consultation-possible-new，访问日期：2020 年 11 月 5 日。

的拉动，国际权威经济机构和澳大利亚政府官员、经济学家在2020年初曾普遍乐观地预计澳大利亚2020年的经济增长率有望回升至冷战后历史峰值3%～3.5%。但澳大利亚政府应对疫情的政策乏力和防疫、封锁带来的压力，以及刻意追随美国遏华，奉行与中国“脱钩”的政策导致疫情无法获得有效控制，大量工商企业和农场破产倒闭，经济急剧萎缩（见图1），失业率蹿升至历史峰值。

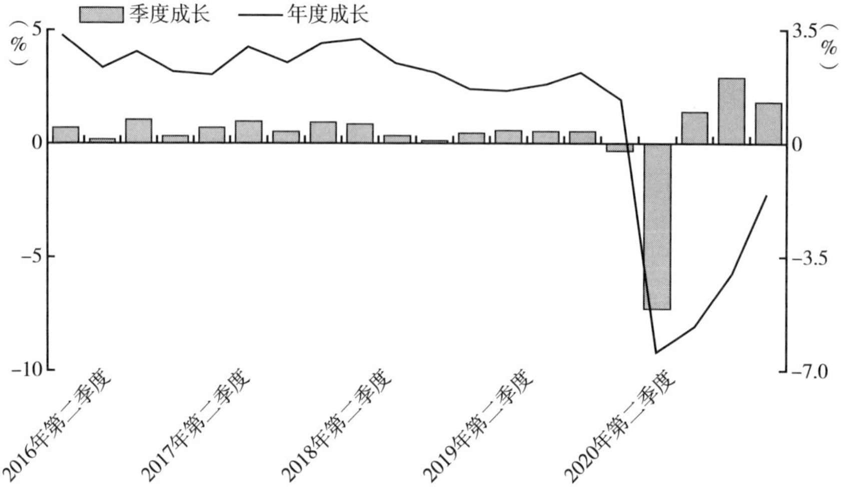

图1　澳大利亚经济成长趋势

资料来源：澳大利亚统计局，2020年9月。

（一）新冠肺炎疫情对经济发展造成“破坏性”影响

新冠肺炎疫情防控政策失误导致澳经济陷入历史性衰退。疫情初发时，澳大利亚政府对疫情可能在澳大利亚传播未认真防控，疫情在澳大利亚反复暴发，不仅造成严重的人员损失，而且直接致使其经济陷入重大衰退。澳大利亚国家统计局发布的统计数据显示，受疫情影响澳大利亚2020年第一季度国内生产总值下降0.3%；第二季度则较第一季度急剧下滑7%。这一巨大跌幅远远高于澳大利亚政府和经济学界的普遍预期，是澳大利亚自1959年开始拥有季度经济数据以来的最大降幅。澳大利亚2020年上半年国内生产总值较去年同期萎缩6.3%，也远超澳大利亚政府和经济学界的预期。澳大利亚国家统计局认为连续两个季度的跌幅标志着澳大利亚经济自1991年以来首次陷入经济衰退，也宣告了澳大利亚持续28年的经济增长的终结。澳大利亚财政部长弗莱丹伯格（Josh Frydenberg）代表政府正式承认新冠肺炎疫情对澳大利亚经济造成了“破坏性”影响，一些行业甚至处于整体性瘫痪状态。据统计，澳大利亚自2020年3月以来有100多万人失业，致使各级政府面临空前强大的财政压力。

澳大利亚储备银行预计，澳大利亚2020年国内生产总值受疫情影响将从2012年矿业繁荣时期的峰值1.56万亿美元大幅回落至1.3万亿美元，人均国内生产总值也将从当年的峰值6.8万美元大幅跌落至5万美元左右。[①] 澳大利亚统计局2020年12月初公布当年前三季度的经济运行报告，强调“百年一遇的流行疫情对澳大利亚经济造成了自1929年大萧条以来最大的经济冲击”。[②] 经合组织（OECD）2020年12月初预测澳大利亚全年实际国内生产总值将萎缩3.8%，这一数值远远低于澳大利亚政府年初预测今年将增长3.5%的预期。[③] 澳大利亚工党影子财长查尔默斯（Chalmers）批评现政府的错误政策导致澳大利亚今年的经济状况甚至“劣于三年前”：“你们会发现，澳大利亚薪酬水平停滞不前，消费疲软，生活质量倒退，这就是现政府任期内的经济状况。”[④] 澳大利亚储备银行行长菲利普·洛威

---

① Reserve Bank of Australia, “Economic Outlook”, May 2020, https://www.rba.gov.au/publications/smp/2020/may/economic-outlook.html.

② Shane Wright, “Australia in Recession: Biggest Economic Contraction since Great, Depression, ABS Confirms”, *Sydney Morning Herald*, 2 September 2020, https://www.smh.com.au/politics/federal/australia-in-recession-biggest-economic-contraction-since-great-depression-abs-confirms-20200902-p55rk4.html.

③ OECD, “Australia Economic Snapshot: Economic Forecast Summary”, December 2020, https://www.oecd.org/economy/australia-economic-snapshot/.

④ Nassim Khadem, “Is Australia Out of Recession? Yes, But Many People Are still out of Work and Feeling the Pain, Australian Broadcasting Company”, 3 December 2020, https://www.abc.net.au/news/2020-12-03/australia-is-technically-out-of-recession-but-unemployment-high/12946336.

(Philip Lowe) 也表示澳大利亚2020年乃至2021年的经济形势不容乐观，将面临高失业率和低收入的严峻挑战。[①] 经济界人士普遍预计至少要到2022年初，澳大利亚经济才能全面恢复到新冠肺炎疫情前的水平。

(二)财政政策与货币政策成效不彰

澳大利亚针对新冠肺炎疫情而实施的财政政策和货币政策作用有限，并对澳今后数年的经济运行态势产生难以确定的影响。新冠肺炎疫情对澳大利亚经济造成的巨大破坏不仅将澳大利亚政界、军界和情治系统在疫情在海外暴发时的旁观心态一扫而空，而且也迫使各政党不得不暂时停止党争，共同应对疫情的迅猛传播及其对经济运行态势的沉重打击。为了遏制经济的大幅下跌，澳大利亚联邦政府向经济领域的重要行业提供了超过3000亿澳元(约合2100亿美元)的财政援助。澳大利亚中央银行也通过一系列的货币政策设法帮助经济止跌复苏。为此，澳央行于2020年3月初将主导利率降至0.25%，希望通过提供极为廉价的货币来阻止经济的巨幅下滑。[②] 9月，为了维护低贷款利率，保持信贷畅通，澳大利亚央行又将针对商业银行的贷款安排扩大至2000亿澳元(约合1470亿美元)。[③] 澳大利亚央行现已将现金利率维持在零水平附近，并将三年期政府债券的预期收益率定为0.25%。在运用各种财政政策和货币政策的基础上，澳大利亚各级政府也纷纷采取措施，鼓励私人消费，以期拉动经济复苏。各级地方政府为遏制失业率飙升，维持普通民众的基本生活，帮助失业人员渡过难关，也加大了对就业市场和企业的帮助。疫情期间，澳大利亚联邦政府和各级地方政府联合向企业提供

---

① Australian Broadcasting Company, "Australia Comes out of Recession, But the Recovery Isn't Over", 2 December 2020, https://www.abc.net.au/news/2020-12-02/australia-comes-out-of-recession,-but-the-recovery/12944572?nw=0.

② Nassim Khadem, "RBA Slashes Interest Rates to 0.25pc in Emergency Cut Amid Coronavirus Pandemic", Australian Broadcasting Company, 19 March 2020, https://www.abc.net.au/news/2020-03-19/rba-cuts-interest-rates-coronavirus-covid-19/12070494.

③ Shane Wright, "Banks Offered Cheap $200b to Help Build Economy Out of Recession", *Sydney Morning Herald*, 1 September 2020, https://www.smh.com.au/politics/federal/banks-offered-cheap-200b-to-help-build-economy-out-of-recession-20200901-p55rcz.html.

员工留职补助（JobKeeper），帮助将要失业的员工留在企业待岗，直至企业的经营活动恢复正常。①

尽管澳大利亚政府和澳央行在疫情期间实施了超乎寻常的财政政策和货币政策，但澳大利亚国家统计局发布的经济数据表明这些政策对促进经济的止跌回升所发挥的作用有限。受疫情居家和失业率大幅攀升的影响，澳大利亚家庭支出（约占澳大利亚年度经济总量的一半）跌幅超过12%，拖累国内生产总值减少6.7个百分点；与此同时，居民储蓄率猛增至19.8%，为过去40年来的最高水平。② 此外，疫情的反复暴发，特别是在澳大利亚国民经济中占据重要地位的维多利亚州因疫情再次暴发而重新封锁严重影响了澳大利亚原本脆弱的经济复苏形势。澳大利亚联邦政府面对2020年上半年经济的巨量下滑，曾于6月初强行解除全国疫情封锁。这虽然在一定程度上帮助澳大利亚经济止跌，并小幅回升，但也造成了疫情的再度大规模传播。澳大利亚经济中心、拥有500万人口的第二大城市墨尔本于随后再次暴发疫情，导致该地和维多利亚州部分地区再度“封城”两个月。据澳大利亚央行估算，墨尔本和维多利亚州部分地区的再度“封锁”导致澳大利亚全国失业率上升10%，严重拖累了澳大利亚全国经济的复苏进程。③ 据弗莱丹伯格估计，澳大利亚在全国疫情封锁期间每周的经济损失约为40亿澳元。墨尔本和维州实施第二次封锁后，每周的经济损失约为10亿澳元。④ 12月初，澳大利亚联邦统计局公布了2020年前三季度经济运行状况：家庭支出在第

① Prime Minister Office, “$130 Billion Jobkeeper Payment to Keep Australians in a Job”, 30 March 2020, https://www.pm.gov.au/media/130-billion-jobkeeper-payment-keep-australians-job.

② Australian Bureau of Statistics 2020, “Insights into Household Consumption”, 2 September 2020, https://www.abs.gov.au/articles/insights-household-consumption.

③ Michael Janda and Rachel Pupazzoni, “Unemployment Rate Falls but Job Seekers Say Finding Work Is Still ‘Really Hard’”, Australian Broadcasting Company, 17 September 2020, https://www.abc.net.au/news/2020-09-17/jobs-employment-data-abs-august-2020/12668374.

④ Gavin Fernando and Sarah McPhee, “Coronavirus: Victoria's New Lockdown Could Cost $1 Billion a Week”, News, 8 July 2020, https://www.news.com.au/finance/economy/australian-economy/coronavirus-victorias-new-lockdown-could-cost-1-billion-a-week-treasurer-says/news-story/9d26f9986565aee82cfeb9623c0b0ee6.

二季度下降近13%后，在第三季度实现了环比8%的增长。澳大利亚联邦政府和执政党因此宣布澳大利亚经济已经从新冠肺炎疫情后的暴跌中回升，开始走出经济衰退。[①] 但澳大利亚许多经济学家和主要反对党工党却强调指出第三季度家庭支出的增长主要是解除疫情封锁所致，并不能说明经济已经稳步复苏，因为该季度的家庭支出较2019年同期水平实际下跌了6.8%。工党影子财政部长查尔默斯还强调经济复苏实际上并未得到就业率大幅回升的支持，这说明澳大利亚"现今的经济态势实际上比三年前更糟糕"。[②]

（三）外贸成绩为唯一亮点

国际贸易，特别是对华大宗商品出口的强劲增长为澳大利亚经济在疫情冲击下的止跌和复苏发挥了重要的拉动作用。由于疫情在世界主要经济体的快速蔓延和部分发达国家的防疫、抗疫不力，世界制造业和贸易订单大量转向疫情防控较好的中国。中国制造业和基础设施建设的复苏拉升了澳大利亚2019～2020财年的出口贸易额，为疫情下澳大利亚经济的止跌和2020年第三、第四季度的经济复苏发挥了重要的作用。[③] 在大宗商品价格飙升和出口猛增的拉动下，澳大利亚2020年第二季度国民生产总值尽管出现了7%的跌幅，但其国际收支经常项的顺差却达到了创纪录的177亿澳元。据澳大利亚外交和贸易部统计，2019～2020财年，澳大利亚进出口总额创下8759亿美元的历史峰值[④]，其中出口额达到4766亿美元，进口额

---

① Stephanie Chalmers and Rachel Clayton, "Australia 'Emerges from Recession' after GDP Figures Show Economy Growing for the First Time This Year", Australian Broadcasting Company, 2 December 2020, https: //www. abc. net. au/news/2020 – 12 – 02/australia – september – quarter – economic – growth – gdp – figures/12934336.

② Nassim Khadem, "Is Australia Out of Recession? Yes, But Many People Are still Out of Work and Feeling the Pain", Australian Broadcasting Company, 3 December 2020, https: //www. abc. net. au/news/2020 – 12 – 03/australia – is – technically – out – of – recession – but – unemployment – high/12946336.

③ Matthew Cranston, "China Boosts Economy's Lift-off", *Financial Review*, 3 December 2020, https: //www. afr. com/policy/economy/despite – tensions – china – provides – a – gdp – boost – 20201203 – p56ka5.

④ Australian Department of Foreign Affairs and Trade, *Australian Trade Indicators Factsheet*, August, 2020.

3992 亿美元，实现顺差 774 亿美元。在出口商品中，资源类商品的出口额创下历史新高 2453 亿美元，占澳大利亚出口总额的一半；而澳大利亚工业制成品的出口额仅为 524 亿美元，不足资源类商品出口额的 1/4（见表 2）。

表 2 澳大利亚近年来进出口贸易金额

单位：十亿美元

财年	2014 ~ 2015	2015 ~ 2016	2016 ~ 2017	2017 ~ 2018	2018 ~ 2019	2019 ~ 2020
总出口	324.7	319.7	373.8	403.4	470.7	476.6
农产品	42.6	43.2	46.6	47.1	47.9	46.8
资源类商品	142.8	126.5	168.2	189.4	239.7	245.3
工业制成品	43.5	44.7	44.2	46.1	54.0	52.4
其他商品	12.4	11.8	12.7	12.4	12.0	12.5
黄金	14.2	17.9	19.8	20.2	19.7	25.7
服务商品	69.2	75.7	82.3	88.1	97.4	94.0
总进口	349.4	357.5	362.9	395.6	421.7	399.2
进出口总额	674.1	677.2	736.7	799.0	892.4	875.9
顺差/逆差	-24.8	-37.8	10.9	7.7	49.1	77.4

资料来源：澳大利亚外交和贸易部，《澳大利亚国际贸易》，2020。

与往年一样，铁矿石、煤炭、天然气、黄金和铝矿石仍然是澳大利亚 2019 ~ 2020 财年最重要的大宗出口商品，其出口总额高达 2378 亿美元，约占澳大利亚商品和服务业出口总额的一半。其中，铁矿石再度成为澳大利亚 2019 ~ 2020 财年最大的大宗出口商品，出口额达到 1021 亿美元的历史高位（见表 3）。澳大利亚外交和贸易部最新统计资料显示，随着中国对新冠肺炎疫情的有效控制和经济的强劲复苏，澳大利亚铁矿石出口持续大幅增长。仅在 2020 年 10 月，澳大利亚对华铁矿石出口即激增至 109 亿澳元，占该国当月全部出口商品总额的 1/3 强。[①] 在整个 2019 ~ 2020 财年，澳大利亚共向中

① Matthew Cranston, "China Boosts Economy's Lift-off", *Financial Review*, 3 December 2020, https://www.afr.com/policy/economy/despite-tensions-china-provides-a-gdp-boost-20201203-p56ka5.

国出口铁矿石总额近849亿美元，约为该财年铁矿石出口总额的83%。[①] 除铁矿石外，澳大利亚对华煤炭出口也出现了较大的涨幅。据中国海关统计，2020年1~10月，中国共从澳大利亚进口煤炭7743万吨，比2019年全年进口量增加了47万吨，较2019年同期增加539万吨，同比增长7%。[②] 根据澳大利亚政府发布的统计资料，除了美国以外，西方的几个主要经济体近年来皆已退出澳大利亚重要贸易伙伴的行列，反观亚洲则成为澳大利亚商品的最主要出口地区（见表4）。尤其是中国，不仅在过去的十余年中保持澳大利亚第一大贸易伙伴的地位，而且也是澳大利亚多年来最大的年度贸易顺差来源国（见表5）。

表3　澳大利亚重要出口商品构成

单位：十亿美元

财年	2014~2015	2015~2016	2016~2017	2017~2018	2018~2019	2019~2020
铁矿石	54.5	47.8	62.6	61.4	77.5	102.1
煤炭	37.9	34.5	54.2	60.4	69.6	54.6
天然气	16.9	16.6	22.3	30.9	49.7	47.8
教育服务商品	21.3	24.1	28.1	32.6	37.8	39.7
黄金	13.5	16.6	19.0	19.3	18.9	24.4
旅行服务	18.2	20.7	21.6	21.3	22.5	16.4
牛肉	9.0	8.5	7.1	8.0	9.5	11.3
铝矿石	7.1	6.8	7.5	9.4	11.4	8.9
原油	8.2	5.2	5.2	6.5	8.5	8.6
铜矿石	5.2	4.7	4.6	5.7	6.0	6.6

资料来源：澳大利亚外交和贸易部，《澳大利亚国际贸易》，2020。

① Australian Department of Foreign Affairs and Trade, *Australian Trade Indicators Factsheet*, August 2020.

② 《2020年十大煤炭行业新闻回顾》，中国化工网，2021年1月5日，http://news.chemnet.com/detail-3586034.html。

表4　澳大利亚重要出口目的地

单位：十亿美元

国家	2014年	2015年	2016年	2017年	2018年	2019年	2019年占比(%)	2019年成长率(%)	5年成长率(%)
中国	91.7	86.7	95.7	116.0	136.6	169.1	34.3	23.8	14.1
日本	50.2	42.2	38.4	47.2	58.8	60.6	12.3	3.1	6.3
韩国	22.2	20.2	20.4	23.4	26.6	28.2	5.7	6.2	6.4
美国	18.6	22.1	20.6	21.0	23.2	25.4	5.2	9.9	5.1
印度	11.5	13.9	15.2	20.3	22.4	21.9	4.4	-2.4	15.1

资料来源：澳大利亚外交和贸易部，《澳大利亚国际贸易》，2020。

表5　澳大利亚重要贸易顺差和逆差国家/地区

单位：十亿美元

2018年		2019年	
主要顺差国家/地区	金额	主要顺差国家/地区	金额
中国大陆	58.3	中国大陆	86.2
日本	31.8	日本	34.2
韩国	12.1	韩国	15.1
印度	14.4	印度	14.4
中国台湾	6.8	中国台湾	8.4
主要逆差国家/地区	金额	主要逆差国家/地区	金额
美国	27.7	美国	30.2
德国	14.3	德国	13.4
泰国	10.1	泰国	11.7
意大利	8.0	意大利	8.5
法国	5.1	法国	6.0

资料来源：澳大利亚外交和贸易部，《澳大利亚国际贸易》，2020。

在过去的四分之一世纪里，澳大利亚一直是中国经济高速增长的受益者之一，中国对澳大利亚矿产、能源和农畜产品的需求，促进了澳的经济繁荣。中国市场对澳大利亚保持经济增长和繁荣具有不可替代的重要性。尽管中澳经贸关系在2020年因两国政治关系的恶化而出现波折，但新冠肺炎疫情下澳大利亚经济的起伏证明中国市场是帮助澳大利亚经济止跌和复苏最为重要的因素之一。

四　总结与展望

2020年对于全世界各国来说是既艰难又特殊的一年，新冠肺炎疫情席卷全球、中美经贸摩擦升级、美国总统大选等，都在很大程度上对澳大利亚的内政、外交和经济形势带来深刻影响。面对新的全球局势，莫里森政府一方面积极应对新冠肺炎疫情所带来的经济、政治与社会层面的冲击，使得澳大利亚成为世界上少数疫情控制相对得宜的国家，莫里森本人的施政满意度也从2020年初的低点持续走高。[①] 另一方面堪培拉也主动出击，深化同美国这个最坚实盟友的各项合作、拓展与欧亚国家的政经交流，同时与新西兰分进合击、巩固自身在南太岛国地区的领导地位，充分发挥其在国际政治棋盘里“中等强国”的角色。此外，虽然澳大利亚与中国的双边关系依旧纷扰不断，新冠肺炎疫情的纷扰也使得两国关系在一定程度上雪上加霜、人员交往被迫中断，但莫里森仍采取避险手段来处理中国问题，也没有在中美经贸摩擦问题上一面倒向美国政府，并多次表示中国仍是澳大利亚重要的贸易伙伴、中国一直以来对澳大利亚的经济发展有着众多的贡献，中澳两国事实上也不可能完全“脱钩”，对两国未来保持紧密经贸关系互动仍有所期待。

---

① Finn McHugh, “Newspoll: PM's Popularity Surges to 4-month High”, *The Australian*, 30 November 2020, https://www.theaustralian.com.au/breaking-news/newspoll-pms-popularity-surges-to-4month-high/news-story/4f2aa7e79d94aa7a006a8fdbdfdddbb4，访问时间：2019年12月6日。

B.3
2020年新西兰内政外交

张梦迪*

摘　要： 2020年，在新冠肺炎疫情背景下，新西兰经济萧条，但应对疫情的政策较为成功。同时，2020年是新西兰的选举年，抗疫成效显著为阿德恩领导的工党在大选中取得压倒性胜利奠定了基础。新工党政府在内政外交上将具有更大的决定权。此外，经济的恢复、房价、环保、反恐和控枪等问题是其国内政治的重要议题。在外交方面，新西兰在国际层面保持对多边主义和以规则为基础的国际体系的热忱，进一步增强了其在太平洋地区的影响力，与主要大国的关系呈现出经济议题、安全议题和价值观议题多元发展的趋势。

关键词： 新西兰政治　新西兰外交　国际关系　南太地区

2020年是新西兰的选举年，加上新冠肺炎疫情突袭而至，其内政的主要焦点有对新冠肺炎疫情的应对、大选以及环保和房价等传统议题。此外，随着对2019年基督城恐怖袭击犯罪嫌疑人的审判，反恐和枪支管理的讨论也成为一大焦点。外交方面，巩固贸易关系依然是新西兰的主旋律，抗疫外交政策成为补充。新西兰与中美的关系也呈现将经济议题和安全议题融合的

---

* 张梦迪，新西兰惠灵顿维多利亚大学政治学系博士研究生，厦门大学新西兰研究中心兼职研究员。感谢教育部国别和区域研究2019年度课题项目（项目编号：19GBQY099）对本研究的资助。

趋势。2021 年新西兰即将承办亚太经合组织论坛（APEC），围绕该论坛举办的政策也是关注点。

一　2020年新西兰的内政

2020 年新西兰经济在新冠肺炎疫情的冲击下出现大萧条。在疫情之前，新西兰失业率达到历史最低，仅为4%。[①] 然而受疫情影响，2020 年前两个季度的国内生产总值（GDP）出现 4.6% 的负增长，失业率也上升到 8.3%。[②] 截至 2020 年 12 月，年度 GDP 为负增长 2.9%。[③] 但由于应对政策及时得当，新西兰的失业率和 GDP 增长比预期要好。2020 年也是新西兰的大选年，因为疫情，各党派的政策主要关注疫情防控常态化背景下经济的恢复，以及新西兰历来重视的环境变化议题。总的来看，新西兰这一年的经济表现比预测要佳，国内政治较为稳定。

（一）新冠肺炎疫情的应对和影响

截至 2020 年 12 月 31 日，新西兰报告的新冠病毒感染人数为 2162 人（包括 356 个可疑病例）[④]，死亡人数为 25 人。新西兰对新冠肺炎疫情的响应可以大致分为四个阶段。1 月 30 日至 2 月 27 日为第一阶段，新西兰主要是限制疫情出现地区人员入境，各界讨论旅行禁令对新西兰旅游业、教育业

---

① Grant Robertson, "Low Unemployment Shows Economy in Good Shape", New Zealand Beehive Website, 5 February 2020, https: //www. beehive. govt. nz/release/low – unemployment – shows – economy – good – shape.

② Grant Robertson, "Budget Speech", New Zealand Budget Website, 14 May 2020, https: //budget. govt. nz/budget/pdfs/speech/b20 – speech. pdf.

③ NZ Stats, "Gross Domestic Product: December 2020 Quarter", NZ Stats, 18 March 2021, https: //www. stats. govt. nz/information – releases/gross – domestic – product – december – 2020 – quarter.

④ "Covid – 19: Current Cases", New Zealand Ministry of Health, 31 December 2020, https: //www. health. govt. nz/our – work/diseases – and – conditions/covid – 19 – novel – coronavirus/covid – 19 – data – and – statistics/covid – 19 – current – cases#daily – cases.

等行业的影响。2月28日至3月20日为第二阶段，随着第一例确诊病例的出现，新西兰的旅行禁令扩大，加强了机场健康检测，并启动系列经济刺激计划。在此阶段，新西兰政府的新冠肺炎疫情应对政策越来越严格，并且陆续出台了总值121亿新西兰元的一揽子经济计划，约占GDP的4%。[①]

3月21日至8月10日为第三阶段，新西兰出台四级响应政策，并迅速决定封城。在这个阶段新西兰的新冠肺炎疫情呈现好转的趋势，各界积极评价新西兰政策。随着3月24日封城政策的生效，政府陆续出台封城期间的具体措施，细化了一系列经济刺激计划、受影响人员补贴计划等。在经济方面，3月23日储备银行降低长期利率刺激经济；政府明确受影响的企业可以申请工资补贴，截至8月7日已支付了131亿新西兰元补贴。[②] 在相关人员的安置方面，受疫情影响的人员可申请税收减免，并且封城期间禁止房租上涨和延长抵押期限。同时，政府关注并安置了无家可归人员，解决了其隔离问题。在教育方面，4月14日政府细化了对国内受影响的高等教育学生的资金支持计划，包括学生贷款可用于学费的数额从1000新西兰元增加到2000新西兰元、为无法在线学习的学生继续支付8周的生活费用、学费返还等政策。在此阶段，反对党和社会各界人士积极推动政府采取更为严格的隔离措施。如国家党发起“所有入境新西兰的人员（包括本国人）都需强制隔离”的请愿。政府于4月9日宣布了所有入新者都需强制隔离的严格措施。

此阶段，新西兰抗疫政策表现出几个特点。第一是“去政治化”。反对党国家党并未像往常一样批评执政党的政策，而是帮助政府执行封城政策。前总理约翰·基（John Key）3月在访谈节目中赞扬了总理阿德恩在新冠肺

① Jacinda Ardern, Winston Peters, and James Shaw, “Economic Package to Fight COVID – 19”, New Zealand Beehive Website, 17 March 2020, https://www.beehive.govt.nz/release/economic – package – fight – covid – 19.

② “Income Support and Wage Subsidy Weekly Update”, New Zealand Ministry of Social Development Website, https://www.msd.govt.nz/documents/about – msd – and – our – work/publications – resources/statistics/benefit/2020/income – support – and – wage – subsidy – weekly – update/income – support – and – wage – subsidy – update – 7 – august – 2020.pdf.

炎疫情流行期间的沟通技能。① 第二，新西兰民众对政府的信任度上升。科尔马·布伦顿（Colmar Brunton）在4月3日至5日进行的民调结果显示，新西兰民众对政府的信任度从59%上升到83%。并且民众对政府抗击新冠肺炎疫情政策的信任度，比对英国、美国、意大利、加拿大、法国、德国和日本等国家的政府政策的信任度高。② 可见，民众对新西兰政府的应对政策较为满意。第三，政府的政策受到广泛的好评。新西兰奥塔哥大学公共卫生学教授迈克尔·贝克（Michael Baker）赞扬新西兰确诊数的减缓是“科学和领导”的胜利。新西兰的做法在国际媒体上获得了越来越多的肯定。英国《卫报》（*Guardian*）表示新西兰抗疫政策中体现的“清晰度和同情”是澳大利亚可以学习的。③ 美国《华盛顿邮报》（*Washington Post*）记者安娜·菲菲尔德（Anna Fifield）在报道中评论新西兰抗击新冠肺炎疫情的政策已显示出效果。④ 美国有线电视新闻网（CNN）也发文赞扬新西兰在只有一例死亡病例时仍然采取严格措施的做法为其赢得地理和时间方面的优势。⑤ 世界卫生组织也将新西兰作为一个成功的案例进行宣传。⑥

---

① Vita Molyneux, “Former Prime Minister Sir John Key Praises Jacinda Ardern’s ‘Faultless’ COVID – 19 Communication”, Newshub, 27 March 2020, https://www.newshub.co.nz/home/politics/2020/03/former – prime – minister – sir – john – key – praises – jacinda – ardern – s – faultless – COVID – 19 – communication.html.

② Colmar Brunton, “Covid Times”, Colmar Brunton Website, 8 April 2020, https://static.colmarbrunton.co.nz/wp – content/uploads/2019/05/COVID – Times – 8 – April – 2020.pdf.

③ Gay Alcorn, “‘Clarity and Compassion’: What Australia Can Learn from New Zealand’s Coronavirus Response”, Guardian, 25 March 2020, https://www.theguardian.com/world/2020/mar/25/clarity – and – compassion – what – australia – can – learn – from – new – zealands – coronavirus – response.

④ Anna Fifield, “New Zealand Isn’t Just Flattening the Curve. It’s Squashing It”, *The Washington Post*, 7 April 2020, https://www.washingtonpost.com/world/asia_ pacific/new – zealand – isnt – just – flattening – the – curve – its – squashing – it/2020/04/07/6cab3a4a – 7822 – 11ea – a311 – adb1344719a9_ story.html.

⑤ Julia Hollingsworth, “New Zealand Reported a Decline in New Coronavirus Cases for the Fourth Consecutive Day”, CNN, 9 April 2020, https://edition.cnn.com/2020/04/09/asia/new – zealand – lessons – intl – hnk/index.html.

⑥ “New Zealand Takes Early and Hard Action to Tackle COVID – 19”, WHO Website, 15 July 2020, https://www.who.int/westernpacific/news/feature – stories/detail/new – zealand – takes – early – and – hard – action – to – tackle – covid – 19.

8 月 11 日至 12 月底为第四阶段，新西兰对疫情的防控政策做了更全面的思考，形成了较为成熟的疫情防控体系。在新西兰连续 100 余天没有社区传播病例后，奥克兰再次出现社区传播。政府立即将响应级别升级，奥克兰也从 8 月 12 日至 8 月 30 日进入了地区封锁。疫情没有引起全国性的蔓延，政府政策在监测体系、响应措施等方面更加完善。

新西兰政府应对疫情的经济刺激计划有所成效。为了恢复经济，新西兰设立了 500 亿新西兰元的新冠应对和恢复基金（包括疫情初期的 121 亿新西兰元一揽子计划和 1 月的 120 亿新西兰元升级项目），通过支持本地项目刺激经济和创造就业。[①] 疫情初期政府花费 139 亿新西兰元用于工资补贴、核心工作的休假计划、小微企业的支持；花费 5160 亿新西兰元帮助国际教育部门恢复[②]。2020 年预算案中又增加了对各行业恢复资金支持。具体措施包括增加 159 亿新西兰元进一步创造就业；新增 40 亿新西兰元支持企业恢复，包括提供短期的贷款；增加 30 亿新西兰元进行基础设施投资；投入 10 亿新西兰元用于创造环保部门的就业岗位，包括地区环境投资等。[③] 总的来看，新西兰的经济恢复政策主要关注点是通过创造就业拉动经济，以及对小微企业重点扶持。2020 年第二季度，新西兰的 GDP 下降了 11%，在第三季度反弹了 14%。[④] 比预期表现要好的经济数据在一定程度上体现了政府经济刺激计划的效果。

（二）大选前的政党变动和竞选主张

新西兰各党竞选政策关注的首要议题是疫情的应对和疫情防控常态化背

---

① David Parker, "A Progressive Agenda", New Zealand Beehive Website, 12 November 2020, https://www.beehive.govt.nz/speech/progressive-agenda.

② Chris Hipkins, "COVID-19: Stabilising International Education as the Sector Rebuilds", New Zealand Beehive Website, 27 July 2020, https://www.beehive.govt.nz/release/covid-19-stabilising-international-education-sector-rebuilds.

③ Grant Robertson, "Budget Speech", New Zealand Budget Website, 14 May 2020, https://budget.govt.nz/budget/pdfs/speech/b20-speech.pdf.

④ "Weekly Economic Update 18 December 2020", New Zealand Treasury Website, https://www.treasury.govt.nz/publications/weu/weekly-economic-update-18-december-2020-html.

景下的经济复苏，其次是儿童贫困、住房、气候变化等传统议题以及体现各党派价值观的议题。对于疫情应对和经济复苏问题，在选举中胜出的工党提出五点经济恢复政策，包括投资于民、提供就业岗位、发展可持续的环保经济、支持小微企业、支持新西兰的国际市场。[①] 此外，工党和主要的小党派绿党都提出通过向高收入群体增税以增加税收收入的政策。另一大党派国家党提出建立边境安全机构加强边境管理并且在隔离体系中引入私人企业。其经济政策与工党相反，包括暂时降低个人所得税、取消燃油税等措施。[②] 主要的小党派之一行动党提出五点经济恢复方针，主要通过增大对企业运营的支持提高就业。[③] 在气候变化和环境问题方面，工党主要提出5年内实现可再生能源发电的目标；国家党则允许一定矿产的开发，逐步过渡到零排放经济；以环境保护为核心的绿党也提出清洁能源计划，5年内实现再生资源的目标；小党毛利党则提倡保护毛利文化和环境、扩大毛利人支持的组织、保障毛利人的财产权等权利，政策以毛利人为核心。对于疫情应对和恢复的政策，两个大党具有相似性，力图加强边境检测和隔离系统。而在健康、教育、福利政策等议题上，各党的政策虽然具体方面有所不同，但差异不大。总的来看，工党和绿党采取“大政府”的原则，力图通过增加税收以便投入创造就业岗位的行业；国家党和行动党采取“小政府”的原则，减税以支持企业；毛利党的主张则凸显毛利人的价值观。

然而，在大选前主要的两大政党工党和国家党都受到党内高层波动和政治丑闻的困扰。对于工党，最受关注的是时任卫生部长大卫·克拉克（David Clark）在封城期间违反规定与家人到沙滩游玩事件。事情发生后，

---

① NZ Labour Party, *Manifesto for the 2020 Election*, NZ Labour Party Website, https://www.labour.org.nz/policy.

② Judith Collins, “Securing New Zealand's Border against COVID－19”, National Party Website, 20 August 2020, https://www.national.org.nz/securing－new－zealands－border－against－covid－19.

③ 让新西兰人重回职业岗位、平衡政府账户、简化行政程序、面向未来的基建、保护公共健康。“A 5－Point Plan for Economic Recovery”, ACT Party Website, https://www.act.org.nz/alternative_budget.

尽管受到很大压力和批评，总理阿德恩保留了克拉克的部长职位。但最终克拉克于7月辞职，卫生部长由教育部长克里斯·希宾斯（Chris Hipkins）兼任。另一位在任部长的工党成员伊恩·里斯·加洛威（Iain Lees-Galloway）被反对党国家党党魁朱迪思·柯林斯（Judith Collins）被爆出个人作风问题，其后被总理以“缺乏判断力”为由免职。

国家党在大选前面临的问题更大，首先经历了极大的党内高层波动。疫情开始后，前国家党党魁西蒙·布里奇斯（Simon Brigdes）的个人支持率持续低迷，与工党在疫情前不相上下的党派支持率在疫情出现后也降到了30%以下。5月22日，托德·穆勒（Todd Muller）挑战布里奇斯成功，被选为国家党新的领导人。但令人惊讶的是，在任职53天后穆勒以健康原因辞去领导人职务，由女议员柯林斯接替。在柯林斯担任领导人之时，距离选举日仅有两个月有余的时间。许多评论对柯林斯改变国家党选情持悲观的态度。再加上穆勒辞职后，当时奥克兰中心选区的议员、前副党魁妮基·凯（Nikki Kaye）和另一名议员艾米·亚当斯（Amy Adams）也宣布退休，以致国家党在匆忙中寻找奥克兰中心选区的接替候选人，也导致了在选举中该选区败给了工党候选人。紧接着国家党另一名奥克兰议员丹尼斯·李（Denise Lee）向党高层抱怨柯林斯领导风格的邮件被曝光。接连人员的变动和争论反映了国家党内部矛盾的深化。

同时，国家党还受到政治丑闻的影响。在穆勒担任党魁时，国家党议员哈米什·沃克（Hamish Walker）以及前国家党主席米歇尔·博格（Michelle Boag）被爆出将18名新冠肺炎疫情确诊病例的个人信息泄露给媒体，具体包括病人的姓名、住址、隔离地点等内容。据报道，沃克泄露信息的初衷是批评政府设置隔离点前未和社区协商等不当的做法①，但这些信息因涉及病人隐私未被媒体公开，反而是沃克和博格泄露病人信息的行为引发了极大的批评。时任党魁穆勒声称其是从媒体得知两人泄露信息的行为，并评论该行

① Jo Moir, “How the Hamish Walker Covid - 19 Patient Detail Leak Played Out”, RNZ, 8 July 2020, https://www.rnz.co.nz/news/political/420717/how-the-hamish-walker-covid-19-patient-detail-leak-played-out.

为是“不能接受的”。后沃克退出大选，博格引咎辞职。另一件丑闻发生在柯林斯任职不久，国家党议员安德鲁·法伦（Andrew Falloon）被一名已成年女孩的父母举报其向女孩发送不雅照。这些丑闻事件极大损害了国家党的形象。国家党因为党内矛盾和丑闻而丢失的公众信任，从最终的党派投票中也有所反映。

工党和国家党的两位华人议员退出大选的举动也在一定程度上反映了两大党派选举前内部变动问题。在穆勒担任国家党党魁期间，他将国家党华人议员杨健的党内排名从33位提升至27位。但杨健却在7月宣布退休，不参加2020年的大选。在同月，工党的华人议员霍建强也宣布退出2020的大选。两位华人议员退出新西兰政坛的原因既有个人因素，也有党内正常变动的因素，同时一定程度上还有所谓的“中国干涉论”的因素。最终大选后，仅有一名工党的年轻华人议员通过党内排名进入国会。

从选举结果来看，疫情控制得当在一定程度上帮助工党在大选中获得绝对的胜利，其得到50%的政党支持率和65个席位，成为新西兰自1996年实行混合成员比例选举制度以来首个可以单独组阁的政党。国家党则仅获得33个席位，表现糟糕。小党派中偏右的行动党一定程度上从国家党糟糕的表现中获利，以亮眼的表现获得10个席位，与2017年相比新增了9名议员。另一个小党派、工党的友党绿党也增加了议员席位，获得10个席位。但绿党的两位联合领导都没担任内阁部长，因此被认为绿党对新政府的影响很小。毛利党在2017年输掉大选后重回议会，获得2个席位。2017年的“造王者”优先党因为未达到5%的党派支持率未获得选区席位，未能进入议会。在2017～2020年联合政府中，优先党在工党提出的资本利得税（capital gains tax）改革、基础设施项目建设、毛利土地争议解决方案中都未给予支持。因此可见，优先党的缺席将使新工党政府在政策制定方面大大减少掣肘。

此外，2020年新西兰大选在选举法律上发生了一大新变化，即禁止外国捐款。受到“外国干涉论”的影响，新西兰加入了澳大利亚、加拿大、英国的行列，禁止来自外国的政治捐款。在2019年末新西兰司法部修改选举法并通过紧急程序通过修改法案，将对外国政治捐献的限制从 1500 新西兰元降低到 50 新西兰元。[①]

（三）其他主要的内政议题

除了疫情防控和经济恢复议题，新西兰政府还需要解决许多国内问题。首先是激增的房价，根据新西兰统计局房屋市场报告和房产协会的报告，新西兰的房价截至 2020 年 11 月其中位数达到 74.9 万新西兰元，房价上升约 19%；租房支出比例大幅上升，约占可支配收入的 30%；房价的增长速度高于工资的增长速度；房屋供给不足，在奥克兰地区尤为严重。[②] 针对“房屋危机”（housing crisis），新西兰储备银行行长阿德里安·奥尔（Adrian Orr）认为房屋问题的根源在于政客接受政策建议的意愿。而总理阿德恩回应道，导致房价上升的一部分原因在民众。她意指 2019 年的资本利得税改革流产的一大原因是没有得到民众的支持。阿德恩认为低利率和疫情也是造成房价攀升的原因。[③] 对此，行动党领导人大卫·西摩（David Seymour）在批评总理阿德恩时说道，房价问题“不是税收问题，而是政府在逃避建房问题”。[④]

包括反对党领导人和许多分析人士也认为，新西兰的房屋供给不足与联

---

① Andrew Little, “Government to Ban Foreign Donations”, New Zealand Beehive Website, 3 December 2019, https://www.beehive.govt.nz/release/government-ban-foreign-donations#:~:text=The%20Government%20is%20taking%20action, afternoon%20and%20passed%20under%20urgency.

② Stats NZ, *Housing in Aotearoa 2020*, 8 December 2020, https://www.stats.govt.nz/reports/housing-in-aotearoa-2020; Real Estate Institute of New Zealand, *Monthly Property Report November 2020*, p.4, Real Estate Institute of New Zealand Website, https://reinz.co.nz/Media/Default/Statistic%20Documents/2020/November/REINZ%20Monthly%20Property%20Report%20-%20November%202020.pdf.

③ “Jacinda Ardern Says Public Bears Some Responsibility for Housing Crisis after Failed Taxation Attempts”, 1 News, 30 November 2020, https://www.tvnz.co.nz/one-news/new-zealand/jacinda-ardern-says-public-bears-some-responsibility-housing-crisis-after-failed-taxation-attempts.

④ Anna Whyte, “Jacinda Ardern Denies Passing Blame to Public over Housing Crisis-‘I've Listened’”, 1 News, 30 November 2020, https://www.tvnz.co.nz/one-news/new-zealand/jacinda-ardern-denies-passing-blame-public-over-housing-crisis-ive-listened.

合政府的房屋计划（Kiwibuild）的失败有联系。① 联合政府原想通过增加房屋的供给提高住房的可负担性以及冷却房屋市场，但截至 2020 年 3 月，政府仅建了 394 间房屋，远远未达到最初的目标。总理阿德恩在 2019 年解除了时任住房部长菲尔·特威福德（Phil Twyford）的职务，将房屋政策核心转向相对成功的福利房建设。

其次，传统的气候变化和环境保护议题依然是新西兰国内政治的关注点。新西兰在环保政策上走在世界前列。继 2019 年通过了世界上首部《零碳法案》（*Zero Carbon Bill*）后，2020 年新西兰宣告了气候紧急情形，将在 2021 年通过三个零碳排放预算法案、升级《巴黎协定》下的目标、制定新的履行国际义务的方案。② 新西兰也成为世界上第一个要求经济部门在做出决定的时候考虑气候危机并提交气候影响报告的国家。此制度最早将于 2023 年执行，涵盖约 200 个组织，比如所有注册银行、超过 10 亿新西兰元的投资项目、事故赔偿公司（Accident Compensation Corporation，ACC）、海外注册公司在新西兰的业务等。这些组织每年需要就治理安排、危机管理和缓解气候变化的战略进行财务披露。③ 同时，新西兰发布了第一个《国家气候变化风险评估报告》（*National Climate Change Risk Assessment*）。④ 该报告分析了因气候变化新西兰面临的环境、社会和经济风险。政府需要根据该评估报告在未来两年内指定国家适应性计划。新西兰的塑料政策也更加严格和全面。《减少塑料对环境的影响》报告提出

① "New Zealand Scraps 'Overly Ambitious' Plan to Tackle Housing Crisis", Guardian, 4 September 2019, https://www.theguardian.com/world/2019/sep/04/new-zealand-scraps-overly-ambitious-plan-to-tackle-housing-crisis.

② James Show, "Climate Emergency Declaration Will Be Matched with Long-term Action", New Zealand Beehive Website, 2 December 2020, https://www.beehive.govt.nz/release/climate-emergency-declaration-will-be-matched-long-term-action.

③ James Shaw, "New Zealand First in the World to Require Climate Risk Reporting", New Zealand Beehive Website, 15 September 2020, https://www.beehive.govt.nz/release/new-zealand-first-world-require-climate-risk-reporting.

④ "First National Climate Change Risk Assessment for New Zealand", New Zealand Ministry for the Environment Website, https://www.mfe.govt.nz/climate-change/assessing-climate-change-risk.

2025 年前将逐步取消难以回收的塑料和一次性使用的塑料制品（如水果标签）。[①] 此外，政府还提出了公共部门 2025 年前实现零碳排放目标。[②] 新西兰在评估风险、加强气候变化适应性等方面投入了大量资金支持。比如，在政府 2020 年 7 月制定的应对疫情的 300 亿新西兰元基础设施一揽子计划中，1 亿新西兰元将用于支持六个地区的气候适应性措施[③]、11 亿新西兰元将用于改善生物多样性、水资源等[④]；投入 4070 万新西兰元发展清洁能源技术等[⑤]。

此外，儿童福利和减贫议题也是讨论的焦点之一。总理阿德恩 2017 年竞选时因儿童减贫的政策承诺备受关注，新政府也将延续对该问题的关注。在 2019 年 8 月时，工党联合政府发布了第一个《儿童和青少年福利战略》，从六个方面关爱年轻孩子。“健康学校午餐”（Health School Lunches）是该战略中的一个项目，为 1 ~ 8 年级的有困难学生提供免费午餐。因为疫情，政府为该项目增加 2.2 亿新西兰元的财政预算。预计截至 2021 年底，该项目将为 20 万名符合条件的学生提供免费午餐，同时将创造 2000 余个就业岗位。[⑥] 联合政府在减贫问题上的成效在选举前受到反对党的批评，新工党政

① Ministry of Environment, *Reducing the Impact of Plastic on Our Environment*, Ministry of Environment Website, 12 August 2020, https://www.mfe.govt.nz/sites/default/files/media/Waste/Final - Reducing - the - impact - of - plastic - on - our - environment - December.pdf.

② Jacinda Ardern, Stuart Nash and James Show, "Public Sector to Be Carbon Neutral by 2025", New Zealand Beehive Website, 2 December 2020, https://www.beehive.govt.nz/release/public - sector - be - carbon - neutral - 2025.

③ Winston Peters and Shane Jones, "Climate Resilience Packages for Regions", New Zealand Beehive Website, 3 August 2020, https://www.beehive.govt.nz/release/climate - resilience - packages - regions.

④ David Parker, "A Progressive Agenda", New Zealand Beehive Website, 12 November 2020, https://www.beehive.govt.nz/speech/progressive - agenda.

⑤ Megan Woods, "Advancing Clean Energy Technology", New Zealand Beehive Website, 16 September 2020, https://www.beehive.govt.nz/release/advancing - clean - energy - technology.

⑥ Jacinda Ardern, Chris Hipkins and Tracey Martin, "Major Expansion of School Lunch Programme", New Zealand Beehive Website, 14 May 2020, https://www.beehive.govt.nz/release/major - expansion - school - lunch - programme.

府在该议题上也将承担更多的责任。

涉及毛利人权利的议题也是大选的重点和热点议题。大选后的新工党政府在伊呼玛陶（Ihumātao）毛利土地问题上达成解决方案。从2017年Ihumātao的所有者弗莱彻房产公司（Fletcher Building）决定对这片被毛利人视为神圣的土地进行商业住房开发时起，保护Ihumātao的运动兴起，在2019年达到高潮。迫于压力，总理阿德恩在2019年9月承诺在政府与各方未达成一致解决方案前，停止开发项目。在随后的协商中，双方提出了各种方案但都无果而终。直到大选后，因为工党在议会中获得绝对多数的席位Ihumātao问题似乎也迎刃而解。在2020年12月17日，政府宣布将从弗莱彻房产公司（Fletcher Building）手中以3000万新西兰元购买争议的土地，用于毛利房屋和公共房屋开发，并且政府承认这个开发项目的敏感性和这片土地的特殊性。[①] 毛利国王图黑提阿－帕基（Tūheitia Paki）对这个协议表示支持，[②] 自此Ihumātao问题基本圆满解决。由此也可以看出新工党政府在制定政策方面更加自如。

2020年，备受新西兰各界关注的还有对2019年3月15日清真寺枪击案枪手的审判。在8月，疫情有所控制时，枪手经法院审判被判处终身监禁。枪击案首先带来了新西兰枪支法律的改革。自恐怖袭击发生后，联合政府在2019年4月便迅速通过枪支管理修订法案，禁止私人携有半自动武器和弹药。据报告，政府回购枪支的体系运转顺利，截至2020年2月，购回6万余件禁止枪支。[③] 在此基础上，议会在2020年6月通过了《武器法案》（*Arms Legislation Bill*），该法案新措施包括将枪支许可的年限从5年缩短至3

① Grant Robertson and et al.，"Agreement Reached on Future of Ihumātao"，New Zealand Beehive Website，17 December 2020，https：//www. beehive. govt. nz/release/agreement – reached – future – ihum% C4% 81tao.

② Shane Jones，"Government Backing Māori Landowners"，New Zealand Beehive Website，19 September 2020，https：//www. beehive. govt. nz/release/government – backing – m% C4% 81ori – landowners.

③ Stuart Nash，"Gun Buyback Well Run，Ongoing Work Needed"，New Zealand Beehive Website，7 May 2020，https：//www. beehive. govt. nz/release/gun – buyback – well – run – ongoing – work – needed.

年、采用更严格的申请标准、增加在枪支流通中的监管、增加对射击俱乐部和射程的监管等等。① 皇家专门调查委员会（Royal Commission）针对袭击案在2020年11月发布了全面的报告。在报告中也提到新西兰原先的枪支管理体系“资源集中不当”且是失败的。② 新西兰对反恐法律机制的关注也增多了。皇家专门调查委员会在枪击案报告中对加强反恐制度提出建议，包括修改恐怖主义的定义、增加三类相关犯罪等。③ 此外，新西兰也增加了国际反恐机制建设的倡议。比如在东盟区域论坛（ASEAN Regional Forum，ARF）上，新西兰在反恐方面承担了主导性的角色。但因为疫情，新西兰的反恐倡议将被推迟。④

二　2020年新西兰的外交

在2020年，新西兰的外交活动也受到新冠肺炎疫情的影响，部分活动完全停止，部分依靠网络平台。总的来看，新西兰继续依赖多边主义，强调独立自主外交立场和基于规则的国际体系。加强国际贸易关系仍是新西兰外交政策的核心之一。在这方面，与欧盟和英国的自由贸易协定协商是其工作重心。同时新西兰在国际舞台上对包括气候变化、生物多样性、女性投票权、禁止核武器扩散等议题提供“新西兰方案”。

① Stuart Nash，“Arms Legislation Bill，Third Reading”，New Zealand Beehive Website，18 June 2020，https：//www. beehive. govt. nz/speech/arms – legislation – bill – third – reading.

② Royal Commission of Inquiry into the Terrorist Attack on Christchurch Masjidain on 15 March 2019，*Report of the Royal Commission of Inquiry into the Terrorist Attack on Christchurch Masjidain on 15 March 2019*，Volume 1，p. 13，26 November 2020，https：//christchurchattack. royalcommission. nz/assets/Report – Volumes – and – Parts/Ko – to – tatou – kainga – tenei – Volume – 1 – v2. pdf.

③ Kris Faafoi，“Counter Terrorism Laws to Be Strengthened”，New Zealand Beehive Website ，8 December 2020，https：//www. beehive. govt. nz/release/counter – terrorism – laws – be – strengthened.

④ Ministry of Foreign Affairs and Trade，*Annual Report 2019/2020*，p. 41，New Zealand Parliament Website，https：//www. parliament. nz/en/pb/papers – presented/current – papers/document/PAP_ 104169/foreign – affairs – and – trade – ministry – of – manat% C5% AB – aorere.

（一）助推经济全球化、强调环保生态去核化问题

2020 年国际形势更加复杂，新冠肺炎疫情增加了更多不确定性。在中美分歧背景下，与澳大利亚“选边站”的政策不同，新西兰自称其外交政策是“就事论事”（event-based），在经济伙伴和安全盟友之间、经济问题和价值观问题之间不是非此即彼的选择。总之，新西兰的外交政策以维护国际规则体系为基础，通过一系列有所波动的政策审慎应对大国间竞争。

新西兰积极参与联合国行动是维护以规则为基础国际体系的主要形式之一。2020 年 10 月新西兰派遣了一架海上巡逻机，在日本的嘉手纳空军基地（Kadena Air Base）开展海上演习，以支持联合国安理会制裁朝鲜的决议。[①] 新西兰维护多边主义，在新冠肺炎疫情期间，支持世界卫生组织的框架，积极参与在该框架下提出的疫苗合作计划（COVAX），支持该计划下的疫苗获取机制（COVAX Facility）和深化市场承诺（Advance Market Commitment）。并且新西兰通过网络会议的形式，与澳大利亚、加拿大、智利、中国、印度尼西亚、日本、新加坡、美国和越南展开了双边对话，倡导“和平、开放、合作的多边主义”。[②]

过去一年，新西兰的贸易政策持续追求市场的多元化，“立足亚太，拓展欧美”的目标更加明显。在亚洲，新西兰积极推动东盟（ASEAN）的一体化，截至 2020 年，新西兰通过各类发展项目直接向东盟投资了 7250 万新西兰元。[③] 新西兰还和新加坡以及智利签署了《电子经济伙伴协定》（*Digital Economy Partnership Agreement*）。在欧美，新西兰于 2020 年 7 月与英国进行了第一轮自由贸易协定的协商，并积极推进与欧盟的自由贸易协定的

① Winston Peters and Ron Mark, “NZ Announces a Third P – 3 Deployment in Support of UN Sanctions”, 19 October 2020, https://www.beehive.govt.nz/release/nz – announces – third – p – 3 – deployment – support – un – sanctions.

② Ministry of Foreign Affairs and Trade, *Annual Report 2019/2020*, p. 27, New Zealand Parliament Website, https://www.parliament.nz/en/pb/papers – presented/current – papers/document/PAP_104169/foreign – affairs – and – trade – ministry – of – manat% C5% AB – aorere.

③ Ministry of Foreign Affairs and Trade, *Annual Report 2019/2020*, p. 28, New Zealand Parliament Website, https://www.parliament.nz/en/pb/papers – presented/current – papers/document/PAP_104169/foreign – affairs – and – trade – ministry – of – manat% C5% AB – aorere.

协商，在2020年6月双方完成了第八轮协商。在地区经济合作方面，新西兰参与的《区域全面经济伙伴关系协定》于2002年11月5日正式签署。该协定包括15个经济体，经济体量占世界GDP的三分之一。总理阿德恩认为签署该协定“有利于新西兰疫情后经济的恢复，以及为出口和投资创造新机会”。①

同时，新西兰是气候变化、保护生物多样性、禁止核武器扩散等议题的主要推动国之一。在2020年9月召开的联合国大会第75届一般性辩论环节中，新西兰驻联合国代表克雷格·霍克（Craig Hawke）指出气候变化是疫情结束后首先要应对的挑战，并且气候变化的影响对太平洋地区更真切。他提出的建议有：第一，全面执行《巴黎协定》；第二，“全球重置”（Global Reset）转变为更绿色的经济，比如停止石油燃料的补贴并转向投资清洁能源。② 同时，新西兰发起了《气候变化、贸易和可持续性协定》的协商；也是《不在国家管辖权的生物多样性公约》（*Biodiversity beyond National Jurisdictions Treaty*）的主要发起国。后一个公约在联合国框架下正在协商，关注对无国家管辖权的地区生物多样性的保护和可持续性利用。在禁止核武器扩散方面，新西兰在联合国大会第一委员会中两次带头支持解除武装的决议（Disarmament Resolutions）③；2月新西兰以成员国的身份加入倡导制定去

---

① Jacinda Ardern and Damien O'Connor, "New Zealand Signs Regional Comprehensive Economic Partnership", 15 November 2020, https://www.beehive.govt.nz/release/new-zealand-signs-regional-comprehensive-economic-partnership.

② Craig J. Hawke, "United Nations General Assembly: 75th General Debate - National Statement", 29 September 2020, https://estatements.unmeetings.org/estatements/10.0010/20200929/azzQgcBAMYqv/NjLJPPLLxvas_en.pdf.

③ 一个是《南半球及邻近地区无核化决议》[*Intensive New Zealand Diplomacy Supported an Increase in Asian Development Bank Funding to Pacific Small Island Developing States (SIDS)*]（document A/C.1/74/L.22）；另一个是《全面禁止核试验公约》（*Comprehensive Nuclear-Test-Ban Treaty*）（document A/C.1/74/L.24）。见 Ministry of Foreign Affairs and Trade, *Annual Report 2019/2020*, p.19, New Zealand Parliament Website, https://www.parliament.nz/en/pb/papers-presented/current-papers/document/PAP_104169/foreign-affairs-and-trade-ministry-of-manat%C5%AB-aorere; UN, "First Committee Sends 19 Resolutions, Decisions to General Assembly, Issuing Strong Calls for Clearing Path towards Nuclear-Weapon-Free World", 1 November 2019, https://www.un.org/press/en/2019/gadis3640.doc.htm.

核化切实步骤的组织“斯德哥尔摩16国”（Stockholm 16）[①]；参与美国提出的“创造去核化环境倡议”。然而，新西兰未在2020年12月召开的联合国气候行动峰会中发言，有报道猜测新西兰在预防气候变化方面的表现不突出，因此未让其发言。总理阿德恩对新西兰未发言的解释是因为政府没有新政策要宣布。[②]

此外，在国际舞台上，新西兰因有效抗击新冠肺炎疫情和承办亚太经济合作组织（APEC）系列论坛备受瞩目。迅速有效地控制疫情不仅为工党赢得了选举红利，总理阿德恩的领导力在世界上也受到称赞。主办APEC在新西兰政府看来可以增强地区领导力。作为疫情期间重要的经济合作论坛，新西兰联合政府于2020年6月已决定论坛活动将以线上形式举办。如何进行疫情防控常态化背景下的恢复将是重要的主题，此外新西兰认为重建主要大国合作参与渠道也至关重要，中美关系在该平台上会有何新进展受到各国的关注。

在地区层面，新西兰在与太平洋岛国的关系中强调自身的领导力和影响力。在双边关系方面，新西兰与澳大利亚以及新加坡在抗疫方面的合作尤为密切。与新加坡合作紧密的一个原因是新加坡国情与新西兰有一定相似性，新西兰多有参考新加坡的抗疫政策。比如新西兰国内用的接触者追踪软件就很大程度上参照了新加坡的软件。新西兰的中国政策正从经济问题扩展到安全和价值观问题，并且双方在气候变化问题上合作的可能性增大。2020年新西兰与美国似乎在传统安全合作的基础上，探索经济层面的合作。

（二）新西兰在太平洋岛国影响力的进一步增强

新西兰和太平洋岛国有密切的经济、安全和政治联系，现已有完善的合

---

① Embassy of Sweden，“Ministerial Meeting of the Stockholm Initiative for Nuclear Disarmament”，27 February 2020，https：//www. swedenabroad. se/en/embassies/un – geneva/current/news/stockholm – initiative – for – nuclear – disarmament/.

② Zane Small，“Jacinda Ardern Hits Back at Speculation over New Zealand's Absence from Climate Action Summit”，15 December 2020，Newshub，https：//www. newshub. co. nz/home/politics/2020/12/jacinda – ardern – hits – back – at – speculation – over – new – zealand – s – absence – from – climate – action – summit. html.

作机制。太平洋岛国论坛是新西兰和太平洋岛国合作最重要的组织。依托于该组织，成员国领导人的年度会议是传达新西兰声音的重要会议。同时，新西兰部长通常全年还参与太平洋地区的高层部长会议。此外，太平洋社区（Pacific Community）是一个科学与技术的组织，在气候变化、传染病和非传染病、性别平等、青年人就业、食物和水源安全、贸易的生物安全等方面进行交流和合作，新西兰是五大资助国①之一。2020 年新西兰的话语中依然强调自身在太平洋地区的领导地位和影响力。

在政治合作方面，新西兰和岛国主要领导人之间的访问频率不同，但部长和政府官员都有定期的交流机制。新西兰外交部长对岛国有年度的出访任务，2020 年因新冠肺炎疫情转为线上会议。在新冠疫肺炎情之前，新西兰总理阿德恩 2 月到访了斐济，推进了加强斐济民主程度项目、协助斐济私有部门改革项目。同时，阿德恩 7 月对托克劳的访问是 15 年来新西兰总理首次访问该国。巴布亚新几内亚总理和部长 2 月对新西兰的访问也是继 2013 年以来的首次访问。这两个首次访问体现了新西兰虽然和各个岛国的政治紧密程度不同，但其与岛国的关系有加强的趋势。同时，在 2020 年初，新西兰宣布建立太平洋公共部门枢纽（Pacific Public Sector Hub），将为太平洋地区国家的公务员提供技术和咨询支持、培训以及交流的机会。② 据时任新西兰外长温斯顿·彼得斯（Winston Peters）解释，该计划是为了实现 2018 年的“太平洋重置计划”（Pacific Reset）提出的强化该地区公共服务水平的目标。可预期该计划将提高新西兰在太平洋地区的影响力。

新西兰和太平洋岛国的经济关系发展稳定。截至 2020 年 6 月，新西兰和除澳大利亚外的太平洋岛国论坛国家的双边贸易额为 31 亿新西兰元。③

---

① 其他四个资助国和地区是：澳大利亚、欧盟、法国和美国。

② Winston Peters, “New Zealand to Support Pacific Public Sector Hub”, 28 January 2020, https://www.beehive.govt.nz/release/new-zealand-support-pacific-public-sector-hub.

③ “PACER Plus”, Ministry of Foreign Affairs and Trade, https://www.mfat.govt.nz/en/trade/free-trade-agreements/free-trade-agreements-in-force/pacer-plus/overview/.

《更紧密太平洋经济关系协定 +》（*Pacific Agreement on Closer Economic Relations Plus*）于2020年12月13日生效。[①] 该协定是一个地区性的综合自由贸易协定，涵盖货物、服务和投资。该协定2009年开始协商，于2017年达成协定，截至2020年有11个国家签署，直至2020年批准国数为8个[②]，达到使协定生效的数量。新西兰政府认为，其援助一揽子计划积极推动了太平洋岛国政府对该协定的批准。该评论反映出新西兰对自身在该地区影响力的肯定。

因为疫情，太平洋岛国的经济和社会福祉受到重大冲击，新西兰认为其通过4.47亿新西兰币的援助投资给该地区带来积极的影响。为了应对疫情，新西兰额外增加了100亿新西兰元增强岛国的卫生系统，400亿新西兰元帮助太平洋岛国应对新冠肺炎疫情带来的经济、健康和社会影响。[③] 政府预算中也批准建立太平洋社区新冠恢复基金，支持该地区新的倡议。[④] 并且，新西兰和库克群岛在12月达成一致，将在2021年第一季度达成一个双边免隔离的旅行计划。[⑤]

2020年新西兰持续推动太平洋岛国的性别平等和年轻人就业。2020年度新西兰提供了2.167亿新西兰元支持性别平等的活动，包括帮助斐济政府部门加强性别平等的项目、举办第三届太平洋议会论坛关注提高女性议员比例。在青年人就业方面，新西兰通过奖学金项目和认可的季节性雇主

---

① David Parker, "Pacific Trade and Development Agreement a Reality", 15 October 2020, https://www.beehive.govt.nz/release/pacific-trade-and-development-agreement-reality.

② 截至2021年1月，批准国有新西兰、澳大利亚、汤加、所罗门岛国、纽埃、基里巴斯、库克群岛、萨摩亚。

③ Ministry of Foreign Affairs and Trade, *Annual Report 2019/2020*, p.31, New Zealand Parliament Website, https://www.parliament.nz/en/pb/papers-presented/current-papers/document/PAP_104169/foreign-affairs-and-trade-ministry-of-manat%C5%AB-aorere.

④ Aupito William Sio, "Community COVID-19 Fund Supports Pacific Recovery", New Zealand Beehive Website, 9 October 2020, https://www.beehive.govt.nz/release/community-covid-19-fund-supports-pacific-recovery.

⑤ Jacinda Ardern, 'Next Steps towards Quarantine-Free Travel between the Cook Islands and New Zealand,' New Zealand Beehive Website, 12 December 2020, https://www.beehive.govt.nz/release/next-steps-towards-quarantine-free-travel-between-cook-islands-and-new-zealand.

（Recognised Seasonal Employer）项目支持太平洋岛国。

在安全合作方面，新西兰持续增强其在太平洋岛国的国防外交。基于新西兰的“太平洋重置计划”，2020 年 7 月国防部长罗恩·马克（Ron Mark）决定向汤加派遣一个国防顾问，支持重置计划中的太平洋领导发展项目（Pacific Leader Development Programme）和其他双边训练活动。① 截至 2020 年底，新西兰在斐济和巴布亚新几内亚也派遣了国防顾问。

（三）新西兰与大国关系在经济问题、安全问题和价值观问题间权衡波动

1. 新西兰与澳大利亚的关系

澳大利亚是新西兰最密切的伙伴。新冠肺炎疫情期间两国就疫苗战略、经济恢复等方面保持紧密合作，更加反映了新西兰与澳大利亚对最密切伙伴关系的认同。

2020 年凸显澳新密切关系的一个重要体现是“跨塔斯曼海峡安全旅行圈”的协商。新西兰总理在 2020 年 5 月以视频的形式参加了澳大利亚的内阁会议。澳大利亚总理有参加新西兰内阁会议的先例，但新西兰总理参加澳方的内阁会议却是首次。在当时随着两国疫情有所好转，双方旨在讨论建立“跨塔斯曼旅行泡泡”，相互开放国境，免去 14 天的隔离。阿德恩指出这个旅行圈的合作标志着“两国在国家层面的合作，以及经济对彼此的重要性”。② 但是这个“旅行泡泡”随着 5 月疫情在澳大利亚的反复，以及 8 月在新西兰的二次暴发，迟迟未有结果。在 10 月，澳大利亚宣布开放单边的“旅行泡泡”，意味着新西兰人到澳大利亚旅游不需要进行 14 天隔离，但返回

① Ron Mark, “New Zealand Increasing Defence Diplomatic Presence in the Pacific”, New Zealand Beehive Website, 17 July 2020, https://www.beehive.govt.nz/release/new-zealand-increasing-defence-diplomatic-presence-pacific.

② Katharine Murphy and Charlotte Graham-McLay, “Jacinda Ardern Promotes Coronavirus ‘Travel Bubble’ between Australia and New Zealand”, New Zealand Beehive Website, 4 May 2020, https://www.theguardian.com/world/2020/may/04/jacinda-ardern-joins-national-cabinet-meeting-as-australia-new-zealand-share-coronavirus-strategy.

新西兰时仍然需要自费进行 14 天隔离。直至 12 月 14 日，阿德恩宣布内阁已达成一致将于 2021 年第一个季度与澳大利亚正式建立“旅行泡泡”。[①] 旅行圈的协商反映了两国成熟的领导人协商机制。在 2020 年 2 月两国的年度领导人会议中，总理阿德恩和澳大利亚总理斯科特·莫里森就经济、安全、文化合作等方面的国际问题和双边问题进行协商。[②]

澳新两国的经济合作依旧强劲。2020 年新西兰对澳大利亚的贸易进口和出口分别达到 61.8 亿新西兰元和 72 亿新西兰元，虽然较 2019 年略有下降，但新澳的贸易总量依然位列第二，仅较中新贸易量少。[③] 澳新两国的现有的经济关系的政策基础包括《单一经济市场议程》（*Single Economic Market Agenda*）和《更紧密的经济合作关系协定》（*Closer Economic Relations Agreement*）。2020 年，两国总理表示就两国对电子身份和企业识别码的承认达成经济合作，并且正就《东盟—澳大利亚—新西兰自由贸易协定》（*ASEAN-Australia-New Zealand Free Trade Agreement*）升级进行磋商。在《更紧密的经济合作关系协定》框架下，两国负责外贸的部长于 7 月进行线上会面，细化领导人会议中的经济合作细节。[④] 对于世界贸易体系，两国总理达成合意推动世界贸易组织的改革，包括纠纷解决机制改革、禁止有害的渔业补贴等问题。

在安全合作方面，两国除了双边的国防协定，还有多边和地区的安全合作框架作为支撑。两国都加入了“五眼联盟”（Five Eyes Alliance）情报分享机制、“五国联防”（Five Power Defence Arrangements）常规安全合作机

① Jacinda Ardern，“Post-cabinet Press Conference：Monday，14 December 2020 Hansard Transcript”，New Zealand Beehive Website，14 December 2020，https：//www. beehive. govt. nz/sites/default/files/2020 – 12/Press%20Conference%2014%20December%202020. pdf.

② Jacinda Ardern，“Joint Statement：Prime Ministers Jacinda Ardern and Scott Morrison”，New Zealand Beehive Website，28 February 2020，https：//www. beehive. govt. nz/release/joint – statement – prime – ministers – jacinda – ardern – and – scott – morrison – sydney – 28 – february.

③ “COVID – 19 Data Portal”，NZ Stats Website，https：//www. stats. govt. nz/experimental/covid – 19 – data – portal.

④ https：//www. beehive. govt. nz/release/joint – ministerial – statement – new – zealand – australia – trade – talks.

制。在双边安全合作方面，新西兰 2019～2020 年多次派遣武装力量参与澳大利亚维多利亚和新南威尔士的火灾救援。① 在抗击新冠肺炎疫情期间，两国军事部门也加强合作。② 同时，两国总理在领导人年度会议上，就主要的安全问题进行沟通，和 2019 年论调相似，强调了对南海问题、朝鲜问题的关心。“五眼联盟”是澳新两国同时参与的多边安全合作机制，成员国还包括美国、英国、加拿大。2020 年在此机制下，五国负责安全事务的部长就维护网络完全和电子信息安全交换了意见。③ “五国联防”成员国包括澳大利亚、新西兰、英国、新加坡和马来西亚。在疫情暴发之前，五国会就人道主义协助、自然灾害救援、反恐和海洋安全进行演练，但疫情暴发后演练被取消了。在 11 月发表的联合声明中，五国的国防部长积极评价了该安全机制。④

此外，因两国土著群体的相似性，澳大利亚和新西兰在土著问题上加强了合作。2020 年 3 月两国签署了《澳大利亚和新西兰土著合作安排协定》（*Australia and Aotearoa New Zealand Indigenous Collaboration Arrangement*），双方将加强在土著权利保护方面的合作。⑤

2. 新西兰与中国的关系

新西兰和中国的关系在传统上一直以经济关系为核心，但是新西兰对

---

① Ron Mark, “NZDF Sends More Support to Australia”, New Zealand Beehive Website, 10 January 2020, https://www.beehive.govt.nz/release/nzdf－sends－more－support－australia.

② Ron Mark, “New Zealand and Australia Enhance Defence Cooperation in the Fight against COVID－19”, New Zealand Beehive Website, 9 May 2020, https://www.beehive.govt.nz/release/new－zealand－and－australia－enhance－defence－cooperation－fight－against－covid－19.

③ Andrew Little, “Virtual Five Country Ministerial Meeting Communiqué”, New Zealand Beehive Website, 18 June 2020, https://www.beehive.govt.nz/release/virtual－five－country－ministerial－meeting－communiqu%C3%A9.

④ Peeni Henare, “Five Power Defence Arrangements Defence Ministers' Joint Statement”, New Zealand Beehive Website, 27 November 2020, https://www.beehive.govt.nz/release/five－power－defence－arrangements－defence－ministers%E2%80%99－joint－statement.

⑤ Nanaia Mahuta, “Australia and New Zealand Indigenous Arrrangement”, New Zealand Beehive Website, 3 March 2020, https://www.beehive.govt.nz/release/australia－and－new－zealand－indigenous－arrrangement.

中国的政策正从经济层面扩展到安全议题与价值观议题层面。新西兰对中国的传统政策多关注贸易议题，因此新西兰决策者和政府官员通常避免对涉及中国利益的安全议题以及政治议题进行评论。在2020年年中，新西兰对中国的香港问题、新疆问题发表了看法，并且与中国在核问题方面也有合作。

新西兰和中国的经济关系在2020年几乎未受到影响。2020年新西兰对中国的贸易进口量和出口量为111.8亿新西兰元和146.4亿新西兰元，较2019年有所下降，但较2018年有所上升。[①] 在中澳关系紧张时，新西兰龙虾等产品的出口量不降反增。在2020年7月的中国商业峰会（China Business Summit）上，总理阿德恩强调中新关系“发展良好”，中新关系是新西兰最重要的关系之一。[②] 农业、气候变化、教育等领域是两国合作的核心领域。新西兰外交和贸易部2020年的年度报告提及政府官员正就“一带一路”倡议的“工作计划”形式进行讨论。[③] 这在一定程度上表达了新西兰对中国经济实力的肯定，与新西兰传统“以经济问题为核心”的对中政策相符。但是两国2019年宣布达成自贸协定升级谈判后，迟迟未签署正式协定，这也引来不少猜想。最终两国于2021年1月26日正式签署了升级协定，新西兰一方对中新经济关系做出的积极评价。

与中新平稳的经济关系不同，在政治或者价值观议题上，新西兰审慎地表达了看法。在疫情应对方面，新西兰与中国进行了数次会议，交流抗疫经验。但是，在澳大利亚提出对疫情来源展开调查后，新西兰也参与到这个倡议中。此外，在2020年召开的中国商业峰会上，在强调友好关系的同时，

① “COVID - 19 Data Portal”, NZ Stats Website, https://www.stats.govt.nz/experimental/covid - 19 - data - portal.

② Jacinda Ardern, “Speech Notes Prepared for the China Business Summit”, New Zealand Beehive Website, 20 July 2020, https://www.beehive.govt.nz/speech/speech - notes - prepared - china - business - summit.

③ Ministry of Foreign Affairs and Trade, *Annual Report 2019/2020*, p. 28, New Zealand Parliament Website, https://www.parliament.nz/en/pb/papers - presented/current - papers/document/PAP_ 104169/foreign - affairs - and - trade - ministry - of - manat% C5% AB - aorere.

总理阿德恩对一些政治事件发表了观点，称“中新双方在一些问题上看法不同”。①

新西兰与中国也进行了安全议题对话和合作。2014 年以前，在新西兰的政府报告和决策者的声明中，新西兰与中国的关系主要集中于经济关系。在 2014 年以后，新西兰对中政策也偶尔出现对于安全议题的评论和两国国防合作的强调。比如，在 2016 年新西兰的《国防白皮书》中，不仅提到中新经济关系发展稳健，还提出中新的安全关系发展势头良好。② 又如在 2015 年和 2016 年，新西兰外交部长格里·布朗利（Gerry Brownlee）评论“新西兰和美国的国防关系与和中国的国防关系是不冲突的”。③ 但在 2017 ~ 2019 年间，工党联合政府的领导人在多次讲话中谈论中新关系时，又有回到传统的经济议题的趋势。在 2020 年，新西兰政府增加了与中国在安全议题上的沟通。比如 2020 年，新西兰担任导弹技术管制体制（Missile Technology Control Regime，MTCR）主席国，其裁军大使（Ambassador for Disarmament）戴尔·希吉（Dell Higgie）访问了中国，在中国厦门主持了一个关于限制导弹技术扩散的工作坊。④ 在此之后，中国声明将再次与 MTCR 合作，并欢迎其代表访问中国。

除了经济和安全议题外，中新两国应对气候变化的合作增多。在联合国大会的气候行动峰会（Climate Action Summit）上，新西兰和中国共同牵头“基于自然的解决方案”（Nature Based Solutions）。中国和新西兰在气候变化问题上的合作，符合新西兰 2018 年提出的“太平洋重置计划”中的核心关

---

① Winston Peters，“Concern over Hong Kong Arrests”，New Zealand Beehive Website，20 April 2020，https：//www. beehive. govt. nz/release/concern – over – hong – kong – arrests.

② Ministry of Defence，Defence White Paper 2016，p. 33，New Zealand Ministry of Defence Website，https：//defence. govt. nz/assets/Uploads/daac08133a/defence – white – paper – 2016 – 2. pdf.

③ Gerry Brownlee，“New Zealand and Security in the Asia-Pacific Century”，New Zealand Beehive Website，25 September 2015，https：//www. beehive. govt. nz/speech/new – zealand – and – security – asia – pacific – century.

④ Ministry of Foreign Affairs and Trade，*Annual Report 2019/2020*，pp. 19，43，New Zealand Parliament Website，https：//www. parliament. nz/en/pb/papers – presented/current – papers/document/PAP_ 104169/foreign – affairs – and – trade – ministry – of – manat% C5% AB – aorere.

注点，双方互利共赢。

3. 新西兰与美国的关系

2020年，新西兰与美国保持稳定的外交联系，并且在已有的安全关系的基础上，开启了经济合作的新可能。首先，新西兰联合政府肯定美国对亚太地区的影响。新西兰总理阿德恩和特朗普总统之间召开的会议，以及新西兰外交部长温斯顿·彼得斯2019~2020年两次对美国的访问，都在一定程度上体现了新西兰联合政府对美新关系的重视。在美国2020年总统大选后，总理阿德恩既表示了对特朗普政府的肯定，也表达了与候选总统拜登在亚太地区问题上合作的期待。①

其次，新西兰和美国的传统安全合作保持稳定。"五眼联盟"是新西兰和美国之间主要安全合作的机制。2020年初，新西兰国防部长罗恩·马克（Ron Mark）访问了美国，与美国外交部长马克·埃斯珀（Mark Esper）讨论了在亚太地区的共同利益。② 在新冠肺炎疫情期间，"五眼联盟"五国的国防部部长在6月通过视频会议，强调了彼此间在民主、自由和人权等问题上的共同的价值观。③

此外，美新在2020年经济方面的合作增加。2020年7月美国负责东亚和太平洋事务的副国务卿和新西兰外交和贸易部的干事通过视频进行了第八次美新战略对话。这是两国2016年以后第一次开展以经济发展为重点的战略对话。④ 2020年9月，新西兰财政部长格兰特·罗伯逊（Grant Robertson）

---

① Jacinda Ardern, "Prime Minister's Comment on US Election", New Zealand Beehive Website, 8 November 2020, https://www.beehive.govt.nz/release/prime-minister%E2%80%99s-comment-us-election.

② Ron Mark, "Minister of Defence Concludes Successful Visit with His US Counterpart", New Zealand Beehive Website, 25 January 2020, https://www.beehive.govt.nz/release/minister-defence-concludes-successful-visit-his-us-counterpart.

③ Ron Mark, "Minister of Defence Concludes Successful Visit with His US Counterpart", 23 June 2020, https://www.beehive.govt.nz/release/joint-statement-%E2%80%93-five-eyes-defence-ministers%E2%80%99-meeting.

④ "Joint Statement on United States - New Zealand Virtual Strategic Dialogue", NZ Ministry of Foreign Affairs and Trade Website, 24 July 2020, https://www.mfat.govt.nz/en/media-and-resources/news/joint-statement-on-united-states-new-zealand-virtual-strategic-dialogue/.

又与包括美国在内“五眼联盟”成员国财政部长通话，讨论疫情期间经济问题。①

三　总结和展望

在2020年，新冠肺炎疫情的应对和大选是新西兰国内政治的焦点。得益于抗疫的成功，工党在大选中取得完胜，获得对议会的控制权。可以预测与上一届政府相比，工党和绿党这两个联合执政党在外交上政策上出现分歧可能性较小。议会中国家党、行动党、绿党、毛利党对工党的限制也会有所减弱。虽然工党和绿党，与国家党和行动党的政治理念不同，但在疫情响应和经济恢复政策上目的相同，即加强边境监测体系，通过对基础设施建设、环保的投入创造就业拉动经济。

在外交方面，新西兰仍然强调多边主义和以规则为基础的国际体系。在联合国、世界卫生组织等全球性组织中推动气候变化、保护生物多样性、禁止核武器扩散等议题的进程。同时，新西兰经济多样化的措施凸显“立足亚太，扩展欧美”的目的。在地区关系方面，新西兰进一步强化了其在太平洋地区的影响力。新西兰与澳大利亚的双边关系在新冠肺炎疫情和中澳摩擦中展现了紧密的联系。新西兰与中国的关系由传统的经济议题往安全议题以及价值观议题上扩展，并在不同问题上对经济—安全—价值观层面有所权衡，政策有所波动。新西兰与美国的关系则由安全关系向经济合作扩展的多元发展的特点。在未来三年新工党政府治下，以及新冠肺炎疫情的大背景下，在国内政策和外交领域，新西兰对于经济问题或许会更加重视。但是，新西兰工党政府也会表现出对民主、人权价值观的强调，对多边主义和以规则为基础的国际体系的维护。因此，未来新西兰或许会更多强调使国内经济恢复的政策，但同时其政策也会结合安全议题与价值观议题而更加多元。

① Grant Robertson，“10 September Meeting of Five Finance Ministers”，New Zealand Beehive Website，10 September 2020，https：//www.beehive.govt.nz/release/10 – september – meeting – five – finance – ministers.

B.4
2020年太平洋岛国发展报告

吴　艳*

摘　要： 2020年突如其来的新冠肺炎疫情尽管并未在太平洋岛国出现大范围蔓延，但是由于其社会经济固有的“脆弱性”特征，新冠肺炎疫情对太平洋岛国造成的影响也更为长期和复杂。近年来，美国、澳大利亚和日本持续强化对太平洋岛国的外交政策，导致地区力量格局发生深刻变化。在新冠肺炎疫情背景下，太平洋岛国一方面缺乏持续防控疫情短期内实现经济复苏的能力，另一方面受制于发达国家为提升地区影响力所提供的政策选择，实现可持续发展诉求与外部环境之间的矛盾更为突出。疫情防控期间，中国以公共卫生领域为重点，与太平洋岛国开展了紧密的合作，这是中国在世界范围内构建“人类命运共同体”的实践，也是中国与太平洋岛国推进务实合作，深化全面战略伙伴关系的成果。

关键词： 太平洋岛国　可持续发展　外交政策

社会经济发展的“脆弱性”以及对大国外交的“敏感性”一直是太平洋岛国在实现可持续发展目标进程中的两大特征。突袭而至的新冠肺炎疫情给世界各国带来前所未有的冲击。尽管疫情并未在太平洋岛国出现大范围蔓

---

* 吴艳，博士，广东外语外贸大学太平洋岛国中心副主任，主要研究领域为大洋洲岛国内政与外交政策。

延，但由于社会经济固有的“脆弱性”特点，新冠肺炎疫情对太平洋岛国造成的影响也更为长期和复杂。

一　太平洋岛国可持续发展面临严峻挑战

（一）太平洋岛国新冠肺炎疫情确诊病例较少，但防控形势不容乐观

自2020年1月世界卫生组织宣布新冠肺炎疫情全球大暴发以来，尽管太平洋岛国确诊病例较少，但疫情防控形势依然不容乐观。据世界卫生组织（WHO）数据显示，截至2021年1月20日在14个太平洋岛国中，有一半国家出现了确诊病例和死亡病例，分别是巴布亚新几内亚（死亡9例）、斐济（死亡2例）、所罗门群岛、马绍尔群岛、萨摩亚、瓦努阿图、密克罗尼西亚联邦，而基里巴斯、瑙鲁、帕劳、汤加、图瓦卢、纽埃、库克群岛7个国家尚未出现确诊病例（见表1）。

表1　太平洋岛国新冠肺炎疫情基本情况

国家	确诊病例(例)	死亡病例(例)
巴布亚新几内亚	834	9
斐济	55	2
所罗门群岛	17	0
马绍尔群岛	4	0
萨摩亚	1	0
瓦努阿图	1	0
密克罗尼西亚联邦	1	0
合计	913	11

资料来源：根据世界卫生组织数据整理，https：//covid19. who. int/table，截止日期：2020年1月20日。

从全球范围看，太平洋岛国新冠肺炎疫情确诊病例相对较少，这一方面由于太平洋岛国远离大陆板块、气候温暖湿润、人口密度低且流动性不大，

客观上为太平洋岛国防控疫情形成天然屏障。另一方面则归功于各太平洋岛国政府在疫情席卷全球之初就采取了及时得当的防疫措施，主动进行航空管制和边境封锁，充分借鉴中国和世界卫生组织的抗疫经验，即便是尚未发现确诊病例也及时宣布进入国家紧急状态，有效防止了疫情扩散。此外，由于澳大利亚、新西兰在疫情全球暴发之初就采取中断往来太平洋岛国航班的措施，客观上也降低了新冠肺炎疫情在太平洋岛国传播的可能性。

虽然新冠肺炎疫情并未在太平洋岛国大规模暴发，但由于太平洋岛国薄弱的医疗卫生体系，该地区长期有效防控疫情依然困难重重。太平洋岛国普遍存在医疗基础设施匮乏，口罩、防护服、检测试剂盒、呼吸机等医疗防护物资严重不足，具有丰富经验的医务人员缺口较大等问题。其中公共卫生资金短缺是太平洋岛国面临的最棘手问题。根据世界卫生组织的统计，在 14 个太平洋岛国中，有 10 个国家每年人均卫生支出不超过 500 美元，而全球平均水平为每年 1000 美元。在太平洋岛国，政府负担的开支约为 82%，私人捐款或自付费用约占 8%，其余部分则依靠外来援助。[①] 此外，由于太平洋岛国长期应对登革热、疟疾以及结核病、糖尿病等已经耗费较多的医疗资源，一旦疫情在太平洋岛国大规模暴发，当地医疗体系根本无法提供有效的医疗保障。这些问题使得长期有效防控疫情对太平洋岛国来说成为一项更加艰巨的任务。

（二）疫情严重冲击太平洋岛国支柱产业，地区经济萎缩

作为太平洋岛国为数不多的经济多元化途径，旅游业是太平洋岛国的国民经济命脉。以斐济为例，旅游业占斐济国内生产总值的 35% 以上，也是最大的外汇创收行业。为了防控疫情，许多太平洋岛国从 2020 年 3 月起就开始宣布进入国家紧急状态，实施旅游禁令，暂停国际旅游航线。虽然这些措施有效地控制了疫情在太平洋岛国的蔓延，但由此也造成各国旅游业的萎

① Jonathan Pryke and Alexadre Dayant, "Health Spending and Foreign Aid in the Pacific", *Island Times*, 13 October 2020, https://islandtimes.org/health-spending-and-foreign-aid-in-the-pacific/.

缩和相关从业人口的大量失业。

由于疫情防控造成的旅游和运输限制，太平洋岛国的其他支柱产业，如农业、渔业、建筑业和对外贸易也出现严重下滑。亚洲开发银行统计数据显示，2020 年太平洋岛国人均 GDP 增长率为 -2.6%。其中以旅游业为支柱产业的国家经济萎缩最为明显，2020 年斐济人均 GDP 增长率为 -5.5%，帕劳为 -5.4%，萨摩亚为 -3.8%，瓦努阿图为 -2.9%。由于出口受阻，巴布亚新几内亚的人均 GDP 增长率从 2019 年的 1.6% 下降至 -2.2%。2020 年在太平洋岛国中只有密克罗尼西亚联邦、马绍尔群岛和图瓦卢以及基里巴斯实现了缓慢的经济增长，但其收入的主要来源是国际援助（见表 2）。

表 2　太平洋岛国各国经济增长率

单位：%

国家	2015 年	2016 年	2017 年	2018 年	2019 年	2020 年	2021 年
库克群岛	3.9	1.7	7.3	9.5	5.8	-1.7	1.5
密克罗尼西亚联邦	4.7	1.0	2.9	0.5	3.2	1.8	3.2
斐济	4.1	1.9	5.0	2.9	0.1	-5.5	2.4
基里巴斯	8.9	3.9	-0.9	1.1	1.2	0.4	0.6
马绍尔群岛	-1.0	0.9	3.2	3.2	3.4	2.1	3.3
瑙鲁	-12.0	-1.6	-8.4	7.4	4.8	-1.2	0.4
纽埃	2.8	2.3	1.3	5.3	—	—	—
帕劳	9.0	-0.4	-4.8	0.5	-4.0	-5.4	0.2
巴布亚新几内亚	6.2	0.9	0.4	-3.8	1.6	-2.2	-0.3
萨摩亚	3.4	7.1	0.2	-3.0	2.6	-3.8	0.0
所罗门群岛	0.3	1.2	1.3	1.5	0.3	-0.7	0.4
汤加	3.5	3.2	5.1	0.0	2.7	-0.3	2.2
图瓦卢	10.4	4.3	-0.8	-4.8	3.2	1.9	2.4
瓦努阿图	-2.1	2.0	2.2	0.6	0.8	-2.9	0.5

资料来源：亚洲开发银行统计数据，https：//data. adb. org/dataset/capita - gdp - growth - asia - and - pacific - asian - development - outlook。

2020 年太平洋岛国经济萎缩明显，为了重振经济，各太平洋岛国相继出台一系列经济措施，例如，加强并授权私营部门实现创新、多元化经营，在疫情结束后推动经济复苏，投资基础设施、扩大出口、限制负债率，等等。根据亚洲开发银行预测，2021 年太平洋岛国地区人均 GDP 增长率有望达到 0.3%。

（三）新冠肺炎疫情与自然灾害、气候变化等长期威胁叠加使太平洋岛国生存发展环境进一步恶化

2020 年太平洋岛国在面对疫情重击的同时，还要应对地震、气旋等自然灾害造成的破坏。从 2 月至 12 月太平洋岛国地区 6 级以上地震共有 7 次。相对地震来说，气旋给太平洋岛国造成的社会、经济影响更为显著。2020 年 4 月，热带气旋“哈罗德”登陆太平洋岛国，所到之处的居民住房、基础设施遭到根本性破坏，许多城市出现住所、水、卫生设施和食物严重短缺，给瓦努阿图、斐济、所罗门群岛和汤加等国带来巨大的经济损失。气旋过后，瓦努阿图索拉地区还一度出现疟疾。12 月，超级热带气旋“亚萨”在斐济北岛登陆，中心风力达到 17 级，阵风时速高达 345 公里，持续降水近 24 小时，导致包括首都苏瓦在内的大部分地区因暴雨引发洪涝灾害，一些主要高速公路关闭，部分地区水电供应中断，数万人被迫疏散，4 人死亡。

另外，气候变化对太平洋岛国可持续发展带来的威胁也并未减弱。尽管太平洋岛国在全球碳排放量中仅占 0.06%，但这些国家却最早开始直接面对气候恶化带来的后果。首先，气候变化导致海平面上升，近年来所罗门群岛中的 11 个岛屿已经消失。受海平面上升影响，很多太平洋岛国面临着失去海洋领土管辖权的风险，可能会失去地势最低的环礁，预计到 2050 年，甚至有的国家将直接被海水淹没。其次，气候变化严重威胁太平洋岛国渔业发展和粮食安全。金枪鱼带来的收益是太平洋岛国主要的经济收入之一，有的国家政府收入的 84% 都来源于发放渔业许可证和金枪鱼捕鱼业。由于气候变化，金枪鱼迁徙方向受到影响，意味着原本在专属经济区的金枪鱼将迁徙到公海，对相关国家可能造成近 20% 的经济损失。随着水温上升，含氧水平下降和洋流变化，太平洋岛国地区的金枪鱼产量也迅速下降，预计到 2050 年该地区的渔业产量将下降 30%，严重威胁太平洋岛国地区的粮食安

全。最后，由于气候变化导致的移民问题也亟待解决。在巴布亚新几内亚，有6000多人从卡特里特岛和其他小岛迁移到布干维尔。在纽埃也有部分来自图瓦卢的移民。如何确定这些移民的身份，保障他们的权利，成为各太平洋岛国尤其关注的议题。

（四）疫情引发的“次生灾害”相继浮现，长期影响太平洋岛国经济复苏

2021年初世界银行发布的《全球经济展望》报告显示，新冠肺炎疫情已造成全球经济衰退，其程度在过去100多年里仅次于两次世界大战和1929年大萧条。据估计，2020年世界经济将萎缩4.3%，且全球萎缩高度同步，超过85%经济体的GDP都在下降。由于太平洋岛国突出的“脆弱性”特征，相对世界其他地区，新冠肺炎疫情对太平洋岛国经济发展的负面影响也将更为长期和深远。一是由于太平洋岛国经济发展很大程度上取决于国际经济的整体环境，在全球疫情防控态势充满不确定性的情况下，全球范围内的生产要素流动和人员交流很难短时期恢复，这必将给太平洋岛国经济复苏带来巨大压力。二是根据小岛屿国家联盟（AOSIS）数据，疫情防控期间，太平洋岛国国民生产总值下降，平均负债水平上升、财政赤字扩大，各国政府在快速刺激经济活动和保持长期财政金融稳定之间难以取舍。如果不采取金融纾困政策，太平洋岛国很可能发生“债务危机”。三是受到疫情影响，太平洋岛国地区粮食安全陷入困境。以巴布亚新几内亚为例，虽然该国农业自给体系基本完备，但是高达1/4的粮食和肉类需要依赖进口。受疫情影响，一方面农业和畜牧业产品进入市场受阻导致创收困难；另一方面，由于国际和国内运输受阻导致供应链不畅，太平洋岛国粮食进出口量显著下降。

二　发达国家强化太平洋岛国政策，加剧地区大国力量博弈

独特的地理位置和自然条件不仅造就了太平洋岛国“脆弱性”特征，

也使得该地区自二战以来就成为大国力量博弈的角力点。近年来，为了对冲中国与太平洋岛国在“一带一路”倡议下推进合作的积极成果，美国、澳大利亚和日本相继推出强化其地区影响力的外交政策，从而加剧了太平洋岛国地区大国力量博弈的态势。

（一）美国：以安全利益为中心，在“印太战略”框架下强化对太平洋岛国的影响力建设

自二战结束以来，为了维护在太平洋岛国的军事利益，确保太平洋“第三岛链”的长期军事存在，美国将密克罗尼西亚联邦地区作为其防务建设的重点，对三个“自由联系国”（密克罗尼西亚联邦、马绍尔群岛和帕劳）的援助远远超过其他太平洋岛国。近来，随着中国与太平洋岛国经贸合作的不断深化，中国在太平洋岛国的影响力日益上升，这不仅被美国视为削弱其在太平洋岛国影响力的威胁，并且也成为美国近年来强化对太平洋岛国政策的首要原因。正如美国和平研究会主席南希·林德伯格所言：“自二战结束以来，我们从未看到美国对太平洋岛国如此关注。”①

特朗普政府上台，美国不断在“印太战略”框架下强化对太平洋岛国的影响力建设。一是加大对太平洋岛国的经济投入以对冲“一带一路”倡议的影响。美国国会议员艾德·凯斯认为“在中美进入战略竞争的时代，中国与太平洋岛国外交和经济关系的深化对美国而言意味着挑战……美国应当加深与太平洋岛国‘超越军事’的合作关系。如果美国忽略太平洋岛国基础设施和经济发展的需求，将导致这些国家作出糟糕的决定”。② 为此，特朗普政府在整体削减对外援助的情况下却加大了对太平洋岛国的经济支持。2020 年 4 月 17 日，美国政府又通过了一项总额为 3200 万美元的额外援助，以帮助太平洋岛国应对新冠肺炎疫情。二是继续深化与太平洋岛国

① “Arising China Has Pacific Islands in Its Sights”，https：//www. usip. org/publications/2020/07/rising – china – has – pacific – islands – its – sights#.

② “Arising China Has Pacific Islands in Its Sights”，https：//www. usip. org/publications/2020/07/rising – china – has – pacific – islands – its – sights#.

的军事合作，以维护其在该地区的军事优势。2020 年 1 月，负责指挥美国国防部国民警卫队的国民警卫局局长约瑟夫·伦吉尔在对斐济进行访问时强调，美国与斐济长期保持伙伴关系，双边关系仍有巨大提升空间，美国国民警卫队致力于与斐济为实现和平与安全目标携手努力。随后，在 8 月，美国与斐济签署了《国防、国际军事教育和培训协定》（IMET），旨在加强双边国防和安全领域合作。三是计划在气候变化和海洋保护议题上展开与太平洋岛国的合作，尽管特朗普政府时期美国退出了《巴黎协定》，但美国国会议员艾德·凯斯依然呼吁美国应当重视太平洋岛国在相关议题上的诉求，从而增强美国对太平洋岛国的影响力。

（二）澳大利亚：全面推进“太平洋进阶”政策

太平洋岛国地区不仅是澳大利亚构筑本土防御的海上防线，也是其加大对印太其他地区辐射影响力的关键着力点。继 2017 年澳大利亚提出“太平洋进阶”（Stepping-Up）政策之后，2020 年 7 月 1 日澳大利亚又发布了《2020 年国防战略更新报告》，将太平洋岛国对澳大利亚的安全战略价值观提升到前所未有的高度。报告指出印度—太平洋地区作为未来国防规划重点方向，提出从印度洋东北部到东南亚，再到巴布亚新几内亚和西南太平洋的周边地区，都是澳大利亚最直接的“战略利益区”，也是澳大利亚最有可能进行军事合作的地区。加强与区域内各国的防务关系，是澳大利亚安全规划的重要组成部分。正如澳大利亚国立大学教授约翰·布拉克斯兰（John Blaxland）指出的：“莫里森政府清楚地认识到，澳大利亚在太平洋地区的强势政策不允许失败，需要向太平洋岛国加倍提供援助，以确保澳大利亚战略利益，赢得日益激烈的竞争。”①

为了推进“太平洋进阶”政策，2020 年澳大利亚出台了一系列具体的政策措施，在基础设施建设领域，澳大利亚承诺向太平洋基础设施融资基金

① John Blaxland, “Solving Australia's Foreign Affairs Challenges”, *Austrailian Foreign Affairs*, https://www.australianforeignaffairs.com/articles/the-fix/2020/02/the-fix/john-blaxland，访问日期：2020 年 2 月 25 日。

注资20亿美元以促进太平洋岛国地区的劳动力流动；在通信领域，澳大利亚与所罗门群岛和巴布亚新几内亚达成建设珊瑚礁海底电缆项目协议；在气候变化领域，澳大利亚计划从2020年7月起，在五年内向太平洋岛国提供5亿美元投资用于可再生资源的生产利用以提高太平洋岛国应对气候变化和灾难的能力；在教育领域，为长期培养青年军事人才，澳大利亚计划在太平洋岛国成立澳大利亚—太平洋岛国安全学院。① 新冠肺炎疫情期间，澳大利亚将公共卫生合作作为推动“太平洋进阶”政策的重点领域，专门设立一项为期两年的援助计划，总额达到3.04亿美元，并承诺向太平洋和东南亚国家提供价值8000万美元的新冠病毒疫苗。②

（三）日本：强化多边机制，积极介入太平洋岛国地区事务

日本自1997年就将“日本—太平洋岛国首脑会议”作为提升其在太平洋岛国地区话语权和影响力的长效机制。该会议每三年召开一次，一方面，通过确定日本未来对各太平洋岛国发展援助的金额和项目增进日本与各国之间的外交关系，另一方面，日本也借此机会向太平洋岛国宣扬其外交理念和政策，将该会议作为宣扬和实践日本“海洋立国”构想的平台。2018年5月，在第八届“日本—太平洋岛国首脑峰会”上，日本政府高调呼吁各太平洋岛国共同建设“开放自由的印太”，将会议的主题确定为“海洋安全、海洋秩序”，首次把朝鲜半岛无核化问题纳入会议讨论范畴，宣布日本与太平洋岛国在基于国际法原则的海洋秩序、提高岛国的海上安保能力建设等领域已经达成共识。在此次会议上日本还宣布将加强与太平洋岛国在海上安全能力建设、港口建设与运营方面的合作。承诺在未来三年内，为太平洋岛国培养5000名各领域人才。

---

① Department of Foreign Affairs and Trade，“Australian Government：Stepping-up Australia's Engagement with Our Pacific Family”，https：//www. dfat. gov. au/geo/pacific/engagement/Pages/stepping – up – australias – pacific – engagement.

② Australian Government Department of Foreign Affairs and Trade，“Australia Stepping-up to Address COVID – 19 in the Pacific”，https：//www. dfat. gov. au/geo/pacific/australia – stepping – up – to – address – COVID – 19 – in – the – pacific.

随着美澳不断强化太平洋岛国政策的步伐，太平洋岛国对于日本的安全价值观显著提升，并将提升与美国、澳大利亚在太平洋岛国地区的合作作为巩固“日本—美国—澳大利亚”三角同盟关系的着力点。根据2018年11月日本《产经新闻》题为《日本自卫队将为太平洋岛国提供援助》的文章报道，日本防卫省决定与美国、澳大利亚合作，在太平洋岛国加强自卫队负责实施的“能力构建援助”。此次援助的对象是巴布亚新几内亚、斐济、汤加的军事官员，援助内容涉及救灾、人道主义援助、修建设施等以帮助受援国家提高军事能力，并将“能力构建援助”作为与美国、澳大利亚以及太平洋岛国实施安保合作的支柱。2020年10月，根据日本共同社报道，日本、美国和澳大利亚将共同为帕劳一项3000万美元的海底电缆项目提供资金，这是“印太三国基础设施投资伙伴关系”在太平洋岛国地区的首个项目。

尽管美国、澳大利亚和日本强化太平洋岛国政策的手段和措施各不相同，但三个国家强化太平洋岛国地区政策的动因却具有共同之处。首先，美国、澳大利亚和日本都将本国在太平洋岛国地区的安全利益放在首位，不断强化在该地区的军事存在以维护其二战以来的地区影响力；其次，三个国家都将对冲“一带一路”倡议下中国与太平洋岛国经贸合作的积极影响作为主要的政策目标，尤其在基础设施建设领域，三个国家都相继加大了对太平洋岛国的基础设施投入。然而，从长期来看，美国、澳大利亚和日本强化太平洋岛国政策的做法不仅与该地区实现可持续发展目标的诉求存在差距，更加剧了太平洋岛国地区大国力量博弈的态势，使得太平洋岛国实现可持续发展诉求与外部环境之间的矛盾更为突出。

三　中国与太平洋岛国以公共卫生合作为重点推进务实合作

自新冠肺炎疫情席卷全球以来，中国以共建“人类命运共同体”为目标和责任，从太平洋岛国疫情防控的需要出发，将公共卫生合作作为推进深化中国与太平洋岛国全面战略关系的重点领域，不遗余力地向太平洋岛国提供各种帮助，主要措施如下。

（一）成立专项合作基金为太平洋岛国抗疫提供财力支持

为及时向太平洋岛国提供抗疫资金，中国政府成立“中国—太平洋岛国抗疫合作基金”，并先后 3 次向该基金追加注资，向多个太平洋岛国提供抗疫合作基金。中国还积极与太平洋岛国论坛合作，为其提供 108 万美元资金援助，用于支持中国与论坛成员国之间贸易和投资业务。

作为亚投行出资最多的国家，疫情期间，中国积极推动亚投行对太平洋岛国的金融扶持，以帮助岛国走出经济困境。2020 年 8 月，斐济获得了来自亚投行的 5000 万美元的抗疫贷款。根据路透社消息，2020 年 11 月，库克群岛因提交的申请不符合亚开行和新西兰的标准而无法获得援助转向亚投行，并于 2020 年 12 月获得了 2000 万美元的贷款。在接受外媒采访时，库克群岛商会主席表示“澳大利亚和新西兰一直鼓励我们这些岛国先向他们寻求帮助，但总是中国更愿意伸出援手”。①

（二）积极捐赠抗疫物资，缓解太平洋岛国医疗物资匮乏问题

为了缓解太平洋岛国医疗物资匮乏的问题，中国中央政府和各级地方政府及时向巴布亚新几内亚、斐济、萨摩亚等太平洋岛国捐赠口罩、手套、防护服、隔离眼罩、防护面罩、医用隔离鞋套、呼吸机、额温枪、病毒检测试剂等防护用品和医疗用品，帮助太平洋岛国筑牢抗疫防线。许多中资企业，如中港湾、中铁建设、中海外等也纷纷向当地社区捐赠抗疫物资。据不完全统计，截至 2020 年底，中国中央政府、地方政府、企业和民间友好协会已向太平洋岛国捐赠 100 多万个口罩、10 万余套防护服、2. 3 万个防护面罩和眼罩，为协助各岛国应对疫情发挥重要作用。

---

① 《疫情冲击下多个太平洋岛国向亚投行寻求援助》，中国新闻网，2021 年 2 月 5 日，https：//www. chinanews. com/gj/2021/02 -05/9405667. shtml。

（三）召开各级别公共卫生合作会议，及时分享中国防控方案和经验

2020 年 3 月 10 日，中国同库克群岛、斐济、基里巴斯、密克罗尼西亚联邦、纽埃、巴布亚新几内亚、萨摩亚、所罗门群岛、汤加和瓦努阿图 10 个太平洋岛国政府官员和卫生专家举行中国—太平洋岛国新冠肺炎疫情卫生专家视频会议，详细介绍新冠病毒致病机理、传播方式、疫情防控方案和诊疗方案。5 月 13 日，中国同太平洋建交岛国以视频方式举行应对新冠肺炎疫情副外长级特别会议。2020 年 11 月 30 日，在 10 个与中国建交太平洋岛国代表与会的中国—太平洋岛国应对新冠肺炎疫情第二次副外长级特别会议上，中国外交部副部长郑泽光表示，中方将秉持人类命运共同体理念，同岛国分享防控和救治经验，向有需要的岛国提供支持帮助，落实好将疫苗作为全球公共产品的郑重承诺，助力各岛国的疫情防控和经济复苏。

（四）加强舆论宣传，共享“应对新冠肺炎疫情中国经验知识库”成果

中国驻太平洋岛国大使在斐济、巴布亚新几内亚、萨摩亚和汤加等国主流媒体发表专题文章介绍中国防控新冠肺炎疫情的做法和成果，有力驳斥国际社会将疫情“政治化”和“污名化”的舆论风向。此外，中国国家卫生健康委员还在中国驻太平洋岛国各大使馆网站上共享“应对新冠肺炎疫情中国经验知识库”网址。知识库内容主要包括技术准则与培训、视频直播、新闻咨询、研究与出版物和健康教育咨询五部分。技术准则与培训主要分享了“世卫组织—中国联合考察组关于 COVID－19 的最终报告”“中国应对 COVID－19 的经验”“COVID－19 流行病学调查指南”“地方的经验和案例”“COVID－19 诊断和治疗的临床方案”，以及其他特殊病例诊疗方案等。

（五）坚持推进援助项目，为岛国经济复苏作出贡献

新冠肺炎疫情期间，中国政府克服疫情带来的种种困难，坚持推进对太

平洋岛国援助项目。为促进太平洋岛国农业和渔业发展，2020 年 6 月 30 日，中国农业部援助的联合收割机交给斐济北岛的当地农户；10 月 8 日，广东省援助的拖拉机和渔船交接交付汤加农业部。为帮助太平洋岛国改善深受新冠肺炎疫情影响的民生，7 月 10 日，中国驻汤加大使馆向塔布岛努库努库社区养猪项目提供资助，帮助提高汤加民众生活水平；8 月 25 日，广东省东莞市援助的水罐交付汤加，支持汤加改善民生。

四 结语

综上所述，在新冠肺炎疫情背景下，太平洋岛国经济社会发展的“脆弱性”和对外部环境的“敏感性”特征都显得尤为突出。在实现可持续发展进程中，太平洋岛国很难仅仅依靠自身力量摆脱困境，寻求和平发展的愿望和诉求十分强烈。随着太平洋岛国对发达国家安全价值观的提升，2020 年美国、澳大利亚和日本相继强化与太平洋岛国的安全合作。这种趋势不仅无助于太平洋岛国克服经济发展面临的困境，更给太平洋岛国谋求和平发展的愿望带来不确定性。

作为世界上最大的发展中国家，中国与太平洋岛国于 2018 年建立起全面战略伙伴关系，并在“一带一路”倡议框架下不断深化合作。然而，考虑到太平洋岛国经济社会自身发展的特殊性以及发达国家日益推进的地区大国博弈态势，中国在推进与太平洋岛国务实合作的过程中，仍需权衡各方利益和需求，始终坚持合作共赢的发展理念，反对单边主义和霸权主义，在基础设施、公共卫生、文化教育、交通运输领域继续深化与太平洋岛国的务实合作，增进友好互信，携手同行，为共建“人类命运共同体”作出积极贡献。

专题篇

Topic Reports

B.5
澳大利亚智库对外交政策的影响分析

喻常森*

摘　要：在现代国家的对外决策体系中，智库作为重要环节之一所发挥的作用越来越明显。澳大利亚传统的决策体系中，权力主要集中在以总理为首的内阁，社会力量的参与空间较小。但是进入21世纪以后，外交决策议题更具多样性和复杂性，澳大利亚如同大部分国家一样，智库作为一种辅助力量被引入决策过程之中。澳大利亚的新型外交决策智库主要分为两类：一类是受政府和企业资助，保持独立法人身份运行的智库；另外一类是附属于高校的科研机构，带有政策研究导向的智库。本报告以美国宾夕法尼亚大学“智库与公民社会项目”(TTCSP)研究组编写的《2020年全球智库指数排名报告》一书中所列的澳大利亚外交政策智库为主要依据，重点介绍

* 喻常森，中山大学国际关系学院副教授，教育部国别和区域研究培育基地——中山大学大洋洲研究中心常务副主任，主要研究方向为中国与大洋洲国家关系，澳大利亚外交政策。

了11大智库，其中4个是属于中国问题研究的高端智库。在此基础上，进一步分析了澳大利亚智库介入外交政策决策的主要路径和影响效果评估。本报告发现，澳大利亚的外交政策智库已经深度“嵌入”政府外交政策制定和实施过程，二者成为相互倚重的“认知共同体”和“利益共同体”。

关键词：　澳大利亚　外交政策　智库　角色与影响

为了应对纷繁多变的国际社会事务，作为现代外交决策体系的重要一环，智囊机构——智库的作用越来越重要。“智库是公共政策研究、分析和参与的组织，负责就国内和国际问题进行面向政策的研究、分析和咨询，从而使决策者和公众能够就公共政策做出知情的决定。”[①] 然而，在澳大利亚传统的外交决策体系中，智库的作用并不明显，这与澳大利亚外交决策机制的特点密切相关。澳大利亚智库参与外交决策经历了一个发展的过程。进入21世纪以后，一些重要的外交政策新型智库相继建立并发挥越来越突出的影响力。

一　澳大利亚外交政策智库的发展

在传统的澳大利亚外交决策机制中，智库参与外交政策决策相对比较滞后。作为澳大利亚全国性的外交事务学术团体——澳大利亚国际事务学会（AIIA），成立于1924年，其早期的活动学术色彩较为浓厚，主要是通过学术出版，特别是作为学会会刊《澳大利亚国际事务杂志》为各界提供了一

① James G. McGann, “2020 Global Go to Think Tank Index Report”, Think Tanks and Civil Societies Program (TTCSP), © 2021, Lauder Institute, University of Pennsylvania, USA, 1 - 28 - 2021, p. 13.

个讨论和辩论的论坛。与此同时，在澳大利亚一些著名的大学开设了国际事务专业并成立了直属大学的外交和国防研究机构，如澳大利亚国立大学战略与防务研究中心（SDSC）成立于1966年，是二战后最早的一批研究机构其中之一，致力于分析政治背景下的武装力量使用情况。在中国问题研究方面，澳大利亚国立大学在1970年设立当代中国中心（Contemporary China Center)，并出版《澳大利亚中国事务杂志》。该中心的研究范围涉及当代中国的政治、经济、文化、教育、军事、外交诸方面。2008年后更名为中国研究所（China Institute，CI）。在澳大利亚国立大学社会科学的相关专业集聚了一批具有国际视野和工作经验的学者，他们与政府相关部门的官员构成了一个松散的国际事务认知共同体。一批从政府退职人员的相继加入，使得这个共同体具备“旋转门”效应。其他一些大学也成立了相关的区域和国别的研究机构。如格里菲斯大学于1977年成立的澳亚关系研究中心（CSAAR)，后来发展成格里菲斯亚洲研究所（GAI）。澳大利亚具有独立法人资格的新型智库出现得比较晚，几家著名的外交和国防战略研究智库基本上都是在21世纪以后才建立起来的。

在由美国宾夕法尼亚大学“智库与公民社会项目”（TTCSP）研究组编写的《2020年全球智库指数排名报告》一书中，共有45家澳大利亚智库上榜（部分见表1）。

表1　澳大利亚国际问题相关智库及排名

智库类别	智库名称	排名
全球智库综合排名	澳大利亚国际事务学会(AIIA)	17
	洛伊研究所(The Lowy Institute)	76
国防和国家安全政策	澳大利亚战略政策研究所(ASPI)	11
	澳大利亚国际事务学会(AIIA)	55
	地区安全研究所(IRS)	104
外交政策和国际事务	澳大利亚战略政策研究所(ASPI)	33
	洛伊研究所(The Lowy Institute)	55
	澳大利亚国际事务学会(AIIA)	66
	战略与防卫研究中心(SDSC)	72

续表

智库类别	智库名称	排名
最好的大学附属智库	悉尼大学国际安全研究中心(CSSS)	32
	邦德大学全球化与发展中心(GDC)	44
	悉尼科技大学澳大利亚—中国关系研究院(USI:ACRI)	76
	澳大利亚国立大学国家安全研究院(NSC)	80
最好的地区研究中心(自由立场)	地区安全研究所(IFRS)	9
最好的大学附属地区研究中心	格里菲斯大学格里菲斯亚洲研究所(GAI)	17
	澳大利亚国立大学中华全球研究中心(CIW)	23

以上是在《2020年全球智库指数排名报告》中上榜的澳大利亚国际问题相关智库的情况。榜单中既有综合性的智库，也有专门性的智库，还有特定国别和区域问题研究的智库。除了上述榜上有名的智库外，澳大利亚还有不少独立的或者附属于大学的具有智库功能的研究性机构。如综合类研究机构有位于珀斯的未来国际方向（FDI），致力于澳大利亚未来发展战略的探究和政策咨询。中国研究和政策咨询的机构在很多澳大利亚大学都设有，比较著名的有澳大利亚国立大学中华全球研究中心，由政府投资建立；有悉尼大学中国研究中心（China Studies Center）；还有专注于中国问题研究的新型智库——中国事务（China Matters），该机构接受政府拨款和企业赞助。澳大利亚还成立了全国性的中国研究协会（CSAA）。

二　澳大利亚主要外交政策智库简介

以上述《2020年全球智库指数排名报告》所列澳大利亚国际问题大类外交政策智库榜上排名为基础，兼顾影响力、代表性以及重要性等标准，本报告将对以下11家智库的情况进行简单介绍。

（一）澳大利亚国际事务学会(Australian Institute of International Affairs, AIIA)

澳大利亚国际事务学会（AIIA）是澳大利亚全国性的国际问题研究和学术交流的专业社团组织。也是澳大利亚历史最为悠久的外交政策智库。在《2020 年全球智库排名指数报告》中综合排名第 17 位，为澳大利亚智库第一。在“外交政策和国际事务”类智库中排名第 66 位。AIIA 成立于 1924 年，并于 1933 年成立为联邦机构，是澳大利亚同类活动中唯一的全国性组织。澳大利亚国际事务学会 2002 年度总会长为艾伦·金格尔（Allan Gyngell）教授。它的资金来自会员的捐款、少量的政府补助以及个人和企业的可抵税捐款。该学会安排讲座、研讨会、讲习班、会议和其他讨论会的方案，并赞助研究和出版物。AIIA 由位于澳大利亚七个州和地区的多个独立分会以及位于堪培拉的国家办公室组成。AIIA 通过以下四种方式激发人们对包括政治、经济和国际法在内的国际事务等方面的兴趣和提供咨询服务。

1. 提供辩论论坛

AIIA 通过安排讲座、研讨会和讲习班，为其成员提供了一个辩论论坛，活动范围从密切讨论到大型演讲。每年在全国举行 150 多场活动。

2. 传播思想

AIIA 在其历史上一直通过其出版物参与国际关系的主要辩论。AIIA 目前定期出版《澳大利亚国际事务杂志》和不定期出版《世界事务中的澳大利亚》系列著作。

3. 国际问题教育

AIIA 致力于建立国际问题教育共同体。其关注的重点领域之一是青年教育，包括全国各地的学校课程、职业展览、实习和青年专业人员网络。

4. 协作

AIIA 寻求与其他相关研究所以及澳大利亚和海外其他组织的合作。通过保持密切的关系，AIIA 可以确保对时事的国际看法，扩大其知识范围并树立澳大利亚的国际形象。

AIIA 在《透明度》2015 年智库财务透明度报告中获得了四星级（“全面透明”）评级，使其成为澳大利亚和新西兰唯一被评为全面透明级别的智库。[①]

（二）洛伊研究所（The Lowy Institute）

洛伊研究所，原名洛伊国际政策研究所（The Lowy Institute for International Policy），始建于 2003 年 4 月，由澳大利亚西田（Westfield）集团犹太裔商人法兰克·洛伊（Frank Lowy）爵士为了纪念他到达澳大利亚 50 周年捐赠 3000 万澳元创办。洛伊研究所是一家具有全球视野的聚焦亚太的澳大利亚智库。在《2020 年全球智库排名指数报告》中，综合排名第 76 位；在“外交政策和国际事务”类智库中排名第 55 位。2020 年度执行所长为迈克尔·富里洛夫（Michael Fullilove）博士。

洛伊研究所经常组织专家就该地区发生的事件在世界领先的新闻媒体上发表评论。洛伊研究所是澳大利亚外交政策和国家安全辩论的中心。自 2003 年研究所成立以来，每位总理和外交部长都在该研究所发表讲话。该所发布的年度澳大利亚民意测验报告在全球范围内被广泛引用。其主要出版物还包括《洛伊研究报告》（由企鹅出版社出版的标志性的成果）。洛伊研究所还是世界领先的在线智库。它的数字杂志《口译员》是外交政策智库中首创的此类杂志。并且发表了互动研究报告，例如《洛伊年度民调》、《全球外交指数》、《亚洲力量指数》和《洛伊太平洋援助地图》。在该所举办的众多活动中，年度洛伊讲座是其标志性的活动。在该项活动中，每次邀请一位杰出人士就澳大利亚在世界上的作用以及世界对澳大利亚的影响方面作演讲。[②]

（三）澳大利亚战略政策研究所 (Australian Strategic Policy Institute，ASPI)

澳大利亚战略政策研究所（ASPI），成立于 2001 年 7 月，位于澳大利

---

① 根据该机构官网（https：//www. internationalaffairs. org. au/about - us/about - the - aiia/）资料改编。

② 根据该机构官网（https：//www. lowyinstitute. org/about/what - we - do）资料改编。

亚首都领地堪培拉。首任所长是澳大利亚国立大学教授休·怀特（Hugh White）。现任所长是彼得·詹宁斯（Peter Jennings）。在《2020年全球智库指数排名报告》“国防和国家安全政策”类智库中排名第11位；在“外交政策和国际事务”类智库中排名第33位。①

（四）战略与防卫研究中心（Strategic and Defence Study Center，SDSC）

战略与防卫研究中心成立于1966年，是二战后澳大利亚最早设立的一批研究机构其中之一，致力于分析政治背景下的武装力量使用情况。在《2020年全球智库排名指数报告》“外交政策和国际事务”类智库中排名72位。2020年度，该中心主任是布伦丹·萨金特（Brendan Sargean）教授。中心设于澳大利亚国立大学亚太学院科拉尔·贝尔亚太事务学院。作为国际领先的战略与防卫研究机构，其主要专长包括三个相关的研究领域：澳大利亚国防、军事研究和亚太安全。该中心在这些领域的学术成就获得国际认可，并对澳大利亚政策产生影响。

SDSC通过提供世界一流的战略和国防研究生及本科生课程，培养和教育澳大利亚甚或亚太地区的下一代战略领导人——军事、民事和学术领导人；利用高质量的外联服务和对核心专业领域相关问题的评论，为澳大利亚和亚太地区的公众辩论提供更好的信息标准。该中心力求在过去半个世纪所取得成就的基础上再接再厉，并在形成国际战略研究、政策和辩论方面发挥主导作用。在未来十年内，SDSC将自己定位为亚太地区战略和国防问题研究、教育和外向型的、位于领先地位的大学机构。在瞬息万变的战略环境下，SDSC将致力于研究和教学计划的战略发展，以便在为当下这个时代确定战略研究方面发挥主导作用。SDSC的目标是形成学术和决策领域，为亚太地区领导人提供信息，使战略规划人员和分析人员能够大胆创新地应对未来的挑战。①

---

① 根据该机构官网（http://sdsc.bellschool.anu.edu.au/about-us）资料改编。

（五）格里菲斯亚洲研究所（Griffith Asia Institute，GAI）

格里菲斯亚洲研究所（GAI）是设于格里菲斯大学商学院下国际认可的研究机构，正式建立于2004年，2020年度其所长为凯特琳·伯恩（Caitlin Byrne）教授。格里菲斯大学的亚洲研究始于1977年成立的澳亚关系研究中心（CSAAR）；2001年更名为格里菲斯亚太研究所（Griffith Asia Pacific Research Institute）；2004年改为现名。在《2020年全球智库指数排名报告》“最好的大学附属地区研究中心”类别中全球排名第17位。研究所致力于与国际智库、政府和行业的积极合作使其研究人员处于国际事务辩论的前沿，并为研究生提供一个优质的培训环境。①

（六）地区安全研究所（The Institute for Regional Security，IFRS）

地区安全研究所（IFRS）是一家由澳大利亚政府资助设立的独立的非营利组织，负责推进和帮助形成政府对国家安全、战略、弹性和适应性的整体思考。地区安全研究所成立于2005年，2020年度董事会主席是安德鲁·巴尔马克（Andrew Balmaks）。在《2020年全球智库指数排名报告》“最好的地区研究中心（自由立场）”类别中排名第9位；在“国防和国家安全政策”类智库中，排名第104位。IFRS是一个由国家安全实践者和研究人员组成的共同体，以确定、讨论和评估未来几十年澳大利亚在印太地区将面临的安全挑战，并致力于培养下一代先进战略思想家以应对这些挑战。作为一个区域安全智库，IFRS希望在制定区域安全政策议程方面发挥根本性作用，就具体问题提供创造性、切实可行的政策解决办法。②

（七）未来方向国际（Future Direction International，FDI）

未来方向国际（FDI）是设在西澳洲首府珀斯的一家独立的、非营利的

① 根据该机构官网（https://www.griffith.edu.au/asia-institute/our-institute）资料改编。

② 根据该机构官网（https://kokodafoundation.wildapricot.org/About）资料改编。

战略研究机构。由前任总督（2003～2008）退役少将菲利普·迈克尔·杰弗里（Philip Michael Jeffery）于2000年建立，目的是对澳大利亚面临的重要中长期问题进行全面研究。该机构的主要研究领域包括印度洋事务、全球食品和水危机、北澳洲土地养护、其他军事及非传统安全问题。①

（八）有关中国问题研究的主要智库

1. 澳大利亚中华全球研究中心（The Australian Centre on China in the World，CIW）

澳大利亚中华全球研究中心（CIW），设在澳大利亚国立大学亚太学院下。2010年4月当时的澳大利亚总理陆克文（Kevin Rudd）宣布由联邦政府出资5300万澳元成立澳大利亚中华全球研究中心，并在澳大利亚国立大学（ANU）校内建造专属研究大楼。2020年度中心主任为经济学家简·高利（Jane Golley）教授。澳大利亚国立大学自1946年建校以来，就开始了有关中国研究的教学。包括有太平洋研究院后更名为太平洋与亚洲研究院（RSPAS），1952年建立了东方语言学院。澳大利亚国立大学聚集了一批世界一流的中国研究专家（汉学家）以及一批从澳大利亚政府部门退职下来的前官员学者。

2008年澳大利亚国立大学成立中国研究所。其是一个为澳大利亚国立大学从事中国事务教学和研究的学者和部门提供服务的伞形组织。2020年度所长为任格瑞（Richard Rigby，前驻上海总领事）教授。它也是澳大利亚国立大学与外部机构（包括联邦政府）以及其他学术机构、企业和媒体的联络点，并就澳大利亚国立大学与中国的各种关系提供咨询。年度预算为28万澳元，主要用于招收博士奖学金。随着2010年CIW的成立，中国研究所被并入其中。在《2020年全球智库指数排名报告》“最好的大学附属地区研究中心”类别中，澳大利亚国立大学中华全球研究中心全球排名第23位。

CIW致力于利用人文和社会科学的最佳传统进行多学科研究，并与堪

① 根据该机构官网（https：//www.futuredirections.org.au/about/chairmans-welcome/）资料改编。

培拉的官僚、外交官和政客组成决策共同体。该中心还致力于将澳大利亚国立大学与中国有关的多种奖学金与国内外广大公众分享。

2011 年至 2017 年，CIW 在澳大利亚国立大学内作为一个独立的研究中心运作。2017 年进行了一次改革，仍然将 CIW 作为澳大利亚国立大学中国研究的中心，但同时涵盖了该校七所学院所有与中国相关的研究和教学。这样，通过促进跨校园、国内和国际研究合作，使之与整个大学学者的学术议程有机地联系起来，将确保澳大利亚国立大学在未来几十年中国研究方面的世界级声誉得以维持。该机构持续出版《中国杂志》和《澳大利亚中国事务杂志》。① 2010 年 6 月 22 日，在澳大利亚访问的中国国家副主席习近平在堪培拉出席向澳大利亚国立大学中华全球研究中心赠书仪式，并发言期待该中心为深化中澳两国人民的了解和友谊、推动中澳全面合作伙伴关系不断向前发展作出更大贡献。②

2. 澳大利亚—中国关系研究院（The Australia-China Relations Institute, UTS：ACRI）

澳大利亚—中国关系研究院（UTS：ACRI）是一个独立、无党派的研究机构，成立于 2014 年 5 月 16 日，设于澳大利亚悉尼科技大学，它也是澳大利亚第一个也是唯一的一个致力于研究澳中两国关系的研究机构。其创办的捐资人是玉湖集团董事长黄向墨、志威集团董事长周楚龙。2013 年玉湖集团董事长黄向墨捐助 180 万澳元启动基金设立该研究院。研究院的首任院长为澳大利亚前外长鲍勃·卡尔（Bob Carr），2020 年度院长为经济学家罗震（James Laurenceson）教授。在《2020 年全球智库指数排名报告》“最好的大学附属智库”类别中排名第 76 位。

澳中关系研究院研致力于研讨澳中两国在外交、社会、经济和文化等方面的交流和互动，是一个专注于澳中关系研究的智库机构。其旨在通过研究分析和基于学术严谨的对话，为澳大利亚与中国的交往提供信息。该研究院

① 根据该机构官网（http：//ciw. anu. edu. au/about）资料改编。

② 《相知无远近，万里架书桥——记习近平副主席向澳大利亚中华全球研究中心赠书》，http：//www. gov. cn/ldhd/2010 -06/24/content_ 1636659. htm。

还发布有关澳中关系的研究报告，围绕澳中具有重要意义的经济、青年及社会议题组织论坛等。①

3. 悉尼大学中国研究中心（China Studies Centre，CSC，The University of Sydney）

悉尼大学中国研究中心是由悉尼大学资助建立的，成立于 2011 年。2020 年度中心拥有 300 名学者，以及学生成员和学术兼职者，活跃于 19 个学科领域。该机构致力于从社会科学、人文科学和自然科学等多学科视角，研究中国经验的教训和挑战。这就需要更深入地审视特定的历史、文化和社会背景，对中国正在产生的科学知识持开放、探究的态度。该机构在全球参与应对城市化挑战，包括适应气候变化方面以及公平获得卫生服务或新技术的机会和伦理。为了促进这一更广泛的对话，悉尼大学中国研究中心的目标是：

——开展与中国相关问题的多学科研究；

——帮助和解决中国当前发展面临关键；

——支持大学生和学术工作者加深对中国和汉语世界的了解（包括中国台湾、中国香港、华侨）；

——成为政府、企业和民间社会组织全面了解中国的门户；

——提高关于中国的公共辩论的质量，促进澳大利亚和中国社会的联系。②

4. 中国事务（China Matters）

中国事务是在澳大利亚慈善机构和非营利委员会（ACNC）下注册的慈善机构。中国事务是一个独立的组织，致力于推进澳大利亚健全的中国政策的制定。该机构建立于 2015 年。中国事务的主要赞助者是澳大利亚联邦政府，还包括与中国有庞大业务往来的澳大利亚铁矿巨头力拓集团（Rio

① 根据该机构官网（https：//www. uts. edu. au/research – and – teaching/our – research/australia – china – relations – institute）资料改编；《悉尼科技大学澳中关系研究院成立》，中国新闻网，2014 年 5 月 16 日，http：//www. chinanews. com/gj/2014/05 – 16/6181200. shtml。

② 根据该机构官网（https：//www. sydney. edu. au/china – studies – centre/）资料改编。

Tinto)，以及以接待中国旅客为主的星际娱乐集团（Star Entertainment Group）等。该机构致力于与企业高管、公务员、政治家和大学领导探讨澳中关系中具有挑战性的政策选择，并就澳大利亚与中华人民共和国的关系展开公开辩论。中国事务没有代表本机构的观点。该机构创始人为琳达·雅各布森（Linda Jakobson）女士。2020年度董事会主席为费思芬（Stephen Fitz Gerald），他是首位澳大利亚驻华大使。

中国事务作为澳大利亚的一个政策研究所，旨在促进澳大利亚企业、政府和安全机构就中华人民共和国的问题进行现实而细致的讨论，并推进健全政策。其工作的目标是扩大认识和了解，告知公众和精英的意见，并就澳大利亚与中国关系的复杂性、机遇和挑战向澳大利亚提出坚实的政策建议。它是独立的，不与任何机构挂钩，并专门从政策角度关注中华人民共和国的崛起及其对澳大利亚的重要性。①

三　澳大利亚智库对外交决策影响的主要路径及效果评估

在不同的国家和理论视角下，智库影响外交决策的大小程度是不一样的，但智库参与影响决策体系与政策过程的路径却大致相同。它们影响国家决策过程的路径主要可以分为两种。其一，通过公开方式将它们的意见传递给决策者与公众。具体策略包括：（1）举办公开会议与研讨会，就相关外交政策议题展开讨论与辩论；（2）鼓励智库常驻学者到大学、研究机构等公开场所发表演讲；（3）充当游说者的角色，到国会参众两院的委员会作证；（4）通过出版著作、发表期刊论文与报纸评论、发行政策报告等方式，提高智库在媒体上的曝光度；（5）借助网络新媒体，比如设立网页与推特等，将智库的政策研究成果快速传播给更多的受众。其二，通过私下渠道，直接参与到外交决策过程，将相关外交议题直接送达决策者。这

① 根据该机构官网（https://chinamatters.org.au/who-we-are/）资料改编。

些方式包括：（1）智库研究者担任内阁官员或受聘于联邦政府的外交岗位，直接参与到政府外交决策体系之中；（2）充当政党候选人的顾问，或担任领导人与国会咨询委员会成员，将研究者个人或智库的意见传递给行政首长与立法机构；（3）邀请政府国防部、外交部、国安会以及其他情报部门的现任官员参加智库举办的闭门研讨会；（4）向国会、行政部门以及联邦政府部门提供有关当前外交议题的政策简报或相关研究。① 根据澳大利亚的外交决策机制和特点，本报告将智库影响外交决策的路径主要分为以下几种。

第一，通过编辑出版刊物，发表具有政策导向性的论文，影响读者和外交决策者。一般智库基本上都编辑发行定期或者不定期出版的刊物（包括纸质版和电子版），以发表本机构学者论文或者面向社会公开征稿。这方面比较突出的例子有澳大利亚国际事务学会、地区安全研究所和澳大利亚中华全球研究中心三家研究机构，它们旗下的杂志比较成熟。澳大利亚国际事务学会作为全国性的专业学会，编辑发行了《澳大利亚国际事务杂志》（*The Australian Journal of International Affaires*）。《澳大利亚国际事务杂志》是澳大利亚在国际关系和外交政策领域的主要学术期刊，也是 SSCI 索引源期刊，影响因子为 0. 859。该杂志发表的文章涉及国际政治、社会、经济和法律问题的学术研究，选题聚焦于（但不限于）亚太地区。该杂志由劳特利奇·泰勒和弗朗西斯出版社（Rutledge Taylor and Francis）出版，每年发行 5 期。② 地区安全研究所编辑出版《安全挑战》（*Security Challenges*）杂志。该杂志是澳大利亚唯一关于未来安全问题的同行评议学术期刊，每年发行 4 期。杂志面向政府、企业和学术专家以及研究所会员。它是一个激发人们创新思考澳大利亚和该地区未来安全（广义定义）挑战的载体。③ 澳大利亚战略政策研究所也出版《战略家》（*Strategist*）电子杂志。澳大利亚中华全球

① Donald E. Abelson, "Think Tanks and U. S. Foreign Policy: An Historical Perspective", *U. S. Foreign Policy Agenda: An Electricity Journal of the U. S Department of State*, Vol. 7, No. 3, 2002, pp. 11 – 12.

② https: //www. internationalaffairs. org. au/publication/australian – journal – of – international – affairs/.

③ https: //kokodafoundation. wildapricot. org/page – 665180.

研究中心在原有中国研究所《当代中国研究杂志》(*Journal of Contemporary Chinese Studies*)基础上编撰发行《中国故事年鉴》(*China Story Yearbook*)和《中国制造杂志》(*Made in China Journal*)系列出版物。[①]

第二，出版具有政策研究导向性质的学术专著。澳大利亚各智库专家特别是智库领袖既是外交政策的倡导者，也是相关领域的学术带头人。其通过出版学术专著，影响学术圈和决策阶层，从而极大地激发了澳大利亚外交政策的讨论和反思。例如，澳大利亚国际事务学会会长艾伦·金格尔（Allan Gyngell）教授和墨尔本大学副校长迈克尔·韦斯利（Michael Wesley）教授[②]合作撰写的《制定澳大利亚外交政策》一书，是研究澳大利亚外交政策决策的大学标准教科书和外交贸易部官员的必读书。书中分析了澳大利亚外交政策决策的特点、外交决策体系和影响外交决策的各种因素。[③] 澳大利亚国立大学战略与防卫研究中心主任休·怀特教授在2013年出版的著作《中国抉择：美国为什么应与中国分享权力》中，提出在亚太地区建立大国协调体系设想。[④] 格里菲斯亚洲研究所研究员王毅博士出版的专著《1949年以来的澳中关系：60年贸易与政治》，积累数十年的研究资料，采访了大量的中澳两国学者和官员，特别是重大事件的经历者和决策者，运用外交决策学的理论与方法，探索了澳大利亚政府政策制定与实施过程中政治和经济因素的互动。该书还对澳大利亚在对外关系方面依赖其强大盟国的这种传统观念提出了挑战。[⑤] 2020年中国事务智库兼职研究员芮捷锐（Geoff Raby）大使（前驻华大使，2007～2011年）出版了他的新书《新全球秩序下的中国大战

---

① http://ciw.anu.edu.au/；http://www.csaa.org.au/2020/05/made-in-china-journal-volume-5-issue-1-2020/.

② 迈克尔·韦斯利（Michael Wesley）教授曾经担任格里菲斯亚洲研究所所长和洛伊研究所执行所长。

③ Allan Gyngell and Michael Wesley, *Making Australian Foreign Policy*, Second Edition, 2007, Cambridge University Press, 477 Williamstown Road, Port Melbourne, VIC 3207, Australia.

④ 〔澳〕休·怀特：《中国抉择：美国为什么应与中国分享权力》，樊犇译，世界知识出版社，2013。

⑤ 〔澳〕王毅：《1949年以来的澳中关系：60年贸易与政治》，喻常森等译，社会科学文献出版社，2014。

略与澳大利亚的未来》。书中指出，若澳中关系继续恶化，澳将更不安全。因此他认为澳大利亚需要和中国合作，并敦促澳大利亚总理莫里森（Scott Morrison）和外交部长佩恩（Marise Payne）尝试使用更多和解的语言来修复受损的双边关系。芮捷锐强调："对澳大利亚而言，至关重要的是一个强大且充满活力的经济环境。如果澳大利亚与中国的关系继续恶化，澳大利亚将变得更加贫穷和更不安全。"①

第三，发表政策建议报告。几乎每家澳大利亚著名智库都在其官方网站刊登政策研究报告，政策建议报告有的是自发的，有的是承接政府项目的研究报告。一般都是最近国际上发生的对澳大利亚国家利益和社会价值观构成重大挑战的对策建议报告。如洛伊研究所（The Lowy Institute）网站刊登的政策研究报告就有《分析》（Analyses）、《政策简报》（Policy Brief）、《洛伊研究所报告》（Lowy Institute Papers）三种类型。其中，2021 年最新的《政策简报》题目是《关注奖项：澳大利亚、中国和南极条约体系》，作者是杨克里（Claire Young），报告指出，尽管中国在南极洲越来越自信，但南极条约体系并没有失败，澳大利亚应该避免地缘战略恐慌。② 地区安全研究所官网最新发表的政策研究报告是 2020 年 11 月克里斯·加德纳（Chris Gardiner）研究员撰写的《加强澳大利亚与太平洋岛国的关系》。该报告阐述了太平洋地区的长期战略目标，提出了澳大利亚此前在经济发展、安全和气候变化等方面"加速"政策领域的战略倡议，并简要介绍了一些旨在满足澳大利亚和岛国共同需要的其他倡议。该报告被提交给澳大利亚国会"外交、国防和贸易联合常设委员会（JSCFADT）"下属的"外交事务、援助与国防分委员会"作为有关澳大利亚与太平洋岛国关系的咨询材料，以及成为提交给最近开展的

---

① Geoff Raby, *China's Grand Strategy and Australla's Future in The New Global Order*, Melbourne University Press, Level 1, 715 Swanston Street, Carlton, Victoria 3053, Australia, 2020;《澳大利亚前驻华大使芮捷锐：若澳中关系继续恶化澳将更不安全》，环球网，2020 年 11 月 16 日，https://m. huanqiu. com/article/40isQi5f8Lu。

② "Eyes on the Prize: Australia, China and the Antarctic Treaty", *By Clair Young*, Policy Brief, 12 Feb. 2021, https://www. lowyinstitute. org/publications/policy – briefs.

对澳大利亚国际开发援助进行独立审查的参考文件。[①] 中国事务智库官网不定期刊登《中国事务探索》（*China Matters Explores*）的《政策简报》系列，重点介绍澳大利亚与中华人民共和国关系中的个别棘手问题。目标是在向澳大利亚政府、企业和非政府机构提出具体建议之前，对这一问题进行细致入微的评估。中国事务智库官网 2021 年刊登的最新一期《政策简报》文章是著名的中国问题专家、中国事务智库的创办人和董事会副主席琳达·雅各布森（Linda Jakobson）撰写的《澳大利亚为何担忧台海紧张局势升级?》。[②] 该报告属于澳大利亚国防部委托项目。

第四，发表民意调查报告和媒体文章，引导民意及制造国际事务话题。在民意调查方面，澳大利亚智库做得比较好的是洛伊研究所（The Lowy Institute）的《洛伊年度民调报告》，而其发布的《洛伊研究所 2020 年亚洲实力指数报告》和《华人社群舆情调查：作为澳大利亚的华人》对引导舆情产生了较大的影响。洛伊研究所在 2020 年 6 月 24 日发行了娜塔莎·卡萨姆（Natasha Kassam）主持的《洛伊研究所 2020 年民意调查报告》。报告显示，澳大利亚对其周围世界的态度发生了前所未有的变化，包括对美国、中国以及威胁和经济的态度。[③]《洛伊研究所 2020 年亚洲实力指数报告》根据多项指标，包括军事能力、国防网络、外交影响力和文化影响力等，对亚洲 26 个国家的实力进行评分排名。在 26 个亚洲国家实力排名中，美国虽然在地理上不是亚洲国家，但其综合实力仍以 81.6 分高居被研究的 26 国之首。中国排名第二位，得分 76.1 分。日本（40.1 分）、印度（39.7 分）、俄罗斯（33.5 分）分列第三、第四、第五位。澳大利亚以 32.4 分排名第六位，较去年上升 1 名。韩国（31.6 分）、新加坡（27.4 分）、泰国（20.8 分）、马来西亚（20.7 分）分别排名第 7 位到第 10 位。排在最后一位的是巴布亚新

---

① Chris Gardiner, "Strengthening Australia's Relations with Pacific Island States", November 2020, Occasional Papers, https://regionalsecurity.org.au/research-and-thought-leadership/occasional-papers/.

② Linda Jakobson, "Why Should Australia Be Concerned about Rising Tensions in the Taiwan Straits?", Feb. 2021, https://chinamatters.org.au/policy-brief/policy-brief-february-2021/.

③ Natasha Kassam, "Lowy Institute Poll 2020", 24 June 2020, https://poll.lowyinstitute.org/report/.

几内亚（3.8 分）。[1]《华人社群舆情调查：作为澳大利亚的华人》是在 2020 年 11 月进发布的，该报告对 1000 多名澳大利亚华人进行了调查，以更好地了解其在澳大利亚的生活、与中国的关系等问题的看法。调查报告发现，华裔澳大利亚人社区的经历和观点呈现多样性。其中，77% 的受访者认为澳大利亚是一个好的和非常好的居住地；63% 的受访者认为华人身份能够为当地澳大利亚人所接受；18% 的受访者因为他们的中国血统而受到人身威胁或攻击；66% 的受访者认为中国更多的是澳大利亚的经济伙伴而不是安全威胁；50% 的受访者认为澳大利亚媒体对中国的报道过于负面。[2]

在媒体上发表意见和评论是智库影响民意，制造外交政策话题，并对政府新的外交政策进行评论，以影响外交政策的主要途径之一。媒体将“公众的意见反馈给决策者相当于公民就当时的形势或一项已制定的政策进行了一次不完全的但却直接的投票表决”。[3] 所以，澳大利亚主要外交政策智库学者都将抢占主流媒体高地、发表对国际问题动态评估和政策建议作为日常工作的主要考核指标。如据统计，澳大利亚战略政策研究所专家在 2020 年 1 ~6 月共计在澳大利亚主流报纸《澳大利亚人报》（*The Australian*）上共发表带有政策观点（Opinions）的文章 15 篇。同时，也在国外主流媒体如《华盛顿邮报》（*Washington Post*）、《海峡时报》（*Strait Times*）等上面发文。[4] 在澳大利亚，外交贸易部等外交政策决策机构官员十分重视来自媒体的信息，几乎每天工作的第一件事情就是阅读各主要媒体的涉澳文章和相关报道摘要。[5] 智库除了向各种传统官方媒体如电视、无线电广播和纸质媒体发声和撰文外，还大量依靠新媒体传播自己的思想。如澳大利亚国际事务学会自己开办了全国性的

---

① *Lowy Institute Asia Power Index*, 2020 Edition, https://power.lowyinstitute.org/? update.

② Inter Actives, “Being Chinese in Australia: Public Option in Chinese”, https://interactives.lowyinstitute.org/features/chinese - communities/.

③ ［英］辛德尔：《媒体对外交政策的影响》，潘忠岐译，鹰子校译，《现代外国哲学社会科学文摘》1997 年第 9 期，第 13 页（摘自英国《国际关系》1995 年第 12 卷第 4 期）。

④ *ASPI Annual Report 2019 - 2020*, The Australian Strategic Policy Institute Limited, 2020.

⑤ Allan Gyngell and Michael Wesley, *Making Australian Foreign Policy*, Second Edition, Cambridge University Press, 2007, p. 67.

官方脸书（Facebook）账号、官方推特（Twitter）账号和Youtube视频账号。

第五，组织召开学术研讨会、主办讲座，以及参加议会咨询，智库专家与政府决策者构成“认知共同体”。定期或非定期地召开学术研讨会或者组织讲座，是各个智库将学术研究与政策制定结合起来的重要形式。澳大利亚国际事务学会于2018～2019年，在澳大利亚各地举办了200多场活动。澳大利大七个州和地区分支机构以及堪培拉国家办事处安排了多次讲座、圆桌会议、会议和其他符合组织要求的特别活动，希望澳大利亚人更多地了解、理解和参与国际事务，来自社会团体和AIIA成员有数千人参加，从系列的全国会议到欧盟—澳大利亚领导层主要外交官、学者和分析人士的论坛、年度晚宴和演讲等。[①] 洛伊研究所定期举行学术讲座，邀请国内外政要和著名专家学者作专题讲座。由于受到新冠肺炎疫情的影响，自2020年开始，洛伊研究所开设了每周播客（Weekly Podcat）网上论坛。该研究所还开辟了一个在线活动项目，即远程洛伊研究所（The Long-Distance Lowy Institute），这个项目包括直播活动和更多的数字内容。[②] 为了更加近距离接触外交政策圈，澳大利亚各大智库建立了与议会的联系，定期前往议会参加外交政策咨询活动或者向议会专门委员会提交咨询报告。如中国事务智库开辟了“议会中国事务论坛”，作为一项闭门与决策者接触的众多方式之一。该论坛允许议员与研究人员一道，就中华人民共和国以及澳大利亚决策者在与中华人民共和国打交道时面临的复杂政策选择进行深入细致的讨论。[③] 与此同时，各智库充分利用国际关系网络，开展1.5轨外交。智库作为非政府组织可以立场中立，将高级官员和有影响力的思想家聚集在一起，就其政府和人民面临的重大挑战建立共识。如地区安全研究所每年开展1.5轨道战略对话。每项活动和参与者名单都是与参加活动的每个国家的官员协商制定的。对话是

① *Australian Institute of International Affairs Year in Review 2018－2019*，https：//www.internationalaffairs.org.au/wp－content/uploads/2020/01/REVISED－AIIA－Year－in－Review－Report－2018－19.pdf.

② https：//www.lowyinstitute.org/events.

③ *China Matters in Parliament*，https：//chinamatters.org.au/events/parliament/.

一个封闭的活动，在“查塔姆大厦规则”（Chatham House Rules）指导下，自由、诚实和坦率地参与对印太各国至关重要的战略政策问题的讨论。①

第六，退职官员担任智库领袖；智库专家（一般是负责人）转任议会议员或政府官员，形成“旋转门”效应。如悉尼科技大学澳大利亚－中国关系研究院首任院长为澳大利亚前外长鲍勃·卡尔。澳大利亚的其他一些著名独立智库的领导人大部分都是曾经在政府供职的中级或高级官员。未来方向国际（FDI）的创建人是前任总督（2003～2008）菲利普·迈克尔·杰弗里将军。澳大利亚国际事务学会会长艾伦·金格尔曾经担任国家分析办公室主任。国家分析办公室（ONA）是澳大利亚一家著名的情报分析机构，可以参加国家安全委员会相关活动。格里菲斯亚洲研究所前所长楚德（Russell Trood）教授，为昆士兰州自由党议员，后担任澳大利亚联邦参议员并兼任议会外交、国防与贸易联合常设委员会主席。澳大利亚战略政策研究所现任所长彼得·詹宁斯，曾任澳大利亚国防部高级官员以及总理战略政策高级顾问。

通过上述六种途径，澳大利亚智库专家广泛参与和影响着外交政策的制定和实施。影响效果考察主要取决于三个方面：智库对学术的引领作用；智库对舆情民意的导向效果；智库获得政府资源的能力。

首先，智库对学术的引领作用。智库作为带有政策研究性质的学术共同体，对学术思潮具有一定的引领作用。而智库引领学术思潮的主要路径，如前所述主要是通过学术出版、召开研讨会和主办学术讲座。通过这些途径，特别是召开学术研讨会，学者与媒体记者、企业精英以及以个人身份出席的政府官员等构成了一个认知共同体。在这些方面，澳大利亚国际事务学会成效比较突出。该学会作为一个澳大利亚全国性的国际问题研究学会，其成员具有广泛性和代表性。其编辑出版的《澳大利亚国际事务杂志》刊登基本上是带有动态性和重要性国际事务的深度分析文章。例如最新一期（75卷，2021年第2期）《澳大利亚国际事务杂志》刊登的文章包括杰里米·尤德

① https://regionalsecurity.org.au/strategic-dialogue/.

(Jeremy Youde)《美国疫情中的大选》[1]；彼得·哈里斯（Peter Harris）《中美关系：明智的绥靖政策案例》[2]；梅根·普莱斯（Megan Price）《规范侵蚀与澳大利亚对规则秩序的挑战》[3]；加布里埃尔·阿邦丹扎（Gabriele Abbondanza）《澳大利亚“国际好公民”？传统中等强国的局限性》[4]；等等。澳大利亚国际事务学会年度大会，选题紧跟形势，参会人员众多。例如2019年度澳大利亚国际事务学会全国年会于2019年10月14日在堪培拉举行。会议的主题是“新时代的新议程”。澳大利亚助理国防部长兼国际发展与太平洋事务部长亚历克斯·霍克议员（Hon Alex Hawke MP）、议会影子外交部长参议员黄英贤（Hon Penny Wong）、澳大利亚国际事务学会会长艾伦·金格尔（Allan Gyngell）出席会议并作了主旨演讲。来自全国各地的澳大利亚主要国际事务专家300多人与会。会议专家围绕三个小组即“新冷战?”、“新技术”和“地球的健康”展开了深入讨论。AIIA 2019年全国会议提供了一个了解、理解和更多参与国际事务和澳大利亚外交政策的机会。[5]

其次，智库对舆情民意的导向效果。这方面的典型应属洛伊研究所。洛伊研究所在《2020年全球智库排名指数报告》中，综合排名第76位；在“外交政策和国际事务”类智库中排名第55位。在2002年，洛伊研究所凭借其三种民调数据——《洛伊研究所年度民调报告》、《洛伊研究所2020年亚洲实力指数报告》和《华人社群舆情调查：作为澳大利亚的华人》，对学术界和外交决策圈产生了重要影响，并深刻影响了民意。

最后，智库获得政府资源的能力，这也是最重要的一点。对澳大利亚智库影响力评估的一项重要指标，就是智库获得资源的能力和大小，尤其是获

① Jeremy Youde, "America's Pandemic Election", *Australian Journal of International Affairs*, Vol. 75, Issue 2 (2021), pp. 121 – 128.

② Peter Harris, "China and the United States: The Case for Smart Appeasement", *Australian Journal of International Affairs*, Vol. 75, Issue 2 (2021), pp. 129 – 135.

③ Megan Price, "Norm Erosion and Australia's Challenge to the Rules-based Order", *Australian Journal of International Affairs*, Vol. 75, Issue 2 (2021), pp. 161 – 177.

④ Gabriele Abbondanza, "Australia: The 'Good International Citizen?' The Limits of a Traditional Middle Power", *Australian Journal of International Affairs*, Vol. 75, Issue 2 (2021), pp. 178 – 196.

⑤ https://www.internationalaffairs.org.au/resource/aiia-national-conference-2019-2/.

得政府财政支持的力度。一般来说，几乎所有智库均声称自己为非营利机构，自身的创收能力是比较有限的。澳大利亚智库获得资源的渠道主要有两种：一种是政府拨款，另外一种是私人企业的赞助。前者的典型是澳大利亚战略政策研究所，据称，其2020年一年期间就获得澳大利亚国防部的拨款超过400万澳币。还有澳大利亚政府其他部门拨款支持，以及获得美、英、日等盟国相关机构的大量课题经费支持。而后者的主要代表有洛伊研究所、澳中关系研究院和中国事务等智库，它们在创办时期都得到过私人企业的大量启动资金支持，有的在运作过程中也不断得到相关私营部门的经费支持。

四　结论与反思

综上所述，澳大利亚外交政策智库进入21世纪以来取得了较大的发展。出现了一批拥有独立法人资格或者依附于高校的著名智库。智库对澳大利亚外交政策产生了较大的影响。少数智库甚至“嵌入”外交政策的制定和实施的整个过程之中。近似于成为立法、行政、司法、媒体之外的“第五种权力”。[①] 与此同时，澳大利亚智库也出现了一些明显“倾向化”现象，成为政府制定和推行外交决策政策的工具。特别是莫里森政府上台以后，澳大利亚开展“价值观外交”，对外政策出现明显右倾化趋势，其中，离不开少数智库的推波助澜。为此，中国在制定对澳大利亚外交政策时候，也应把智库因素考虑在内。同时，在这方面，中国的智库可以发挥积极作用，例如参与开展中澳智库第二轨道外交活动，通过影响智库专家的立场，形成认知共同体，来影响澳大利亚外交政策的转向。

① 〔德〕库必来·亚多·阿林：《新保守主义智库与美国外交政策》，王成至译，上海社会科学院出版社，2017，第2~3页。

B.6
澳大利亚国际教育发展报告（2019～2020）

李枝航*

摘　要：　澳大利亚国际教育产业在近十年来发展迅速，成为该国第四大出口行业，澳大利亚也成为美国之后的世界第二大留学目的国。在2019～2020年期间，其高等教育依旧是吸纳国际学生最多的阶段，尤其是本科生和硕士研究生。其中来自中国和印度的学生占比分列前两位，国际学生专业选择主要集中在STEM(科学、技术、工程、数学)、社会科学、经济管理等领域。在2020年全球新冠肺炎疫情的影响下，国际学生人数有很大程度波动，“亚洲区域化”特征更加明显，同时澳大利亚政府大力发展国际教育产业。

关键词：　国际教育　留学生　澳大利亚

当前来说，国际教育是学术体系、教育机构和个人日益应对全球化的结果，也是各个国家高等教育发展水平的重要体现方式。一个国家（地区）国际教育的规模跟高等教育的国际化水平呈正相关，同时国际教育也是世界各国参与世界竞争并获得优势地位的重要手段。本报告以澳大利亚联邦政府教育与培训部（Australian Government Department of Education and

* 李枝航，悉尼大学博士，中山大学大洋洲研究中心特聘研究员，主要研究领域为国际教育、高等教育管理。

Training）官网中的高等教育数据统计库（HESC）和澳大利亚国际教育（Australian international Education，AIE）发布的2019～2020年数据为主要信息，分析在新冠肺炎疫情影响下澳大利亚国际教育发展的现状与特点。

一　澳大利亚国际教育产业发展概况

（一）规模结构

澳大利亚联邦政府教育与培训部发布的数据显示，截止到2020年10月澳大利亚境内持学生签证的在读留学生为677369人，同比2019年留学生总数减少了8%。2019年澳大利亚总注册留学生为956773人，其中境内持学生签证的在读留学生为758154人，同比2018年增加了9.7%，而过去五年的平均增幅为10.3%。[①] 2020年澳大利亚注册国际留学生人数达到856901人，相比于2019年的956773人下降了10.4%，而过去十年年均增幅为3.8%。

澳大利亚教育服务出口市场主要以亚洲国家（地区）为主，这些留学生主要来自中国、印度、尼泊尔、巴西、越南五个国家（见表1）。仅中国和印度留澳学生所占比就接近45%。而中国是澳大利亚最大的国际学生来源国，中国留澳学生2020年总人数为188377人，占总人数的27.8%，2020年相比于2019年下降了12%。人数涨幅最大的是印度，从2018年的89181人到2019年的115607人，增幅达到30%。2020年为113342人，比2019年减少2%。2020年尼泊尔、越南和巴西留澳学生人数也出现负增长，尼泊尔降幅为3.4%，人数为51904人，越南降幅为8%，而巴西降幅达22%，排名由第4位下降至第5位。

---

① 统计数据来源于澳大利亚联邦政府教育与培训部官方网站中的高等教育数据统计库，参见https：//internationaleducation. gov. au/research/International－Student－Data/Pages/default. aspx，访问日期：2020年12月14日。

表 1　2017～2020 年澳大利亚十大国际学生来源国

单位：人

国家（地区）	2017 年	占总比（%）	2018 年	占总比（%）	2019 年	占总比（%）	2020 年	占总比（%）
中国*	184272	29.6	204943	29.6	212264	28.0	188377	27.8
印度	68108	10.9	89181	12.9	115607	15.2	113342	16.7
尼泊尔	28480	4.6	42853	6.2	53723	7.1	51904	7.7
越南	23640	3.8	24104	3.5	26050	3.4	23943	3.5
巴西	24232	3.9	26609	3.8	27366	3.6	21459	3.2
留学生总人数	622905		692506		758154		677369	

注：*统计数据未包括港澳台地区。

资料来源：参见 https：//internationaleducation. gov. au/research/datavisualisations/Pages/nationality Summary. aspx。

（二）国际学生学历结构分布

澳大利亚国际教育产业由高等教育（Higher Education）、职业培训课程（VET）、中小学教育（Schools）、海外学生英语语言强化课程（ELICOS）、非学历教育（Non-award）五部分组成（见表 2）。从各个学历层次学生分布来看，近年来变化较为平稳。

表 2　2018～2020 年不同学历国际学生注册人数和新生人数

领域	注册人数（人）			新生人数（人）		
	2018 年	2019 年	2020 年	2018 年	2019 年	2020 年
高等教育	390001	433009	412951	157422	169503	130997
职业培训课程	230454	266382	293576	133928	153447	154243
中小学教育	26658	25409	20437	12995	11812	8185
海外学生英语语言强化课程	139249	140762	98683	100859	101572	60576
非学历教育	48910	47096	31254	36104	34613	19353
合计	835272	912658	856901	441308	470947	373354

资料来源：澳大利亚联邦政府教育与培训部官方网站中高等教育数据统计库，参见 https：//internationaleducation. gov. au/research/International – Student – Data/Pages/default. aspx，访问日期：2020 年 12 月 14 日。

高等教育领域的留学生注册人数2019年为433009人、2020年为412951人，分别占据当年留学生的47.4%和48.2%，说明澳大利亚国际学生仍以接受高等教育为主要目的，近三年总体呈上涨趋势，但2020年比2019年人数下降5%。在高等教育领域中又分为博士研究生、硕士研究生、本科生学历教育和其他类型（包括培训、实习和非学历教育等）。本科生和硕士研究生是澳大利亚国际学生的主要群体，不仅仅是缘于澳大利亚的本科教育和研究生教育质量在国际教育市场中更具有竞争力，也是因为其国内留学政策的导向性，比如2017年新科伦坡计划主要开放对象为18~28岁的大学生，大大鼓励了本科生出国交流的积极性。

在职业培训课程方面的国际学生2020年注册人数占总人数的34.3%，而新生人数占比41.3%，相比于2019年的29.2%和32.6%来说都有明显增长。可以看出澳大利亚职业教育领域的国际优势颇为明显，而且也在不断地受到国际多方面的认可。第三大吸引国际学生的领域是海外学生英语语言强化课程（ELICOS），2020年注册在读人数占比11.5%比2019年的15.4%下降了3.9个百分点；2020年新生人数占比16.2%与2019年的21.6%相比也呈现下降趋势。而选择中小学教育和非学历教育的留学生比例较少，中小学教育国际学生注册人数和新生人数从2018年起逐年递减，其中注册人数从2019年的25409人下降到2020年的20437人，新生人数也从2019年的11812人下降到2020年的8185人。而非学历教育国际学生的比例更少，2020年在读注册人数仅有3.6%，比2019年下降1.6个百分点；新生人数从2019年的34613人下降到2020年的19353人，仅占当年国际学生新生总人数的5.2%。

（三）国际学生学习领域

2019年澳大利亚国际学生人数最多的五个领域分别是经济管理、STEM、社会科学、健康和非学历教育课程。其中，经济管理专业的学生占国际学生总人数的41.8%；其次是STEM类专业占28.7%；再次是社会科学占 8.1%，健康占 7.3%，最后是非学历教育占 4.9%。[①] 近两年国际学生选择经济管理专业课程的学生比例远远超出其他专业。再进一步从中国留学生的专业选择来看，2020 年最受中国留学生欢迎的五个专业分别是经济管理、信息科学、机械工程、社会科学、创造艺术（见表 3）。通过对比看出，近两年中国留学生在专业课程的选择方面基本保持不变，选择经济管理专业的中国留学生还是占据首位，并且人数远远超出其他专业，但 2020 年人数低于 2019 年。而食品安全仍然是冷门专业，选择的学生人数最少。

表 3　2019～2020 年澳大利亚高等教育各学习领域中国留学生人数

单位：人

年份	自然科学	信息科学	机械工程	建筑学	农业	健康	教育	经济管理	社会科学	创造艺术	食品安全	混合项目	双学历
2020	9354	17629	16654	6869	1245	4369	3815	70090	15172	10120	214	525	2947
2019	8711	17111	18346	7250	1458	4561	3750	76512	13457	9973	339	475	2787

注：该统计中有学生选择两个或两个以上专业，所以单独列出。

资料来源：参见 https：//internationaleducation. gov. au/research/datavisualisations/Pages/nationality Summary. aspx。

（四）国际学生在澳分布

2020 年在澳大利亚的国际学生（695707 人）主要集中在新南威尔士州（37%）和维多利亚州（33%）（225702）（见表 4）。悉尼是国际学生所在的主要城市。在新南威尔士州，2020 年国际学生总人数为 260559 人，主要集中在悉尼大学、新南威尔士大学、悉尼科技大学等，由于受到新冠肺炎疫情的影响，与 2019 年相比降低了 9%。中国留学生 190926 人。而在维多利亚州 2020 年国际学生也比 2019 年降低了 14%，主要集中在莫纳什大学、墨尔本大学等。而昆士兰州 2020 年国际学生与 2019 年相比降低了 15.2%。值

① 澳大利亚联邦政府教育与培训部官方网站中高等教育数据统计库，参见 https：//docs. education. gov. au/node/55050。

得注意的是堪培拉特区及南澳大利亚等区域近年来社会稳定程度高，经济发展速度快，也吸引了一部分国际学生。

表 4　2019，2020 年留学生在澳大利亚各州分布情况

年份	2019 年	占比(%)	2020 年	占比(%)	增长率(%)
新南威尔士州	286803	37	260559	37	-9
维多利亚州	250166	33	225702	33	-10
昆士兰州	116298	15	100108	14	-14
西澳大利亚	42945	6	38719	6	-10
南澳大利亚	37479	5	37371	5	0
塔斯马尼亚	14059	2	13550	2	-4
北领地	3293	0	4033	1	22
堪培拉特区	16681	2	15665	2	-6
合计	767724	100	695707	100	-9

资料来源：https：//internationaleducation. gov. au/research/datavisualisations/Pages/Student - number. aspx。

二　国际教育产业特征分析

国际学生人数总量受疫情影响。新冠肺炎疫情突袭而至以来，由于重新开放国际边界和安全恢复国际旅行的时间的持续不确定性，各高校采取远程线上的教学模式，使得国际学生陷入困境。澳大利亚内政部最新数据显示，2020 年 1 月至 7 月澳大利亚仅从海外学生那里收到 72397 份学生签证申请，仅为 2019 年同期总数的 40%。自 2020 年 3 月澳大利亚进入边境封锁以来，这种下降尤为严重。在 6 月申请高峰期，与 2019 年同期相比，申请人数减少了 30000 人，只有 4062 份申请。从 2020 年 3 月至 11 月，总入学率下降了 12%，而海外远程学习的国际学生人数则从 116774 人增加到 138060 人，境内国际学生大幅减少。[①]

① 澳大利亚内政部，参见 https：//data. gov. au/dataset/ds - dga - 324aa4f7 - 46bb - 4d56 - bc2d - 772333a2317c/detail。

“亚洲区域化”更明显。长期以来澳大利亚与亚洲各国大学建立跨境合作办学关系，推进国际教育资源共享，其中截至2021年2月中澳共有94个本科及以上的联合办学项目，遍布22个省份，为近10万名中国学生提供培训机会，其中包括6个建立在中国大学内、官方认证且具有相当影响力的合办高等教育机构，包括：上海大学与悉尼科技大学合办的悉尼上海工商学院，辽宁大学与维多利亚大学合办的亚澳商学院，东南大学与莫纳什大学合办的联合研究生院，西南大学与西澳大学、塔斯马尼亚大学合办的西塔学院，华中师范大学与伍伦贡大学合办的联合研究院，西安建筑科技大学南澳大学安德学院。①

澳大利亚政府大力发展国际教育产业。澳大利亚是为数不多的明确把国际学生与移民政策挂钩的国家之一，其目标技术移民政策对国际学生具有很大的吸引力，有力地促进了教育服务出口。同时与其他国家相比，澳大利亚政府为国际学生提供了相当丰厚的奖学金，也涵盖了不同的教育层次，包括职业教育、本科生和研究生学习研究。澳大利亚奖学金计划（Australian Scholarships）由“澳大利亚发展奖学金”（Australian Development Scholarships）、“澳大利亚领导力奖学金”（Australian Leadership Scholarships）和“奋进奖学金”（Endeavour Awards）三部分组成。教育部长铁寒（Dan Tehan）于2020年5月12日宣布2021年将提供1700多万澳元资助，资助年限为4年。②

澳大利亚国际教育存在着过度商业化的倾向。移民部长艾伦·塔奇（Alan Tudge）表示国际学生给澳大利亚创造了巨大的经济贡献，特别是对第三产业，为澳大利亚创造了24万个就业机会，2019年给澳大利亚带来了339亿澳元的收入，是澳大利亚最有价值的出口产业之一。澳大利亚国立大学校长布莱恩·施密特（Brian Schmidt）表示2019年澳大利亚大学国际学生学费共收入了100亿澳元，占整个学费营收的27%，这些费用会用于学术研究。③

① 中华人民共和国教育部，本科教育中外合作办学机构与项目（含内地与港台地区合作办学机构与项目）名单，2020-12-01，http：//www. crs. jsj. edu. cn/approval/orglists/2。

② 参见 https：//internationaleducation. gov. au/scholarships/pages/scholarships-landing. aspx。

③ The Sydney Morning Heralb，“Scott Morrison Should Act as International Students Stay Away，Says ANU Chief”，2020-12-25，https：//www. smh. com. au/politics/federal/scott-morrison-should-act-as-international-students-stay-away-says-anu-chief-20201223-p56ppp. html.

由澳大利亚教育部2020年12月刚公布的教育收入统计数据来看，澳大利亚2020年教育总收入为375亿澳元，其中中国留学生为澳大利亚经济带来了超过104亿澳元的收入，几乎占据教育产业总收入的1/3，仍然保持在第一位。

三　澳大利亚国际教育产业前景分析

中澳政治关系的波折发展及澳大利亚边境政策的限制，都在短期内一定程度上影响着澳大利亚国际教育产业的发展。澳大利亚国际教育协会首席执行官菲尔·霍尼伍德（Phil Honeywood）表示虽然有的大学比预期表现要好，但是整体来看澳大利亚国际教育行业陷入了危机，同时还面临其他国家如英国和加拿大的竞争。同为留学目的地国，加拿大在2020年10月就对部分得到许可的学生开放边境，紧急补助金计划囊括了部分符合条件的留学生，给从事假期工作的留学生提供工资补贴。英国政府在11月安排了31架次包机，接回7000多名中国留学生，开放公共资金给一些短期签证持有者。

技术移民政策是一把双刃剑。近几年澳大利亚国际学生注册人数增长迅速，在很大程度上是受到了技术移民政策的推动，但这种将国际教育与移民政策挂钩的做法存在很大风险。2020～2021财年联邦预算案中的重要内容有移民和签证问题，新冠肺炎疫情影响下澳大利亚在维持16万移民配额总数不变的情况下，本财政年度家庭移民类的配额将从47732个增加到77300个，普通独立技术移民将面临更严峻的形势。澳大利亚国际教育市场的韧性和活力有待强化。

墨尔本大学2020年最新的研究报告显示，其在2015年6月至2020年6月对来自中国的50名在澳留学的年轻女性核心小组进行了多点纵向研究，[①] 重点了解中国学生的教育流动性的社会和主观体验。研究发现在澳大利亚的中国留学生遇到了许多漏洞，包括：限制访问可靠的本地信息；出租房屋过

① F. Martin, *Chinese International Students' Wellbeing in Australia: The Road to Recovery*, The University of Melbourne, 2020.

程中的剥削；种族主义、社会排斥和跨文化融合的机会有限；有限的工作机会和工作中的剥削；以及难以获得包括精神卫生支持在内的澳大利亚卫生系统。就学生安全来说，学校经常向中国留学生家庭强调澳大利亚有安全的生活和学习场所。与美国枪支犯罪高发率进行比较，澳大利亚多元文化社会的族裔之间较为和谐，但2020年新冠肺炎疫情期间反华种族主义事件也不时发生。

在新冠肺炎疫情期间，澳大利亚国际教育产业在面临以上巨大挑战的同时也存在很大的发展空间。各个大学大力支持试点计划，并将其视为迈向2021年更大范围的国际学生回国计划的重要一步。不少学校也选择在中国的大学校园中设置海外分校为中国留学生提供学习体验，从而完成课业内容。例如悉尼大学开设上海交通大学和苏州大学两个合作项目，在上海交通大学的继续教育学院学习3周的课程，提供线上和面对面授课两个选项，课程面向商业、艺术与社会科学、数学与统计的本科生以及商科的研究生；悉尼科技大学已确定在河北、重庆、江阴和南京天目湖等地开设有4个海外学习中心，所有课程由悉尼的老师进行在线教学；新南威尔士大学在宜兴环境技术转移中心成立了首个学习中心，在2020年第三个学期学习中心已经帮助50多位学生开展在线学习、论文研究以及企业实习；等等。

在教学方面，各高校纷纷采取网络教学工具和网络教学平台全面实施在线教学，保证教学工作的平稳推进。这也促使高校教学方式实现从线下到线上的重大转变，为未来深化教育教学与信息技术高度配合，持续推进线上线下双重教学改革与学习革命提供了重大机遇。这种转换不是简简单单地把传统课堂教学搬到线上，这种“在地国际化”（Internationalization at Home）能够降低国际学生在澳大利亚的学习成本，从而拓展国际市场。新冠肺炎疫情加速了科技与高等教育的结合，催生出新的高等教育形态。

B.7

新西兰大选分析与新政府施政展望*

王伟光**

摘　要： 因疫情影响推迟至2020年10月17日的新西兰大选及同时有关施行安乐死法案与大麻娱乐性使用合法化的公投，最终顺利举行。阿德恩领导的工党获得压倒性胜利，赢得议会过半议席，国家党、优先党则遭到重大挫败，阿德恩及工党领导下新西兰对新冠肺炎疫情的成功应对和国家党领导层的动荡等，是其中的重要原因。大选后，新组建的内阁在有所变化的同时，也反映出连续性。对于新内阁来说，疫情应对、经济复兴、气候变化、住房与房地产市场等，可能是关注的优先议题；而在对外关系中，促进国际社会在气候变化、贸易等方面的合作，在寻求加强与传统地区伙伴或盟友合作的同时，增加与美国的互动与合作，则可能会成为新西兰外交的重点领域。

关键词： 新西兰大选　新冠肺炎疫情　阿德恩政府

2020年是新西兰大选年，对于新西兰乃至大洋洲来说，新西兰大选及其后新内阁的组成，都是关注焦点和重要事件；对于新西兰未来三年的内政

* 本研究报告由国家社会科学基金项目（项目编号：17BMZ017）资助。

** 王伟光，厦门大学公共事务学院、厦门大学新西兰研究中心副教授，主要研究领域为国际关系、国家安全、危机管理。

外交走向乃至该地区间关系与发展走向，都有重要影响。本报告将集中分析新西兰此次大选的情况以及大选后新政府的组建与未来施政方向等。

一 新西兰议会选举制度

新西兰独立前为英帝国殖民地，独立后，其也大体承袭了英国的政治体制。并且，其现在仍然是英联邦中的重要成员，奉现英女王伊丽莎白二世为国家元首，国家元首职能平时由代表英女王的总督担任。作为代议制民主国家，议会在新西兰政治生活占据核心位置。国家的大政方针（法律）由议会制定颁布；赢得议会多数的政党或政党联盟获得组建内阁权。因此，决定各个候选人和党派对议会议席竞争结果的大选，对于各个政治人物、各党派和新西兰大政方针走向，就至关重要。

新西兰议会实行一院制，一届议会任期三年。因此，一般情况下，新西兰三年举行一次大选，上一次大选是 2017 年。2020 年大选为新西兰第 52 次大选，将选举组成第 53 届议会。此次大选原定于 9 月 19 日举行，但由于新西兰 8 月再度发生新冠肺炎聚集性感染，在副总理温斯顿·彼特斯以及各在野党要求下，总理杰辛达·阿德恩宣布选举延期四周，2020 年 10 月 17 日为大选日，投票可以自 10 月初就开始。

新西兰议会设有 120 议席；一般情况下，由 120 名议员组成。自 1996 年起，新西兰实行混合比例代表制（MMP，Mixed-Member Proportional）。在选举中，选民将投出两张选票，一张投给希望在议会代表自己的政党；一张投给希望代表自己选区的候选人。

政党投票情况将决定各党派获得议席的多少。议会议席分配主要由各党派在全国所获得政党票比例决定；但一个政党必须得到 5% 或以上的政党票，或其至少有一位候选人在选区竞选中当选，才能够成为议会政党，参与议席分配。

2020 年大选，新西兰划分为 72 个选区，即 65 个一般选区和 7 个毛利选区。登记为毛利选民的，则投票选择其所在毛利选区的候选人；登记为一般选民的，则投票给其所在一般选区的心仪候选人。

政党根据其所得政党票比例分配所得的议席。如果一个政党据此分配得到的议席数多于其在选区竞争中当选的议员（选区议员）数，则扣除当选议员数所剩议席，根据该政党大选前提交选举委员会的党员排名名单分配。这部分根据政党名单而进入议会的议员为政党排名议员。而如果一个政党在选区中赢取的议席数量超过了根据政党票比例分配应得议席数，则该政党仍保留其选区议席数量；在这种情况下，国会中实际议席数量有可能会超过120席。

与此次大选同时举行的还有两项公投，即有关施行安乐死法案和大麻娱乐性使用合法化的公投。

二　2020年选举一般情况

此次大选中，新西兰约500万总人口中，具有选民资格的约为380万人，实际登记选民数约为350万人，登记比例约为94.1%（见表1）。这个数字高于2017年约92.4%的选民登记率；但低于最高年份2008年的95.3%。大体上，登记率与年龄呈正相关关系，即年龄越大的资格选民越倾向于去进行选民登记。

在此次大选中，约290万选民参加了投票，约占登记选民的82%，此数字也高于2017年大选约80%的投票率，但参选比例最高则是1999年的约85%。此外，新冠肺炎疫情对于此次大选的影响从投票情况也反映了出来。在此次大选中，邮递投票、海外投票等特殊投票数约占17%。而且，约68%的投票为非在大选日的提前投票；而2017年提前投票比例约为45%。总的来看，新西兰此次大选投票比较顺利，其间并无大的争议或危机事件发生。

而从参选政党与候选人情况来看，除了个别的选区有独立候选人参选外，大部分选区参选者为政党候选人。而参选政党，大大小小共约30个。除了新西兰工党和国家党这样的老牌政党，也有由原国家党党员吉米利·罗斯（Jami-Lee Ross）组建的新西兰前进党（New Zealand Advance）和华裔洪承琛（John Hong）和苏珊娜·克鲁格（Susanna Kruger）任联合党魁的茶党（Tea Party）等新成立的、首次参加选举的政党。

表1　2020年大选中新西兰选民情况

年龄	估计资格选民数量(人)	登记为一般选民数(人)	登记为毛利选民数(人)	实际登记选民数量(人)	选民登记比例(%)
18~24岁	450500	309498	40555	350053	77.70
25~29岁	347200	259346	32796	292142	84.14
30~34岁	340200	279585	30543	310128	91.16
35~39岁	313000	274554	26057	300611	96.04
40~44岁	293300	261940	25320	287260	97.94
45~49岁	319300	285628	25821	311449	97.54
50~54岁	314700	289708	24146	313854	99.73
55~59岁	315800	292620	22814	315434	99.88
60~64岁	284600	267216	18146	285362	100.27
65~69岁	245000	230639	12502	243141	99.24
70岁+	548500	522820	17310	540130	98.47
总计	3772100	3273554	276010	3549564	94.10

资料来源：新西兰选举委员会，https：//www.electionresults.govt.nz/electionresults_2020/。

2020年新西兰大选在新冠肺炎疫情下举行，疫情发展与应对是新西兰关注的焦点，也是各个政党攻防的重要焦点；但相对而言，这种攻防在新西兰不如往常那么尖锐、激烈。阿德恩领导的工党、优先党和绿党组成的执政联盟，虽然在边境防控、疫情封锁等方面存在一些疏忽，引起争议、质疑与批评，但总体上，新西兰的疫情应对是相对成功的，这也使国家党等反对党难以在这个方面过分批评政府。过分尖锐、严厉的批评有时不仅达不到打击执政党的目的，反而可能会引起公众对自身的消极观感。比如，2020年4月国家党党魁布里奇斯（Simon Bridges）对政府延长四级疫情防控措施的批评，就引起巨大的负面反应和批评。① 而且，2020年7月初国家党议员哈米

① https：//www.stuff.co.nz/national/politics/121169737/coronavirus-simon-bridges-receives-huge-backlash-to-facebook-post-criticising-lockdown-extension.

什·沃克（Hamish Walker）和前国家党主席米歇尔·博格（Michelle Boag）为了揭露和批评政府的失职，将一份新冠肺炎疫情感染者名单泄露给媒体，其中包括姓名、地址、年龄、隔离地点等详细信息，结果不仅没有一家媒体愿意披露该名单，反倒引起民众一致的强烈谴责，国家党形象大受打击，沃克也因此辞职并告别政坛。

不过，总的来说，各个政党，特别是工党和国家党这两大政党，竞选纲领主要围绕如何减轻疫情的影响，促进经济恢复，促进基础设施建设，气候与环境保护，改善住房、医疗保健和促进社会公正以及发展教育等几大议题上。工党注重宣传自己在发展、环保、民生、社会公正与对弱势群体保护等议题上的平衡，强调自己在过去执政方面的成绩和在疫情下的领导能力。相对而言，国家党更强调经济发展和基础设施投资等方面的重要性与优先性，突出国家党在发展经济方面的能力与传统，突出其振兴经济的愿景。而其他政党，也纷纷推出反映其各自政党立场或价值观的政策口号，如绿党则提出更高、更严厉的环境与气候变化标准，行动党则更强调对企业经营与发展的支持，毛利党强调对毛利文化与利益的保护，等等。各个政党也通过各种形式，宣传自己的主张，攻击对手，动员支持者与民众，并且举行了数次候选人政策辩论会。但总体上，受到疫情影响，有关活动的规模相对要小许多，一些有关活动也不得不取消或通过线上的形式举行。

政党及其各个候选人的种种努力，最直接的意图就是吸引民众的投票；而民众对政党这些政策主张与能力，持多大的认同，也直接从投票的结果上反映出来。在大选日晚间，大体上，初步计票结果就已经出现，各党派获得选票与议席情况以及各选区候选人当选情况也基本确定。但是大选的最终官方结果和公投官方结果，则到 11 月初才正式公布，这可能导致有的时候出现最终结果与计票结果有所出入的情况。根据新西兰选举委员会最终的公布的结果，各党派的政党得票情况、在议会最终获得的议席数量等如表 2 所示。

表2　2020年大选结果及与2017年结果比较

政党	政党得票数（张）	政党得票比例（%）		选区议席（个）		排名议席（个）	政党总议席（个）	
		2017年	2020年	2017年	2020年	2020年	2017年	2020年
工党	1443546	36.89	50.0	29	46	19	46	65
国家党	738275	44.45	25.6	41	23	10	56	33
绿党	226754	6.27	7.9	0	1	9	8	10
新西兰行动党（ACT）	219030	0.50	7.6	1	1	9	1	10
毛利党（Māori Party）	33632	1.18	1.2	0	1	1	0	2
新西兰优先党（New Zealand First Party）	75021	7.20	2.6	0		—	9	—
机遇党（The Opportunities Party（TOP））	43449		1.5		—	—		—
新保守党（New Conservative）	42615		1.5		—	—		—
新西兰前进党（Advance NZ）	28434		1.0		—	—		—
大麻合法化党（Legalise Cannabis Party）	13329		0.5		—	—		—

资料来源：新西兰选举委员会，https：//www.electionresults.govt.nz/electionresults_2020/。

无疑，工党是此次大选的最大赢家。工党全国政党得票比例过半，最终得到的议席为65席，从而成为自混合比例代表制施行以来，第一个取得议会过半议席、可单独组阁执政的政党。这个成绩比选前许多评论家的估计还要好许多。而选区议席上，七个毛利选区中，工党继续如2017年大选一样全得，除了瓦里基选区（Waiariki）被毛利党候选人以数百票之差翻盘以外。而在一般选区，工党也有许多突破，许多传统上国家党的传统票仓区，工党候选人也都能够取得胜利，包括击败一些重量级国家党候选人。

国家党无疑是此次大选的最大输家，表现比选前国家党自己的估计和许多评论家的估计都要差一些。国家党只拿到了25.6%的政党选票，只占据33个议席，相比于2017年56个议席，议席大大减少。在政党得票上，其在各个选区中的得票比例都低于工党。而且，在一些传统铁票仓，都败给了工党。这包括国家党重量级人物、副党魁格里·布朗利（Gerry Brownlee）失去其已经占据数十年的伊莱姆（Ilam）选区议席，而不得不依靠政党排名才进入议会。而自1990年就进入议会、新西兰议员任职时间最长的国家党尼克·史密斯（Nick Smith）也在内尔森选区（Nelson）败给工党候选人瑞秋·博亚克（Rachel Boyack），失去内尔森选区议席，但最终他也同样以较高的政党排名、作为排名议员继续成为新一届议会成员。

行动党则在大选中的表现也引人注目。2017年大选中，行动党政党得票比例仅为0.5%；仅凭党魁戴维·西摩尔（David Seymour）当选埃普索姆选区（Epsom）议员才进入议会。而此次大选中，其政党得票比例为7.6%；据此，最终获得了10个议席。

绿党在这次大选中，也获得10个议席，比2017年的8席有所增长；其政党得票率也从6.27%增长到7.9%。而且，绿党新秀克洛伊·斯沃步里克（Chlöe Swarbrick）还在奥克兰中央选区（Auckland Central），意外击败工党和国家党的候选人，当选为该选区议员。

毛利党这次虽然在政党得票比例上与2017年差不多，为1.2%；但因为其候选人拉维里·维迪提（Rawiri Waititi）靠海外投票最终击败工党候选人，拿下瓦里基毛利选区议席，取得进入议会和参与议席分配的资格；最终毛利党获得两个议席。

有“造王者”之称、多次上演新西兰政党发挥四两拨千斤之技的温斯顿·皮特斯（Winston Peters）及其领导的优先党，则未能进入议会。优先党的政党得票率由2017年的7.2%下降到2.0%，且其候选人没能赢取一个选区的胜利，而未能达到进入议会、参与议席分配的最低门槛。虽然，优先党在过去也曾浮浮沉沉，但皮特斯年事已高，这次优先党的失败还引发外界对皮特斯和优先党前途的猜疑。2020年12月1日新西兰议会举行活动送别皮特斯，纪念其40年从政生涯。

在这次大选中，华人参政和对华关系方面，没有激起如2017年那样的争议和关注。两位华人议员——国家党议员杨健和工党议员霍建华——在年中相继宣布不再参加2020年大选后，华人参政就失去两大代表性人物。工党方面重点推出年青的陈耐锶参加博坦尼（Botany）选区竞选，虽然陈耐锶不敌代表国家党、同样首次参选的前新西兰航空公司总裁陆杰锋（Christopher Luxon），但仍凭党内排名当选为工党排名议员。而国家党则在杨健博士退出后，重点推举陆楠。陆楠同样是首次参加大选，但其是作为国家党的政党排名候选人参选。因为国家党在大选中糟糕的表现和自己相对靠后的排名，此次选举中陆楠并没有能够进入议会。当然，如行动党等小党在其提交的政党排名名单中，也有一些华裔的名字，但因政党得票比例低和排名相对靠后等原因，这些候选人进入议会的可能性更是微乎其微。

两次公投的结果则显示，安乐死案以65.1%支持、33.7%反对获得通过；而大麻娱乐使用合法化则以50.7%反对、48.4%支持的微弱差距没有通过。

此次大选为什么出现如此结局，特别是为什么工党与国家党的表现会出现如此差别？究其原因，大概如下。

首先，其在很大程度上是民众对阿德恩联合政府过去三年执政成绩特别是新冠肺炎疫情应对的肯定。在过去三年中，阿德恩政府虽然在“新西兰人住房计划”上没有实现预期的目标，放弃了其最初倡导的资本利得税，但总体上联合政府采取了相对稳妥、务实的做法，新西兰经济、社会和外交等都保持了稳定的发展势头。而且，阿德恩联合政府也比较成功地处理了2019年3月11日基督城恐怖袭击和2019年12月9日怀特岛火山爆发给社会造成的冲击与伤害。

在新冠肺炎疫情暴发后，阿德恩领导新西兰做出了相对及时和坚决的反应，使新西兰成功地控制了新冠肺炎疫情的扩散和伤害，成为国际上一个广受赞誉的成功案例①；特别在其他众多西方国家应对失当、疫情肆虐的衬托下，这种成功更显得明显和宝贵。民意调查的数据在一定程度上也显示出这一点。在疫情暴发前，国家党和工党的民意支持率大体上不相上下，在联合政府执政初期，工党支持率甚至还明显落后于国家党。两者差距——工党支

① “New Zealand Takes Early and Hard Action to Tackle COVID－19”, 15 July 2020, https://www.who.int/westernpacific/news/feature－stories/detail/new－zealand－takes－early－and－hard－action－to－tackle－covid－19.

持率迅速上升、国家党的则迅速下降——的迅速扩大正是开始于新冠肺炎疫情全球挑战凸显。

其次，工党的决定性胜利在很大程度上是因为阿德恩的个人魅力。2017年大选时，年轻的阿德恩临危受命，在工党处境非常不利的情况下，领导工党取得不俗成绩，并成功与绿党、优先党达成协议、组成联合政府。在新西兰国内外，阿德恩的个人能力、形象与魅力获得广泛关注。其在联合国舞台、在气候变化议题等上的表现，展现了开明、坦诚、富有同情心、追求社会公正又果断和有领导力等现代女性和政治家的良好形象。而阿德恩在基督城恐怖袭击和新冠肺炎疫情等这些重大危机中的表现，更是增添了其在国内外的声誉。[①] 而在大选前有关最希望谁做总理的问题上，阿德恩的个人支持率远远超过其竞争对手。工党大选优秀成绩在很大程度上，正是得益于阿德恩的个人魅力与“品牌”。

再次，作为工党主要竞争对手的国家党，则恰恰经历了重大动荡、重组，且没有提出更有效、更引人注目的政策主张，从而失去许多民众的信任与支持，包括许多相对偏保守、偏右选民的支持。许多传统支持国家党的民众认为这一次国家党不是“恰当的人”（right people）。虽然2020年发布的各类民调显示，国家党支持率快速下降与行动党支持率快速上升基本是同步的，这意味着一些传统上支持国家党的民众可能转向支持国家党的盟友、同为偏右的行动党，但确实也有部分转向支持工党。而选后选票“分裂”（splits），即选民政党票选择的政党与选区中投给的候选人所属政党不一致，也显示出政党票投给工党或行动党的选民中有相当一部分人在选区中投给了国家党候选人。[②] 这些选票“分裂”的选民，很可能原本是国家党支持者，只因对国家党失望而放弃对其支持的。

如果说阿德恩联合政府执政的头两年，作为反对党的国家党虽表现无特

---

① S. Wilson, “Pandemic Leadership: Lessons from New Zealand’s Approach to COVID - 19”, *Leadership*, 16 (3), 2020, pp. 279 - 293, https://journals.sagepub.com/doi/full/10.1177/1742715020929151#articleCitationDownloadContainer.

② Henry Cooke and Kate Newton, “Election 2020: How New Zealand Split Its Votes-and Caused Two Upset Wins”, 3 December 2020, https://www.stuff.co.nz/national/politics/300173960/election-2020-how-new-zealand-split-its-votes--and-caused-two-upset-wins.

别亮点，但至少无大错。而在大选年，国家党在疫情应对中引起民众不好的观感；其有关政府的批评与监督，可能更多给大众留下的是操弄政治、不具建设性或刻薄等消极印象。而国家党在短短数月经历领导层和团队人员的巨大动荡、更迭，临阵换帅，更使国家党难以集中精力、凝聚力量挑战阿德恩领导的工党，提出有力、可信的政策愿景。接替五月刚挑战前党魁布里奇斯成功而上任尚不足两个月就突然辞职的穆勒（Todd Muller）、仓促上任的柯林斯（Judith Collins），其不仅不是可令人耳目一新的人选，相反，其是新西兰民众比较熟悉、党内外都有争议的一位政坛常客，难以起到短时间内大幅拉升选票的作用。

最后，相对而言，新西兰社会民意与政党主张大体上仍是相对偏左，偏向强调社会多元、平等、公正，强调气候问题与环境保护、可持续发展以及全球化与自由贸易等。而近几年，西方社会出现意识形态偏右发展的趋势，如特朗普政府等在国际、国内的民粹主义、以邻为壑等的做法，特别是在应对疫情上的糟糕表现，在一定程度上，更衬托了阿德恩联合政府的成就，也增强了新西兰社会主流民意对这些社会价值及其代表政治势力的信任与珍视。

三　大选的影响与新内阁的组建

此次大选对新西兰的政治应该说有比较深远的影响。自 1996 年实行混合比例代表制以来，首次有一个政党获得议会过半席位、可单独组阁。

首先就新西兰政党政治来说。工党通过此次胜利，在贯彻其政策纲领时，将更少受到掣肘。阿德恩通过此次大选也将进一步巩固其党内和内阁中的权威和地位。但阿德恩领导的工党获得压倒性胜利，再加上议会制国家的特点，在某种程度上确实导致出现新西兰最初选择混合比例代表制时试图避免的“选出的独裁”（elected dictatorship）状况。① 未来几年，新西兰内阁

① Joshua Mcdonald, “Ardern Poised to Win Re-election in New Zealand”, 16 October 2020, https://thediplomat.com/2020/10/ardern-poised-to-win-re-election-in-new-zealand/.

和工党都将保持相对稳定的状态。如果阿德恩在新的政府任期继续有不俗表现，新西兰经济与社会有良好发展，那么，其领导工党继续赢得下一次大选的胜利，也不会令人感到意外。

当然，全面执政同时也意味着全面的责任。工党领导单独执政的内阁如果无法很好地回应民众的诉求与需要、有效兑现竞选承诺、促进经济与社会公正进步等，其也将更容易受到批评，民众也容易失去对工党与其执政的信任。而集中的权力也容易滋生傲慢和任性，如果阿德恩新一届政府不能虚心聆听民意包括反对党的批评，认真回应民众的诉求，那么，民众对阿德恩和工党的支持度也会降低。

但大选对于国家党的影响甚至可以说是更大，在某种程度上这种影响有可能还在发酵中，未来会继续表现出来。一方面，其领导层仍然存在相当的不确定性。国家党党魁柯林斯虽然在大选前临危扛起重担，并也曾声称即使国家党没有能够赢得大选，其也不会辞去党魁之位。但大选失败仍然给她的权威造成很大的打击，对于其领导能力的质疑乃至反对的意见仍然比较强。实际上，大选前很多评论家就认为柯林斯可能是一位过渡性党魁；因此，新西兰航空公司前总裁陆杰锋代表国家党参选后，很多人就怀疑其可能不久将来就会取代 Collins 成为国家党新党魁。另一方面，国家党许多重要成员失去议席或甚至退出论坛，领导层也进行了重组与分工。其自身也还存在其他一些突出问题，比如，其现党团中，只有一名亚裔，有数名毛利裔，难以反映和代表多元的新西兰社会。再加上，即使联合议会中有行动党、毛利党等（工党与绿党意识形态与政策主张上更相近，绿党两个联合党魁获得两个内阁外部长职位；且在 11 月初双方已经签署合作协定——虽不是联合执政协定），国家党仍然难以有效地制衡工党，因此，在未来如何发挥在野党的监督制衡之责，提出和宣传鲜明而又有吸引力的政策主张，增强自己的民众基础，避免被边缘化，也是一个挑战。因此，如何重建一支团结、有力和充满活力的队伍，如何吸引和扩展民众基础，对国家党来说，仍然是重要的挑战。

而对于绿党、行动党来说，也面临如何发挥自己的独特作用和影响、是否要对自己的政策纲领进行一定的调整以吸引更多选民等问题。而对于那些没有能够进入议会的小党来说，包括新西兰优先党，前途可能有更多的不确定性，甚至包括是否能够继续存在下去的问题。

大选就对新西兰的内政外交政策而言，在一定程度上可以预期，阿德恩的继续执政将进一步保证新西兰在此方面的政策稳定性和延续性。

大选的结果就是带来新的内阁政府。2020 年 11 月 6 日新内阁宣誓入职。阿德恩组建由工党议员组成的新内阁，主要成员包括：总理兼国家安全和情报部长阿德恩、副总理兼财政部长和基础设施部长格兰特·罗伯逊（Grant Robertson）、外交部长兼地方政府部长纳纳娅·马胡塔（Nanaia Mahuta）、贸易和出口增长部长兼农业部长达米恩·奥康纳（Damien O'Connor）、政府和毛利关系部长兼惩教部长凯尔文·戴维斯（Kelvin Davis）、住房事务部长兼能源和资源部长梅甘·伍兹（Megan Woods）、应对新冠肺炎疫情部长兼教育部长克里斯·希普金斯（Chris Hipkins）、卫生部长兼政府通信安全局和情报局主管部长安德鲁·利特尔（Andrew Little）、总检察长兼环境部长戴维·帕克（David Parker）等。[①] 新内阁组成成员与分工，相比较于前内阁，在有所调整的同时，也有延续。比如，罗伯逊、利特尔、奥康纳、希普金斯等都是上一届内阁中的重要成员，也分管与之前相似的领域。

此届内阁也呈现出与阿德恩和工党的价值观和新一届内阁面临的挑战相一致的特征。

首先这一届内阁呈现出鲜明的多元性和对弱势或少数群体的重视。比如，在 20 多名成员中，有 8 名是女性，5 名是毛利裔，3 名为太平洋岛国后裔，3 名属于 LGBT（同性恋、双性恋或跨性恋者）群体。而工党的议会党团成员构成也是这种特征，包括十年前以难民身份进入新西兰的非裔工党议员易卜拉欣·奥马尔（Ibrahim Omer）等。而且其中有些人担任重要职位。

---

① https：//www.fmprc.gov.cn/web/gjhdq_ 676201/gj_ 676203/dyz_ 681240/1206_ 681940/1206x0_ 681942/；https：//dpmc.govt.nz/our - business - units/cabinet - office/ministers - and - their - portfolios/ministerial - list.

比如这次担任副总理的格兰特·罗伯逊为一名同性恋者；而任外交部长的马胡塔是一名女性、毛利裔，其作为外交部长一上任，脸上的毛利文身就引起了世界广泛的关注与好奇。此外，阿德恩还根据与绿党的合作协议，任命马拉马·戴维森（Marama Davidson）和詹姆斯·肖（James Shaw）任内阁外部长，分别负责防范家庭与性暴力和气候变化事务。

内阁的组成也反映了应对疫情的需要和专业性。比如，应对新冠肺炎疫情部长，继续由上一届内阁中负责疫情处置的克里斯·希普金斯（Chris Hipkins）担任；并且，将希普金斯之前担任的卫生部长分配给利特尔担任，以使其能更集中精力处置疫情相关事务。而今年新晋工党议员阿伊莎·韦拉尔（Ayesha Verrall）因为其传染病医生的背景也进入内阁，任食品安全部长、老年部长和卫生部副部长等。

内阁的组建也反映出政府近期及未来一段时间的优先事项，即减少疫情对经济与社会的影响，帮助中小企业和困难人群渡过难关，并推动经济等尽快从疫情的冲击中恢复过来。比如，除了副总理格兰特·罗伯逊同时任财政部长并兼任基础设施部长以外，阿德恩还指派住房事务部长兼能源和资源部长的梅甘·伍兹与总检察长兼环境部长戴维·帕克兼任财政部副部长，以期对疫情时带来的经济挑战和复兴需要做出更好的应对。

四　新政府未来施政方向

新西兰大选与新内阁组建，都发生于新冠肺炎疫情肆虐的情况下。新西兰的疫情控制虽然相比较而言是相当成功的，但是，疫情形势并不容放松。新西兰境内仍然有感染案例，且一段时期每日大体上都报告有零星案例，甚至不时暴发社区感染情况，并伴随较严格的疫情控制措施，疫情对整个社会与经济发展造成的冲击仍在持续中。因此，关注与应对疫情在未来一段时间内，仍将是阿德恩新一届政府的优先关注事项。

在疫情中加强边境监控、海外公民回国、边境的开放、入境旅客的隔离与管理、新冠病毒疫苗的进展与采购等议题，随着疫情的发展，都需要予以持续的关注和及时的应对。而且，这些问题也将是新西兰整个社会关注的焦点，议会中的政党间争辩、攻防也将主要集中于此。

新政府可能仍将对疫情处置持积极、坚决和快速反应的政策，以消除新西兰境内的感染与扩散为目标。除了应对疫情，阿德恩2020年11月5日在新西兰商会（Business New Zealand）的演讲中强调，政府另一大优先事项就是推动经济与社会的恢复与发展，特别是圣诞节前优先处理事项就是延续和加强对新西兰小企业等的支持。因为之前通过的对受疫情冲击很大的小企业的一些援助与支持计划，已经或即将到期，需要尽快推出后继措施。11月19日，新内阁的第一个决议就是有关支持小企业的项目。① 而从推动经济社会发展更长期政策来说，阿德恩在11月5日的演讲中提出更全面的计划。在这次演讲和11月18日的重建国家论坛的演讲中，她都有提及，该计划包括如下五大方面：（1）投资于人民；（2）创造工作机会；（3）支持小企业；（4）支持出口；（5）为未来趋势做好准备和投入。而从这些演讲内容，以及选前工党的大选政策纲领，甚至包括国家党等一些党推出的复兴政策纲领来看，基础设施的投资与建设，都占据核心和举足轻重的地位。正如阿德恩在演讲提出的，新西兰面临的“基础设施赤字估计在259亿～750亿新西兰元”。因此，阿德恩新内阁建立后就提出了加强新西兰基础设施的愿景和众多项目、计划。②

气候变化议题也在阿德恩新内阁的施政纲领和推动新西兰复兴和发展中占有特别位置。虽然新西兰不同党派与群体对于气候变化议题有不同的态度、立场与政策建议，但总体而言，新西兰社会对于气候变化、可持续发展的重视程度在世界应排在前列。其中包括新西兰议会2019年11月以绝大多数票通过的世界上首部《零碳法案》（*Zero Carbon Bill*），在某种程度上就反

① “First Cabinet Decision Supports Small Business”, 9 November 2020, https://www.beehive.govt.nz/release/first-cabinet-decision-supports-small-business.

② Jacinda Ardern, “Speech to Rebuilding Nations Symposium 2020 (Infrastructure NZ Conference Opening Session)”, 18 November 2020, https://www.beehive.govt.nz/speech/rebuilding-nations-symposium-2020-infrastructure-nz-conference-opening-session.

映了新西兰社会这种对环境与气候变化议题的重视和共识。

而强调环境与气候变化等议题也是工党及其友党绿党的一个标志性政策纲领，其在竞选中也一再宣扬相关的主张和承诺。而在阿德恩提出的恢复与振兴愿景中，提到为未来趋势做准备和投入，其中一个领域和机会是数码技术的发展与应用，另一个机会就在气候变化、减排与可持续发展方面。她提道，如果我们做出正确的选择，新西兰“气候变化方面的声望可以成为我们商品畅销的金字招牌（an economic golden ticket）”。①

2020年11月8日，阿德恩和梅甘·伍兹共同宣布将设立7000万新西兰元基金，对各行业和企业从使用煤、油等转向使用电或生物能源提供资金支持。阿德恩说，“减少工业流程热（precess heat）中的温室气体排放，对我们的气候和恢复是一种双赢的选项……这个7000万新西兰元基金将创造新的工作机会和刺激经济恢复，同时展示我们复兴中对未来的承诺。”② 12月2日，阿德恩宣布“气候紧急事态（climate emergency）并启动碳中和政府计划（Carbon Neutral Government Programme），宣布到2025年实现公共部门碳中和”。③ 可以预期，新政府未来执政中，还会保持对气候变化议题的关注，并陆续推出具体的促进减排等政策。

最后，新政府面临的一个紧迫和相对棘手的议题就是新西兰快速上升的房价。在上一任政府期间，工党提出的新西兰人住房计划就以惨淡结果收场，而引来批评。疫情期间，新西兰房价以及房租都有大幅上涨，新西兰房价的中位数已经从2019年10月的605000新西兰元涨到2020年10月的725000新西兰元。④ 涨势仍没有停止的势头，购房难、住房公正问题更为突出，这已经成为新西兰社会关注的焦点，也引起多方的不满和担忧。甚至绿

① Jacida Ardern, “Small Business Support and Jobs Top Priorities”, Speech to Business New Zealand, 5 November 2020, https://www.beehive.govt.nz/sites/default/files/2020-11/Speech%20to%20Business%20NZ%20on%20Govt%20priorities.pdf.

② https://www.beehive.govt.nz/release/new-fund-launched-reduce-carbon-emissions-coal-and-gas.

③ https://www.beehive.govt.nz/release/public-sector-be-carbon-neutral-2025.

④《11月中旬绿党联合党魁James Shaw批工党放任房价上涨，拒绝征税：这激怒了我》，http://money.skykiwi.com/realestate/2020-11-13/429338.shtml。

党联合党魁詹姆斯·肖也在11月中旬批评称，他对工党放任房价上涨又拒绝征税感到愤怒。阿德恩在接受采访时似乎暗示，是因为公众不愿接受工党提出的加税方案，才导致房价问题的，更是引起公众对其个人的批评和不满。面对快速上升的房价，财政部长格兰特·罗伯逊甚至致函新西兰储备银行要求其帮助降温房地产市场，从而引来政治干预央行货币政策的批评。

而在外交方面，从大的原则上看，可以预期新内阁的政策将展示出相当的延续性，其仍将追求相对独立自主的外交政策，强调联合国等国际组织、国际规范的作用，重视在气候变化、环境保护等全球议题上的参与和影响，重视本地区事务的参与和与各方的协调、合作，并推动国际贸易和投资等方面的合作，包括地区和全球贸易多边体系的建设与提升。

未来，新西兰对外交往的重点领域可能包括促进地区贸易、投资等的国际合作。新西兰的经济发展严重依赖于国际贸易，而国际贸易对于推动新西兰经济从疫情冲击中恢复和振兴，又起到非常关键作用。2020年11月中旬，新西兰签署其积极参与的《区域全面经济伙伴关系协定》（RCEP）。2019年新西兰对RCEP国家的商品出口和服务出口贸易额分别达到360亿新西兰元和120新西兰元；而RCEP预计将带来新西兰GDP 20亿新西兰元的增长。①

新西兰还是2021年APEC峰会的主办国；12月1日，新西兰在惠灵顿举行了主办年开始仪式。虽然受疫情影响，此次峰会以网络形式举行，但对于新西兰来说，仍是一场重大活动。新西兰希望利用此次机会，进一步推动地区在国际贸易和服务投资、技术创新等领域国际合作的进一步深化，拉动新西兰贸易与经济发展。

在对外政治交往方面，新西兰将会进一步寻求加强与传统地区伙伴或盟友的合作。对于大洋洲与南太区域事务，新西兰将仍然优先予以关注，预期仍将保持积极参与的态势；新内阁中有多位太平洋岛裔和毛利裔的部长，包括外长马胡塔的毛利裔背景，可能会进一步促进这种态势。对于亚太、东亚

① https：//www. beehive. govt. nz/release/new - zealand - signs - regional - comprehensive - economic - partnership.

等地区事务，其也将保持积极参与的姿态，与传统盟友或伙伴的关系将得到维护。2020 年 11 月 14 日，阿德恩参加了网络东亚峰会和纪念新加坡与东盟建立外交关系 45 周年的网络峰会。[①] 11 月 20 日又参加了 2020 年网络 APEC 峰会。[②]

2020 年 11 月 27 日，由新西兰、澳大利亚、英国、马来西亚和新加坡组成的五国防卫安排机制（FPDA）的国防部长在该机制将迎来达成 50 周年之际，发表《联合声明》，重申对该机制原则的承诺。[③]

需要注意的是，未来新西兰与拜登政府领导下的美国之间的互动与合作可能有比较明显的增加，包括在一些全球议题和地区问题上双方立场可能更趋向接近，并会加强相互的协调与支持。阿德恩的执政理念与意识形态趋向，与拜登比较接近。拜登曾于 2016 年作为副总统到访过新西兰，美国大选刚结束不久、初步结果仍然存在争议的时候，阿德恩就向拜登发去了祝贺，与拜登进行了通话，并邀请拜登再次访问新西兰。[④] 对于美澳等推动构建印太地区的安排与活动，新西兰可能也将持更积极的态度。

五 结语

2020 年新西兰大选，是在新冠肺炎疫情肆虐下举行的，新冠肺炎疫情对于选举的安排与人们的投票、各党的政党纲领和选举结果都产生了重要影响。阿德恩领导的工党在大选中取得压倒性胜利，赢得过半政党票，获得 65 个议席。而两大政党中的另一个——国家党，则在大选中遭到严重挫败；

---

① "Prime Minister Meets with Key ASEAN and East Asia Summit Partners", 14 November 2020, https：//www. beehive. govt. nz/release/prime - minister - meets - key - asean - and - east - asia - summit - partners.

② "Prime Minister to Attend APEC Leaders' Summit", 20 November 2020, https：//www. beehive. govt. nz/release/prime - minister - attend - apec - leaders' - summit.

③ https：//www. beehive. govt. nz/release/five - power - defence - arrangements - defence - ministers' - joint - statement.

④ https：//www. beehive. govt. nz/release/prime - minister's - comment - us - election.

最终只获得 33 个议席。阿德恩领导的工党联合政府就新冠肺炎疫情的成功应对和阿德恩个人魅力，以及国家党大选之年团队的动荡以及由此对竞选的影响等因素，在很大程度上促成了这样的大选结果。

大选的结果对于未来几年新西兰政局将有深刻影响。工党获得单独组阁权，而阿德恩个人在工党中的地位和对政府政策的影响将进一步得到增强。新组建内阁的成员，有许多上一届内阁的重要成员，也有新的面孔；成员之间的分工也有不同程度调整。这在一定程度上也反映出阿德恩新政府的施政会保持相当的稳定性与连续性，但也会有新的调整。新政府关注的重点议题主要是应对疫情、疫情防控常态化背景下的恢复与振兴特别是其中的基础设施建设以及气候变化等。而外交上，新西兰在继续保持相对独立、重视国际规则与国际参与的外交方针同时，与美国等西方盟友或伙伴的互动与合作可能会有所增强。

B.8
2020～2021年日本与大洋洲国家关系

郭锐　钟志成*

摘　要： 2020年，突如其来的新冠肺炎疫情引发全球性公共危机。百年变局与世纪疫情叠加，推动国际局势朝着不确定、加速流变的方向演进。基于国家战略诉求和现实利益考虑，日本持续推进“印太构想”，其与大洋洲国家关系发展呈现“以进促稳、以稳应变”的态势，双方在政治、经贸、防务安全、人文交流等领域的合作保持加速发展趋势。一方面，双赢合作符合各方利益诉求，日本旨在发展与大洋洲国家的特殊伙伴关系；另一方面，面对地缘战略局势的复杂变化，日本继续深化与澳大利亚等国家的防务合作关系，试图把大洋洲国家打造为构建“民主安全菱形”的重要支点。

关键词： 百年变局　世纪疫情　特殊伙伴关系　民主安全菱形

2020年，日本与大洋洲国家关系保持稳步发展态势，世纪疫情的冲击并未阻断其经略“印太构想”下区域秩序的战略路径。日本在确保“日本—太平洋岛国峰会”（PALM）等合作机制稳定运行的同时，进一步加强了与澳大利亚、新西兰和部分南太平洋岛国在防务安全、经贸往来、卫生防

* 郭锐，吉林大学行政学院国际政治系主任、吉林大学国家发展与安全研究院副院长兼东北亚安全研究中心主任，教授、博士生导师；钟志成，吉林大学行政学院国际政治系2020级硕士研究生。

疫等领域的合作。新形势下，日澳不断加强防务安全为主线的互补性合作，由此形成多元化的利益组合新模式。日新继续深化战略伙伴关系，防疫与经济对策是2020年双方合作的两大中心议题。太平洋岛国是日本实现“印太构想”的关键抓手，2020年日本积极强化与太平洋岛国基于战略共识的蓝色经济与海洋安全合作关系。2021年，日本与大洋洲国家关系发展保持“以进促稳、以稳应变”的上扬趋势，更趋鲜明地呈现机制化、多领域、高水准的合作特点。

一　日本与澳大利亚关系

近年来，日本与澳大利亚关系加速发展，两国以战略帮衬的互补性合作强化“特殊战略伙伴关系”的政策意愿持续升温。2020年，受疫情的影响，各国间交往频次普遍下降，但日澳却有意提升“准同盟关系”，两国在政治、经贸、安全、能源科技等领域展开全方位合作，“铁甲关系”愈发坚固。[①]

（一）特殊伙伴关系框架下增进政治互信

日澳“伙伴关系”升级为“特殊战略伙伴关系”后，作为美国盟友的日、澳逐渐由“间接同盟”转型为“准同盟”关系，双边合作不断增强。时任澳大利亚总理阿伯特称：“澳大利亚是美国的‘坚定盟友’，也是日本的‘坚定盟友’。”[②] 回顾2020年，日澳高度重视双方关系发展，在疫情下仍保持畅通的高层交流渠道，并在特殊伙伴关系框架下不断增进政治互信。2020年9月，新任日本首相菅义伟与澳大利亚总理莫里森进行其任内的首

---

① “PM Strikes Defence Agreement with Japan”, *Sydney Morning Herald*, 18 November 2020, https://www.smh.com.au/national/pm-strikes-defence-agreement-with-japan-20201118-p56fj3.html.

② Mark Kenny and Philip WenTony, “Abbott Refuses to Back Down over China Comments”, *Sydney Morning Herald*, 23 November 2020, https://www.smh.com.au/politics/federal/tony-abbott-refuses-to-back-down-over-china-comments-20131128-2ydw1.html.

次对外致电，双方就加强日澳关系及深化“特殊战略伙伴关系”达成一致意见。[①] 11 月，澳大利亚总理莫里森访日，其成为菅义伟上任后首位到访的外国元首，双方发表《日澳领导人会议联合声明》，强调“两国的特殊伙伴关系建立在共同价值观的基础上，日澳将再次决心深化合作”，并对“互惠准入协定”原则上达成一致。[②] 该协定一旦签署，将成为日本自 1960 年《驻日美军地位协定》后首个深度防卫协定，标志着日澳“准同盟”关系步入新阶段。2020 年，日澳在诸多国际和地区事务上步调高度一致，两国的战略默契和更多互动进一步增进了彼此间的互信关系。

（二）疫情冲击下双边经贸关系持续深化

新冠肺炎疫情席卷全球，对世界经济造成严重的冲击。2020 年，日澳持续深化双边经贸关系，既有提振经济发展的现实需求，也有升级双边合作的战略需要。一方面，疫情严重打击了日澳两国经济。据 IMF 预测，2020 年世界经济增长率为 -4.9%、日本为 -5.3%、澳大利亚为 -4.2%，日澳面临巨大的经济复苏压力。[③] 日澳凭借不同禀赋的资源基础，试图开展互补性经贸合作，以便尽早走出经济严冬。另一方面，日澳深厚的合作基础助推双方深化经济伙伴关系。日本是澳大利亚的第二大贸易伙伴，需要澳方稳定供应原材料和能源资源。在疫情冲击下，日澳加强经贸合作，对各自提振经济发展具有现实意义。

2020 年，新冠肺炎疫情沉重打击了全球产业链布局，日澳积极开展产业链安全合作。9 月，日澳联合印度启动建立亚洲弹性供应链倡议，以减小对华依赖、提高产业链的复原力和效率，降低全球产业链断裂风险。澳大利亚总理莫里森访日期间，双方就深化经济安全领域合作、恢复两国间跨国旅

① 吕耀东：《菅义伟致电莫里森有深意》，《环球时报》2020 年 9 月 22 日，第 15 版。

② Ministry of Foreign Affairs of Japan, *Japan-Australia Leaders' Meeting Joint Statement*, p. 1, https://www.mofa.go.jp/mofaj/files/100116180.pdf.

③ “World Economic Outlook (October 2020)”, International Monetary Fund, https://www.imf.org/external/datamapper/NGDP_RPCH@WEO/OEMDC/ADVEC/WEOWORLD.

行、开展数字经济合作、深化农业合作等议题达成一致意见，两国经贸关系发展呈现稳中有进的良好态势。

（三）小多边合作框架下双边防务升级

近年来，美国南海政策的调整，带动了日、澳、印等国家在南海问题上表露消极立场[①]，致使地区安全形势有所恶化。2020 年 10 月，第二届美日印澳四国外长会议召开，标志着搁置已久的四边安全对话（QUAD）重启。日澳在小多边安全防务合作框架下，不断调整双边防务安全关系，在合作的频次与程度上均有所升级。

一方面，日澳在小多边框架内与美印展开积极合作。在美日、美澳同盟的支撑下，自 2002 年美日澳三边对话后，三国联合军演增多，并成立“三边伙伴关系”以促进三方合作。[②] 2015 年美日澳三边高层对话后，日澳印也将海上安全合作提上议程。2020 年 10 月，美日澳在南海举行联合军演。11 月，澳大利亚重返美日印“马拉巴尔”联合军演，标志着美日澳印四国安全合作迈入更高层次阶段。

另一方面，2020 年日澳双边防务互动持续升级。10 月，日澳防长会谈就“将澳军纳入自卫队‘防护对象’”一事达成共识，双方同意加强两国防御合作。11 月，日澳首脑就“互惠准入协定”原则达成一致。该协定被认为是日澳间具有里程碑意义的防务条约。该协定若签署，将免除双方军事人员以共同训练为目的进入对方国家的审查流程，大幅精简武器装备入境手续，共同训练军种也将从海空向陆上拓展，从而实现日澳全兵种防务合作。[③]

（四）战略需要下能源科技领域合作加强

未来全球能源产业链、供应链格局发生重大变化，各种“隔离”“封

---

① 韦宗友：《美日印澳四国合作机制新动向及其影响》，《当代世界》2020 年第 12 期，第 44 ~ 51 页。

② 王晓文：《特朗普政府印太战略背景下的小多边主义——以美印日澳四国战略互动为例》，《世界经济与政治论坛》2020 年第 5 期，第 57 ~ 85 页。

③ 方晓志：《日澳欲签〈互惠准入协定〉影响几何》，《解放军报》2020 年 11 月 22 日，第 4 版。

闭”措施造成全球能源交通运输的“停摆”，严重威胁着国家能源安全，加之近年来如页岩油气开采、深水资源开发等技术的成熟，加剧了全球能源市场的不稳定性。[①] 众所周知，日本严重依赖能源进口，并致力于开发新型能源利用技术，而澳大利亚则是全球最大的天然气出口国且油气开采技术成熟。日澳在提振经济、恢复产能、确保能源安全等问题上利益一致，因而强化能源科技领域合作成为2020 年两国合作的重点。2020 年 11 月，日澳首脑在共同声明中强调，两国将密切合作，以确保安全与可靠的能源供应，其中包括来自澳方的液化天然气供应。同时，日澳将通过氢、碳的捕捉、利用与储存技术（CCUS）以及碳回收技术（CR）等领域的合作降低两国碳排放量，全力推动双方在氢能源利用领域的合作。[②]

二 日本与新西兰关系

新西兰作为大洋洲国家的重要组成部分，是日本开展大洋洲外交的核心目标国。日新建交以来，一直保持着牢固的政治关系，两国间经贸、人文、旅游等交流关系紧密。2020 年日新关系呈现强有力的发展态势，新西兰丰富的自然资源优势和重要的战略地理位置对日本来说极为关键。

（一）日新特殊伙伴关系的再确认

日新同属美国的防务盟友，两国不仅在亚太防务同盟体系中拥有紧密的合作关系，在政治上也互为“特殊战略合作伙伴”，有着密切的政治交往。2019 年以来，新西兰力推“太平洋重置”政策，旨在加强与传统合作伙伴在太平洋事务上的合作，时任日本首相安倍晋三表示期待日新加强

① 吕建中：《后疫情时代，能源安全理念亟待更新》，《中国能源报》2020 年 9 月 21 日，第 4 版。

② Ministry of Foreign Affairs of Japan, *Japan-Australia Leaders' Meeting Joint Statement*, p. 5, https://www.mofa.go.jp/mofaj/files/100116180.pdf.

太平洋合作。[①] 2020年，日新继续保持畅通的高层联络渠道，两国在年内进行1次首脑电话会谈和4次外长电话会谈。其间，日新除强调在防疫对策、医疗体制、经济关系、防务安全、气候问题等领域升级合作关系外，还5次重申了两国加强“特殊战略合作伙伴关系”的意愿，反复强调联合防控疫情与建立“自由、开放的印度洋太平洋”的重要性[②]，为未来日新强化特殊伙伴关系奠定了基调。

（二）区域发展新态势下日新经济合作的支点

2020年11月，中、日、韩、澳、新、东盟十国签署《区域全面经济伙伴关系协定》，由此全球最大的自由贸易协定正式达成，标志着亚太区域合作步入新阶段。其中，日新是《全面与进步跨太平洋伙伴关系协定》（CPTPP）的缔约方。新西兰拥有丰富的渔业和能源资源，日新在区域发展新态势下开展密切的经济合作，将是未来日本提振经济和确保产能供应的关键。2020年日新经贸交往更趋密切，日本在2020年新西兰主要出口国和地区排名中列第4位，当年新对日出口总额达23亿美元，占新西兰总出口额的6.1%。[③] 受疫情的影响，日本对健康食品的需求量增大，新西兰对日本的渔业、肉类和农产品出口额增幅较大。[④] 虽然疫情的冲击导致日新在林业、旅游业和教育产业上的往来下降，但整体来看两国间经济合作较2019年呈现更为紧密的关系态势。

（三）地区安全新形势下日新防务合作的支撑

伴随美日印澳四边安全对话机制的重启，日本通过推动小多边防务合

---

① 田京灵：《“太平洋重置”：新西兰外交活动的主轴》，《世界知识》2019年第4期，第46~47页。

② 新西兰，外务省，https：//www. mofa. go. jp/mofaj/area/nz/index. html.

③ 《2020年新西兰主要出口国和地区排名》，https：//www. pinlue. com/article/2021/03/2612/4211567258244. html。

④ “Japan：Economy Update - 30 November 2020”，New Zealand Ministry of Foreign Affairs and Trade，https：//www. mfat. govt. nz/en/trade/mfat - market - reports/market - reports - asia/japan - economy - update - 30 - november - 2020.

作，致力于构建国家战略安全利益为导向的“民主安全菱形”。新西兰以其独一无二的地理位置，成为新形势下日本推进防务安全合作的重要支撑。日本在令和二年版《防务白皮书》中指出，维持亚太地区的和平秩序是新西兰国家安全政策的目标之一①，这与日本基于“积极的和平主义”的国家安保理念一致。新西兰在《2018 年战略防御政策声明》中强调，日本是新西兰重要的亚洲防卫合作伙伴，双方具有相同的区域安全观。伴随日新联合军演的推进，两国防务合作不断深化。在地区安全新形势下，日新将继续加强防务安全合作，以实现各自的安全愿景。

三 日本与太平洋岛国关系

日本的“印太构想”是以非直接削弱大国实力的“软方式”实现区域秩序构建的软制衡战略，太平洋岛国依托地理要冲位置和丰富的战略资源成为其“印太构想”下重要的战略实施对象。② 在疫情蔓延和次地区安全秩序失衡的背景下，太平洋岛国的经济、安全等压力有所提升，这增加了其与日本加强合作以应对地区体系性风险的需求。③ 在此背景下，2020 年日本与太平洋岛国在各领域的互动合作持续升温。

（一）政治友好关系日趋紧密

作为日本海洋战略的“东翼”，日本积极调整“南太政策”，不断加强对太平洋岛国的外交攻势。④ 太平洋岛国地处太平洋和印度洋之间的关键通

---

① 『令和二年版防衛白書｜ニュージーランド』，防卫省・自卫队，https：//www. mod. go. jp/j/publication/wp/wp2020/html/n12502000. html.

② 孟晓旭：《软制衡：日本“印太战略”下的小国外交》，《日本学刊》2020 年第 6 期，第 46 ~ 80 页。

③ 刘若楠：《次地区安全秩序与小国的追随战略》，《世界经济与政治》2017 年第 11 期，第 65 ~ 88 页、第 157 ~ 158 页。

④ 陈祥：《日本的南太平洋外交战略演变与太平洋岛国峰会——从环境外交到海洋外交》，《太平洋学报》2019 年第 5 期，第 26 ~ 39 页。

道，具有重要的战略意义，是日本重要的海洋渔业和天然气资源的供应地，对日本经济和能源安全至关重要。通过八届"日本—太平洋岛国峰会"（PALM），日本与太平洋岛国间形成了稳定的政治沟通机制。日本在《对太平洋岛国政策的未来方向》中指出，将确保太平洋岛国地区的稳定与安全，加强海上安全合作，建立可持续发展基础并强化人员交流①，即"河野主义"。2019～2020年，日本与太平洋岛国共举办6次太平洋岛国合作促进会议，商讨了日本加强与太平洋多国合作的具体措施，并强调各方将努力确保2021年第九届"日本—太平洋岛国峰会"顺利举办。② 2020年12月10日，日本外相政务官中西哲在与太平洋岛国驻日大使的午餐会上称，虽然新冠肺炎疫情增加了双方外交访问的难度，但日本高度重视与太平洋岛国关系的立场未变，希望与太平洋岛国继续相互理解、加深政治友好关系。③

（二）蓝色经济合作持续深化

日本国土狭小，自20世纪60年代以来即高度重视海洋经济发展，并以进取型的海洋经济战略拓展蓝色经济空间。④ 日本对海洋经济的依赖度极高，99.8%的海外贸易量和40%的国内贸易量依靠海洋运输完成，海洋产品为日本国民提供了40%的动物蛋白。⑤ 日本历来重视与太平洋岛国的蓝色经济合作，在第八届"日本—太平洋岛国峰会"上，其提出与太平洋岛国加强经济合作并改善海洋运输网络的构想。⑥ 新冠肺炎疫情的暴发对全球渔业造成毁

---

① 对太平洋岛国政策的未来方向，外务省，https：//www. mofa. go. jp/mofaj/files/000479690. pdf.

② 『第6回太平洋島嶼国協力推進会議の開催』，外务省，https：//www. mofa. go. jp/mofaj/press/release/page23_ 003212. html。

③ 『中西外務大臣政務官と駐日大使との昼食会』，外务省，https：//www. mofa. go. jp/mofaj/a_o/ocn/page3_ 002961. html。

④ 吴崇伯、姚云贵：《日本海洋经济发展以及与中国的竞争合作》，《现代日本经济》2018年第6期，第59～68页。

⑤ 姚朋：《世界海洋经济竞争愈演愈烈》，中国社会科学网，2016年12月7日，http：//www. cssn. cn/zx/201612/t20161207_ 3304504. shtml。

⑥ 『PALM8における主な協力・支援策』，外务省，https：//www. mofa. go. jp/mofaj/files/000365755. pdf。

灭性的打击，水产品产业链和远洋捕捞饱受冲击，为此，日本出台紧急经济措施助力水产业恢复，同时将视线移至拥有丰富自然和渔业资源的南太平洋地区。新冠肺炎疫情暴发后，日本积极通过 ODA 和国际组织等渠道对太平洋岛国实施经济援助。2020 年 8 月，日本外相茂木敏充访问日本最大的天然气进口国巴布亚新几内亚，强调日本同巴布亚新几内亚在内的太平洋岛国间开展海洋水产、能源运输等蓝色经济合作的重要性。[①] 虽然日本同太平洋岛国在捕鲸、对华合作等问题上存在分歧，但彼此间深化蓝色经济合作仍是主流趋势。

（三）海洋防务合作关系升级

太平洋岛国是日本实现“印太构想”的关键抓手，其作为“民主安全菱形”中连接印度洋和太平洋的重要“底边”，强化以安全能力支援和安全体系构建为主的海洋防务合作，既切合日本的战略需要，也符合太平洋岛国的安全需求。从“仓成主义”到“河野主义”，日本对太平洋岛国的海上安保维护呈现持续强化趋势。日本通过促进区域人力资源开发、援助安保设备等方式，不断强化太平洋岛国的海洋安保能力，同时维持和增强日本自卫队在南太平洋地区的防务存在与行动能力，以实现所谓的区域“稳定与安全”。[②] 2020 年，日本在“河野主义”的框架下不断升级与太平洋岛国的海洋防务合作关系，双方在众多会议和政策声明中强调在医疗防疫、气候灾害等非传统安全议题上展开深入合作的必要性。

四　日本与大洋洲国家关系展望

2020 年，日本与大洋洲国家关系发展呈现多领域“稳而有进”的特点，

---

① 『ナショナル紙及びポスト・クリエ紙（パプアニューギニア）への茂木外務大臣寄稿』，外务省，https：//www. mofa. go. jp/mofaj/a_ o/ocn/pg/page3_ 002869. html.

② 『今後の対太平洋島嶼国政策に関する方向性』，外务省，https：//www. mofa. go. jp/mofaj/files/000479690. pdf.

这是百年变局下的国际局势、风险激增的区域环境与新冠肺炎疫情影响下多元化的国家利益需求共同作用的结果。防控疫情与提振经济是日本和大洋洲国家的当务之急，内生需求与外界环境的变化是增进双方在各领域深化合作的意愿动力所在。未来日本与大洋洲国家关系将继续保持良性发展态势。

（一）政治外交方面

2021 年，日本与大洋洲国家在政治外交方面将延续近年来高调高频次的态势，巩固特殊关系、加强政治互信是双方政治外交关系发展的“主旋律”。一是畅通对话机制，深化战略共识。“日本—太平洋岛国峰会”是日本与大洋洲国家间最重要的首脑级政治对话机制，近 10 年来，日本以该峰会和日澳、日新的机制性会谈为切入点，逐步渗透“积极的和平主义”与“印太构想”①，其对太平洋岛国的外交战略由环境外交转向海洋外交。毫无疑问，大洋洲国家在联合国所拥有的 12 个投票权，对日本“入常”极为关键。2020 年以来，日本共举办 4 次合作促进会议，以确保 2021 年第九届“日本—太平洋岛国峰会”如期举行。未来日本将继续在机制化合作框架下同大洋洲国家深化战略共识，打造彼此乐于接受的区域秩序，为实现政治大国目标寻求支撑。二是借力多边外交，扩大政治影响。大洋洲国家是日本“印太构想”向南延伸的关键通道，其被视为美国的“内湖”和澳大利亚的“后院”，是百年变局中三方利益交错的战略要地。伴随拜登政府上台后美国重回多边主义路线的意愿愈发清晰，借助与美澳特殊关系扩大在大洋洲的政治外交影响力成为日本的必选之策。以中国为代表的新兴国家在南太平洋的影响力不断扩大，澳方认为其在区域内的战略空间被挤压，因此急于靠近美、日等传统伙伴国家，以强化自身的区域主导地位。未来日本将更加积极地与美、澳、新展开多边外交合作，这对其寻求区域战略优势大有裨益。

① 陈祥：《日本的南太平洋外交战略演变与太平洋岛国峰会——从环境外交到海洋外交》，《太平洋学报》2019 年第 5 期，第 26 ~ 39 页。

（二）经济合作方面

其一，升级援助体系，夯实合作基础。日本对大洋洲国家政策包括援助、贸易、投资、安全四个方面，但南太平洋地区不佳的合作环境是日本与大洋洲国家开展各领域合作的限制因素。[①] 由此，援助体系建设成为日本与大洋洲国家合作的主要内容，其具体政策和领域由双方在“日本—太平洋岛国峰会”上谈判确认。比如：2018 年第八届“日本—太平洋岛国峰会”上，双方确定了在气候变化、可再生资源、防灾能力、医疗教育等领域的合作方向。[②] 2020 年疫情严重冲击了日本同大洋洲国家的经济合作与人员往来，尤其是沉重打击了双方在渔业等关键产业的合作。因此，未来继续升级援助体系建设将成为日本同大洋洲国家合作的重点方向，其将增加对大洋洲国家的资金和技术援助，从而有效缓解疫情冲击，进一步夯实双方合作基础。

其二，加强渔业贸易，稳定水产供应。大洋洲国家既是日本重要的水产资源供应方，也是日本海鲜加工类产品的重要市场，水产贸易是双方经济合作的重点领域。受疫情影响，2020 年全球工业化鱼类捕捞活动下降约10%[③]，且受食品服务产业低迷的次生冲击，日本渔业市场饱受打击，急于寻求新的稳定供应源。随着南太平洋地区远洋渔业捕捞量的逐步恢复，日本与大洋洲国家间渔业贸易合作前景趋于乐观。

其三，升级能源合作，确保能源安全。菅义伟首相表示，日本将致力于在 2050 年成为“碳中和社会”，这意味着未来日本对天然气等清洁能源的需求量将显著增加。2011 年“福岛核事故”后，日本核能占比逐步下降，

---

① 田士涛：《中日两国对南太平洋岛国外交政策研究》，兰州大学硕士学位论文，2017，第 19 页。

② 『PALM8における主な協力・支援策』，外务省，https：//www. mofa. go. jp/mofaj/files/000365755. pdf.

③ Tyler Clavelle，“Global Fisheries during COVID－19”，*Global Fishing Watch*，12 May 2020，https：//globalfishingwatch. org/data－blog/global－fisheries－during－COVID－19/.

目前其 90% 以上的能源供应依赖海外进口。[①] 新冠肺炎疫情暴发后，原油需求下降、油轮运费增加、中东炼油厂关停等形成恶性循环，日本能源安全的脆弱性凸显。未来，基于新能源开发与安全因素的考虑，日本将加强与大洋洲国家的能源合作，尤其是同新西兰深化氢能与地热能的开发合作、同巴布亚新几内亚的天然气开发合作等成为优先方向。

（三）安全防务方面

其一，海洋防务合作持续加强。2020 年，在日澳的推动下，两国安全防务合作得到强化。虽然日澳在“互惠准入协定”涉及的部分司法细节上未达成一致，但两国意欲建立“准军事同盟”的决心昭然若揭。日澳的接近有利于日本融入南太平洋防务体系，其与大洋洲国家的海上防务合作将在日澳“准同盟”框架下得到加强。与此同时，日本一直渴望通过安全合作等关键领域加入而非作为第三方参与“五眼联盟”，“五眼联盟”也有意将联盟框架升级为“5 + 1”模式。[②] 2020 年 6 月，“五眼联盟”国防部长视频会议强调了寻找“印太帮手”的必要性。澳、新同为“五眼联盟”成员，未来日本与大洋洲国家加强情报信息合作将成为构建“民主安全菱形”的新基础。

其二，安全能力建设逐步升级。“印太构想”强调政策对象国的安全能力建设对区域安全环境稳定的积极意义。日本致力于通过增强安全器械支援、专业人员训练、派遣常驻专家、提供人道救援等手段，提升印太区域国家的安全意识与能力。[③] 2018 年，日本在《对特定国家的发展合作政策》

① “Japan: Economy Update - 30 October 2020”, New Zealand Ministry of Foreign Affairs and Trade, https://www.mfat.govt.nz/en/trade/mfat-market-reports/market-reports-asia/japan-economy-update-30-october-2020/.

② 孟晓旭：《“五眼联盟”的扩容与日本的积极迎合》，《世界知识》2020 年第 17 期，第 30 ~ 31 页。

③ 『自由で開かれたインド太平洋に向けて』，外务省，https://www.mofa.go.jp/mofaj/files/000407642.pdf.

中强调，其将提升对有关国家海上安保能力建设的支持。[①] 2020 年，日本计划对基里巴斯投入 2.5 亿日元，帮助其购买医疗器材；计划对巴布亚新几内亚购买海上搜救艇和无线通信系统提供经济支持，并投入 9 亿日元帮助其防控疫情。[②] 步入 2021 年，日本加强对大洋洲国家非传统安全能力建设的支持，将成为一种新常态。

其三，区域秩序理念温和深化。对大洋洲国家来说，淡化大国对抗的紧张关系、开展经济合作为主的实用主义外交，是其在百年变局的大国竞争时代最大化自身利益的最佳选择。[③] 日本的“印太构想”迎合了大洋洲国家立足于经济发展和国家安全的战略需要，宣扬“自由”“开放”等理念，吸引上述国家以“印太构想”为契机，与日本共同构建基于战略利益一致的区域秩序。日本积极回应美日印澳四边安全对话的重启、加强与澳双边防务合作，均体现了日本推进“印太构想”、巩固“民主安全菱形”的迫切意愿。2021 年，日本将继续以“温和化”手段对大洋洲国家“推销”其区域秩序理念，打造所谓的“理想的区域安全秩序”。

（四）社会人文方面

开展社会人文交流是日本强化国家软实力的重要途径。受制于自身“资源短板”和战后“政治侏儒”的掣肘，日本经济社会发展依赖于海外资源、市场和劳动力要素，加强与国际社会联系成为其摆脱外部依附性的必要手段。[④] 日本与大洋洲国家交往的时间跨度长、涉及范围广，双方有着深厚的民间交流基础。增进社会人文交流，既有助于日本与大洋洲国家关系可持续发展、提升大洋洲国家对日本的政治认同，也有助于日本“推销”其区

---

① 国別開発協力方針，外务省，https：//www. mofa. go. jp/mofaj/gaiko/oda/files/000072609. pdf.

② 『日本のODAプロジェクト』，外务省，https：//www. mofa. go. jp/mofaj/gaiko/oda/data/gaiyou/odaproject/pacific/png/contents_ 01. html#0202.

③ 孟晓旭：《软制衡：日本“印太战略”下的小国外交》，《日本学刊》2020 年第 6 期，第 46 ~ 80 页。

④ 莫艳：《日本公共外交与国家软实力构建的启示》，《产业与科技论坛》2020 年第 16 期，第 85 ~ 87 页。

域秩序理念。未来，日本与大洋洲国家的社会人文交流将呈现新的增长态势。

虽然新冠肺炎疫情阻断了人员往来，但在政策层面上，日本高度重视与大洋洲国家开展面向未来的“人与人的关系发展”。针对大洋洲国家的文件《2020 年增强对日本理解的交流计划》（JENESYS 2020）中指出，日本将通过政府推广并募集资金、国际组织执行政策并管理资金、具体组织实施计划的方式，邀请大洋洲国家的优秀人才实地了解日本的国情百态，“发掘”亲近日本、喜爱日本的知识人才，扩大日本的外交基础。① 日本在 2020 年度的 ODA 报告和“日本—太平洋岛国峰会”声明中，均强调了“激活人员交流与往来”的重要意义。2021 年，人员往来的升级换代成为助力日本与大洋洲国家关系发展的新亮点。

五　结语

2020 年，百年变局伴随世纪疫情不断冲击着既有的国际秩序，日本采取“以进促稳、以稳应变”的策略，与大洋洲国家在各领域展开积极主动合作，双方关系发展持续深化。尤其是在防务安全领域，日本与大洋洲主要国家实现突破性进展，“民主安全菱形”伴随日澳、美印两条“对角线”的连接，呈现更加稳固的“多三角形”格局。伴随拜登总统上台，美国南太平洋政策基调将回归多边主义路线，这为未来一个时期日本与大洋洲国家关系发展提供了利好条件。不过，美国重回合作路线不意味着大国竞争走向缓和，未来太平洋区域地缘格局的变化及其对日本和大洋洲国家的多种影响，左右着相关国家的战略抉择。无法否认的是，继续维持并发展高度互补的合作关系是日本与大洋洲国家在百年变局浪潮中稳而不倒的重要支撑，2021 年双方关系将在多领域继续上扬发展。

① 『JENESYS 2020』，外务省，https：//www. mofa. go. jp/mofaj/files/100027809. pdf.

B.9
澳大利亚与印度的水安全合作

刘舒琪*

摘　要：澳大利亚与印度水安全合作是双边全面战略伙伴关系的重要内容。在《印度经济战略2035》及《印度共和国和澳大利亚关于全面战略伙伴关系的联合声明》的指导下，澳印水安全合作取得了一定的成果，如建立专门水安全研究中心、加强双边水资源科技合作和促进两国水安全合作的交流。但是，两国水安全合作意识处于萌芽阶段、水安全常常让位于经济发展的需求以及受国内政治和利益集团的影响，延滞了两国水资源合作的进程。两国唯有解决问题、推动合作，才能在水资源安全上取得双赢。

关键词：澳印合作　水安全　非传统安全

21世纪以来，非传统安全对国家安全的影响日益重要，恐怖主义、能源问题、环境问题以及水资源问题等对一国乃至世界各国间的交往都发挥着不容低估的作用。国家安全的研究不仅涉及政治、军事和外交等领域，而且与经济、生态环境、网络信息、恐怖主义、疾病蔓延、恐怖主义等息息相关。[①] 澳印在《印度经济战略2035》及《印度共和国和澳大利亚关于全面战略伙伴关系的联合声明》（以下简称《联合声明》）中都明确表示双方在水安全和可持续性有关的问题上具有共同利益，并于2020年11月6日建立

* 刘舒琪，华东师范大学国际关系与地区发展研究院博士研究生，主要研究方向为澳印关系。

① Brahma Chellaney, "Asia's Worsening Water Crisis", *Survival*, Vol. 54, No. 2, 2012, p. 143.

了新的澳大利亚—印度水中心。本报告分析了澳印水安全合作的现状及前景，关注两国水安全合作的机会与挑战。

一　澳印水安全合作的必要性

澳大利亚与印度同为印度洋重要国家，有着漫长的海岸线，面临着各种非传统安全威胁，例如，恐怖主义、跨国犯罪、灾害管理、非法捕捞、海上与航空安全以及水资源污染等。由于传统安全威胁与非传统安全威胁可以互相转化的特性，澳印联合应对非传统安全威胁成为其共同面临的课题，将两国利益联结在一起。

根据世界资源研究所的资料，印度是世界上用水量排名第十三位的国家。它非常依赖地下水，将其广泛用于农业领域，但在干旱或需水量增加的情况下，该国的水量无法保证其未来发展。根据 WaterAid 的一份报告，印度已为其 13 亿人口（93%）提供基本的供水，7% 的印度人（约 9100 万人）缺乏当地社区提供清洁水的基本基础设施。无法获得清洁用水的这些人特别容易感染新冠肺炎和其他疾病，同时，由于手动泵的腐蚀，水中的含铁量超标。印度国家转型委员会（NITI Aayog）表示，印度每年有 20 万人死于供水不足和不合格的水资源供给。除此之外，由于水资源不足，印度不得不面对一系列相关的问题：粮食不安全问题、高温热浪脆弱性以及取水的区域冲突等。[①]

2019 年，印度发生水危机，印度第六大城市钦奈经历了极端干旱。由于缺乏足够的水基础设施和对现有基础设施的维护不善，钦奈处于长期缺水状态。无法获得当地水供应的居民使用卡车从附近地区来取水，但有些地区每三周至四周才收到一次。[②] 有限的供水和卫生设施对印度社会的影

① "On the Frontline: The State of the World's Water 2020", https://washmatters.wateraid.org/sites/g/files/jkxoof256/files/-on-the-frontline---the-state-of-the-worlds-water-2020_0.pdf.

② Lara Bradbury, "Limited Access to Water and Sanitation in India Makes COVID-19 Containment More Difficult", 25 March 2020, https://www.futuredirections.org.au/publication/limited-access-to-water-and-sanitation-in-india-makes-covid-19-containment-more-difficult/.

响巨大。疾病和死亡的七大原因中有三种与不良的卫生和卫生习惯直接相关。当全世界与新冠肺炎疫情大流行作斗争时，缺乏水和适当卫生设施的人特别容易感染新冠病毒和其他疾病，水安全成为印度公共卫生的紧急事项。

澳大利亚是一个水资源相对缺乏的国家，全境年平均降水只有470mm。澳大利亚的水资源受到气候变化的影响显著，曾导致严重的干旱和洪水。在过去几十年中，主要的降水地区澳大利亚东南部和西澳大利亚的西南地区经历了明显的寒冷季节干旱，对西澳大利亚的小麦带和墨里—达令盆地等农业中心地带造成了不可逆的后果。长期干旱不仅导致土壤湿度下降，而且给城市供水带来严重压力，澳大利亚需要新的供水来源和水管理框架。水资源已经成为全球关注的“热点”之一，潜在的变化可能导致全球粮食贸易中断等问题。贫乏的水资源迫使澳大利亚人必须充分利用好每一滴水，这体现在限制水的使用以及改变人们的用水方式上。此外，澳大利亚的水质保护重点是防止蓝藻爆发和污水入河，阻止蓝藻生长的有效办法是减少有机物进入水体。为此，沿河岸修筑了拦截板，防止落叶、枯草被卷入水中。同时，澳大利亚严格禁止未经处置的污水排入河道，处理成效优秀的州和领地将在供水方面获得优惠。①

二　澳印水资源安全合作现状

2018 年 7 月，澳大利亚政府出台了《政府对印度经济战略 2035 的应对》，提及人口增长、水污染及分配不均加剧了印度水储备的枯竭。印度许多大城市每天面临严重的缺水问题。澳大利亚政府将资助印度建立水敏感城市合作中心，促进两国之间的知识共享。② 2020 年 6 月 4 日，澳印建立全面

① 李广：《澳大利亚供水状况》，2014 年 5 月 30 日，http：//www. waterseasy. cn/NewsDetail? kid = 1851。

② “Government Response to an India Economic Strategy to 2035”，https：//www. dfat. gov. au/about – us/publications/Pages/government – response – india – economic – strategy.

战略伙伴关系，在《联合声明》中，两国一致认为，水安全对两国都是一个严峻的挑战，因此，双方决定通过《关于水资源管理领域合作的谅解备忘录》（以下简称《谅解备忘录》），就共同商定的活动加深政策和技术合作，以改善水管理，实现经济的可持续发展。①

（一）建立专门水安全研究中心

2020 年 11 月 6 日，澳大利亚西悉尼大学和印度理工学院古瓦哈提分校成立了澳大利亚—印度水中心，该中心的宗旨是扩大澳大利亚和印度的水领域交流，并在研究和教育方面的长期合作中发挥协同作用。② 双方拟开展水研究方面的合作，设立在水研究方面的联合硕士课程，增加两国学生和工作人员交流，举办相关的研究会议，并向政府机构和其他参与者提供关于水领域知识的短期培训。为期五年的《谅解备忘录》重点置于发展水研究、澳印水问题解决能力建设以及两国知识和技术转让方面的长期合作，特别是侧重于水和粮食安全、饮用水供应、河流健康、水—能源—食品之间的联系、宜居城市的用水以及其他澳大利亚和印度互惠互利的领域。印度理工学院古瓦哈提分校 T. G. 西塔兰（T. G. Sitharam）教授表示："水在未来可能扮演重要的经济和战略角色。治理水环境污染，解决经济高速发展与生态环境保护及资源短缺的矛盾，是澳大利亚环境安全的需求及亟须解决的重大问题。"③

---

① "Joint Statement on a Comprehensive Strategic Partnership between Republic of India and Australia", 4 June 2020, https://mea.gov.in/bilateral-documents.htm?dtl/32729/joint+statement+on+a+comprehensive+strategic+partnership+between+republic+of+india+and+australia.

② David Thompson, "Launch of the Australia India Water Centre Celebrates Collaborative Approach to Water Security", 6 November 2020, https://www.westernsydney.edu.au/newscentre/news_centre/more_news_stories/launch_australia_india_water_centre.

③ Bikash Singh, "Australia-India Water Centre Inaugurated Virtually", 10 November 2020, https://economictimes.indiatimes.com/news/politics-and-nation/australia-india-water-centre-inaugurated-virtually/articleshow/79134329.cms.

（二）加强双边水资源科技合作

2020 年 12 月 16 日，在新德里举行的第四届世界水首脑会议上，澳大利亚政府宣布捐款 1000 万澳元，以支持澳大利亚和印度在城市水安全方面的合作。澳大利亚提供的资金将支持交换最新的工具和技术，以保护印度发展最快的城市的水供应，并将专注于废水处理、循环利用和对水敏感的城市设计。该计划将把澳大利亚在水和城市设计方面的专业知识与印度的相应机构和研究所（称为“孪生安排”）结合起来，以应对与向城市提供水和卫生设施有关的日益严峻的挑战。这将为澳大利亚的私营部门创造机会，以开发和实施世界领先的水管理系统。①

（三）促进两国水安全合作的交流

澳大利亚对干旱管理拥有丰富的经验，从 1997 年至 2009 年，澳大利亚经历了历史上最严重的干旱情况。2000 年，四分钟淋浴定时器是澳大利亚浴室的标准配置。其后，澳大利亚政府出台的控制用水政策使家庭用水几乎减少了一半，这对印度蓄水管理具有借鉴意义。在印度，当地农民监测地下水位以达到有效利用水灌溉农作物对澳大利亚水管理能力建设同样具有参考价值。西悉尼大学巴桑特·玛赫什瓦利（Basant Maheshwari）教授强调：“两国应将重点放在对人的关注上，而不仅仅是对科学的关注。澳大利亚和印度双方都必须以互补的方式作出贡献并相互学习，以使水安全合作计划取得成功。”②除此之外，澳大利亚与印度还在集成城市水管理、沿海水库、温泉水补给等方面多次进行实地调研，召开研讨会，以期对政府政策制定提供指导意义。③

---

① Marise Payne，“Australia-India Water Security Initiative Launched”，16 December 2020，https：//www. foreignminister. gov. au/minister/marise – payne/media – release/australia – india – water – security – initiative – launched.

② Tanaya Joshi，“Our Shared Liquid Legacy：The New Australia India Water Centre”，17 March 2021，https：//saaricollective. com. au/business/blog/our – shared – liquid – legacy – the – new – australia – india – water – centre/.

③ AIWC，http：//iitg. ac. in/aiwc/.

三　澳印水资源安全合作前景

澳印两国作为印度洋地区的重要国家，在非传统安全领域具有广泛的共同利益和合作空间。虽然在海洋安全等其他领域存在着竞争关系，但非传统安全合作正日益成为两国关系的主要基调。从双方国家安全利益的角度出发，澳印具有较强的相互依赖性，两国在面临非传统安全的共同威胁时，具有共同的合作基础。同样，澳印开展水资源合作，与解决传统安全威胁不同，并不以国家意识形态为前提要件，也不以结盟或军事手段等方式制约他国。在应对水资源安全这类非传统安全威胁之时，传统的零和博弈思维模式显然不合时宜，两国可以共同维护国家利益，拓宽双边对话的途径，寻求解决问题之道，消除非传统安全威胁，实现双边合作的利益最大化。

首先，两国同处印度洋地区，具有较强的地缘政治关联。澳印合作应对水安全威胁，不仅可以加强两国之间的睦邻友好关系，而且有利于维护双方的国内安全与稳定，并且促进广泛的印度洋区域的稳定。其次，澳印加强水资源领域的合作有利于营造互信互利的国家安全环境，减轻双方在解决非传统安全问题方面的压力。澳印都是所在地区重要国家，拥有较强的实力地位，双方在彼此合作、互不威胁的前提下，勠力合作是两国的共同利益所在。水资源安全对澳印两国尤为重要，双边水安全合作机制的建立对两国而言是互利共赢之举。再者，澳印在水资源领域加强合作有利于削减各自不必要的开支，使两国将更多的财政资金投入本国国民经济的发展中去。在新冠肺炎疫情的冲击下，提高经济增长率、发展国内经济对澳印而言至关重要。最后，澳印合作解决水危机有利于维护各自国内的稳定和发展，农业发展及对水资源的需求是两国面临的共同课题。

尽管澳印在水资源合作领域具有共同利益，但两国水安全合作仍存在一定的阻碍因素。一是两国合作意识淡薄，双边交流仍处于起步阶段。相较于矿业合作、能源合作等领域，水安全合作是一门新兴的课题。由于双边合作认同感缺失，大多数水资源合作项目还只停留在召开论坛、发表宣言、签订双边协议以及民间交往等软制度层面，这势必影响水安全合作的效果。二是水环境变化常常让位于经济发展的需求，延滞双边水安全合作进程。例如，印度优先发展信息产业，没有多余的财政预算在各邦建立储水基础设施，导致无法缓解许多地方严重缺水的现状，更无法应对突如其来的自然灾害。三是澳印水资源安全合作受各自国内政治和利益集团的左右，双边水安全合作具有不稳定性。

四 结语

水是生命必不可少的有限资源，它决定着人们的生产和生活方式。水既有利于保障充足的食物来源，又是维持健康的生态系统的关键。澳印在水安全领域都面临着程度不同的危机，两国水资源合作具有共通性。目前，澳印水安全合作处于起步阶段，新建立了专门的水安全研究中心，积极推动双边水资源科技合作和1.5轨对话。但两国水安全合作既面临着有利条件，又存在一定的困难因素。双边水资源安全合作的顺利推进根本在于解决两国存在的阻碍利益趋同的因素，发展有利于战略融合的一面，尤其是要借助澳印关系全面发展的良好时机，把握双边非传统安全合作的有利局势，破除双边关系中的成见，进一步丰富两国水安全合作的内涵。

一方面，澳大利亚与印度在开展水资源合作时应着眼于两国的共同利益，摒弃分歧，增强信任，全面考虑双方的自然状况、人口情况、历史条件及发展水平等多种因素，最大限度地照顾双方的利益，平等互利地解决合作中面临的问题。同时，为促进两国水资源合作的正常运转，澳印应培育共同的水资源责任意识，建立公平的水合作环境，遵守已经签署的协议及备忘录等文件，承担各自应负的水安全责任。另一方面，澳印应妥善处理国内的利益冲突，建立连贯且符合实际的水资源合作机制。管理水资源需要考虑生态与经济发展的平衡，而这将受到利益集团、地方政府、公众舆论等的牵制。澳印可以提高水资源政策的透明度，使公众充分了解每项政策背后的逻辑及依据，建立监督平台，畅通官民沟通的渠道。

B.10 大洋洲国家对外经贸合作进展及展望

贾中正　徐秀军 *

摘　要： 受新冠肺炎疫情蔓延、国际经贸摩擦持续以及中澳关系紧张等多重因素叠加影响，大洋洲国家对外贸易整体下滑，但主要大洋洲国家与中国的贸易相对稳定；吸引外商直接投资和对外直接投资均大幅下降。澳大利亚与新西兰签署《区域全面经济伙伴关系协定》、新西兰与中国签署升级版自由贸易协定等，是主要大洋洲国家推动对外经贸合作和区域经济一体化的亮点。展望未来，新冠肺炎疫情的发展态势与防控成效、美国经济形势与政策以及大洋洲国家与中国的关系等，都将对大洋洲国家对外经贸合作产生重要影响。

关键词： 大洋洲国家　国际贸易　国际投资　区域一体化

2019年，大洋洲国家对外经贸合作总体稳定。但进入2020年，受各种因素影响，太平洋洲国家对外经贸合作均遭受不同程度的影响和冲击。2020年，突如其来的新冠肺炎疫情使全球经济遭受重创，国际贸易和国际投资大幅萎缩。2021年1月，联合国贸易和发展会议（UNCTAD）发布的《2020

---

* 贾中正，经济学博士，中国社会科学院世界经济与政治研究所助理研究员；徐秀军，中国社会科学院世界经济与政治研究所研究员，中国社会科学院澳大利亚、新西兰与南太平洋研究中心特约研究员。

年国际贸易的主要统计数据和趋势》显示，2020 年全球贸易额较上年下降 8%，其中第二季度同比下降约 21%；[①] 同月，UNCTAD 发布的《投资趋势监测报告》显示，2020 年全球外商直接投资（FDI）总额约为 8590 亿美元，较 2019 年下降 42%，投资额创 2005 年以来最低水平。[②] 在此背景下，大洋洲国家对外经贸合作障碍和压力大大增加。

一　对外贸易

（一）贸易增长下行压力急剧增加

2020 年，受新冠肺炎疫情的冲击，大洋洲国家的货物进出口额出现下滑。根据国际货币基金组织（IMF）发布的统计数据，2020 年 1～10 月大洋洲国家（不含澳大利亚和新西兰）的进出口总额约为 255.02 亿美元，下滑 4.86%。其中，货物出口额约为 77.85 亿美元，下滑 5.76%；货物进口额约为 177.17 亿美元，下滑 4.46%（见表 1）。

表 1　2018 年至 2020 年 1～10 月太平洋岛国货物进出口额

单位：百万美元

	出口			进口			进出口		
	2018 年	2019 年	2020 年	2018 年	2019 年	2020 年	2018 年	2019 年	2020 年
巴布亚新几内亚	7300.41	7133.87	5665.36	5388.06	5352.97	3639.58	12688.46	12486.84	9304.94
斐济	861.50	850.98	656.85	2786.33	2804.32	1464.61	3647.83	3655.31	2121.46
基里巴斯	24.65	43.62	110.44	107.71	93.10	102.93	132.36	136.71	213.37
马绍尔群岛	626.40	840.15	550.66	13666.09	12282.89	10961.57	14292.49	13123.04	11512.23

① UNCTAD, "Key Statistics and Trends in International Trade 2020: Trade Trends under the COVID - 19 Pandemic", 18 January 2021.

② UNCTAD, *Investment Trends Monitor*, No. 38, 24 January 2021.

续表

	出口			进口			进出口		
	2018 年	2019 年	2020 年	2018 年	2019 年	2020 年	2018 年	2019 年	2020 年
密克罗尼西亚联邦	145.96	175.02	120.10	614.61	423.24	395.59	760.57	598.26	515.69
瑙鲁	35.14	60.65	105.73	99.03	52.85	35.26	134.16	113.50	140.99
帕劳	8.72	7.15	2.69	212.14	210.61	215.66	220.86	217.76	218.35
萨摩亚	40.01	43.78	27.53	364.57	392.49	256.62	404.58	436.27	284.15
所罗门群岛	562.76	441.99	313.55	577.31	525.18	344.68	1140.07	967.17	658.23
汤加	129.17	321.67	195.25	227.54	228.61	94.40	356.71	550.27	289.64
图瓦卢	10.08	3.08	1.28	45.01	46.13	27.69	55.08	49.22	28.98
瓦努阿图	61.92	46.90	35.65	250.73	222.20	178.63	312.66	269.10	214.28
合计	9806.72	9968.87	7785.10	24339.12	22634.59	17717.21	34145.85	32603.46	25502.31

注：表中包含除了澳大利亚和新西兰之外的其他 12 个大洋洲岛国数据。库克群岛和纽埃的数据不详。2020 年对应的是当年 1 ~ 10 月的贸易汇总数据。

资料来源：国际货币基金组织（IMF）贸易方向（DOT）数据库，2021 年 2 月。

2019 年，大洋洲国家的对外贸易出现小幅下滑，但除澳大利亚和新西兰外的发展中国家对外贸易额有所上升。据 UNCTAD 统计数据，2019 年大洋洲国家的对外贸易额约为 7891.73 亿美元，较上年下降约 0.2%。其中，发达国家的对外贸易额约为 7493.61 亿美元，较上年下降约 0.3%；发展中国家的对外贸易额约为 398.12 亿美元，较上年增长约 2.3%。从发展趋势来看，大洋洲国家的对外贸易额一直处于波动状态。先从 2010 年的 6388.61 亿美元升至 2012 年的 7951.88 亿美元，之后逐年下滑至 2016 年的 6393.44 亿美元，后又升至 2019 年的 7891.73 亿美元。

从出口来看，2019 年大洋洲国家的出口额约为 4179.94 亿美元，较上年增长约 3.4%。其中，发达国家的出口额约为 3978.05 亿美元，较上年增长约 3.5%；发展中国家的出口额约为 201.89 亿美元，较上年增长约 1.8%（见图 1）。从进口来看，2019 年大洋洲国家的进口额约为 3711.79 亿美元，较上年下降约 3.9%。其中，发达国家的进口额约为 3515.56 亿美元，较上年下降约 4.3%；发展中国家的进口额约为 196.23 亿美元，较上年增长约 2.8%（见图 2）。

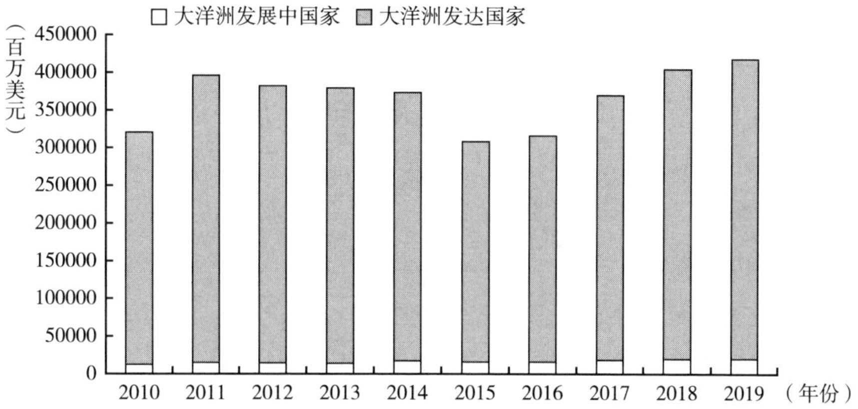

图 1　2010～2019 年大洋洲国家的出口额

资料来源：UNCTAD 数据库，2021 年 2 月。

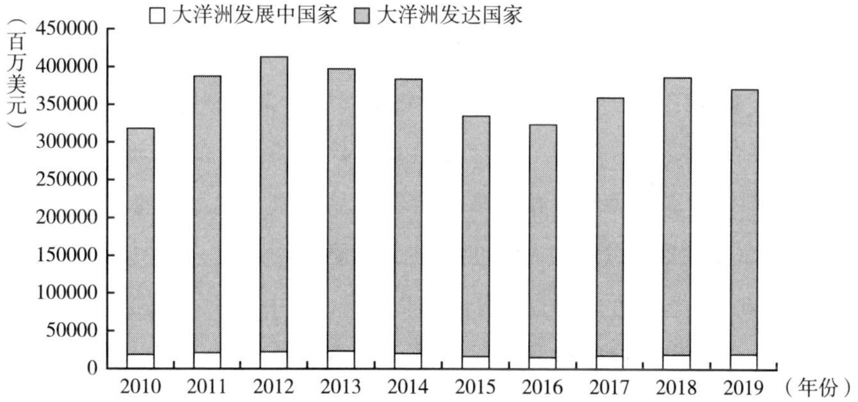

图 2　2010～2019 年大洋洲国家的进口额

资料来源：UNCTAD 数据库，2021 年 2 月。

进入 2020 年，大洋洲国家对外贸易额显著下滑。受新冠肺炎疫情的冲击以及与最大贸易伙伴中国的关系恶化等因素叠加影响，澳大利亚的对外贸易额出现明显下滑。据 2021 年 1 月 7 日澳大利亚统计局发布的统计数据，2020 年 1～11 月澳大利亚经季节调整后的对外贸易总额为 6083.38 亿澳元，较上年同期下降约 7.1%。其中，出口额为 3307.58 亿澳元，较上年同期下降约 8.2%；进口额为 2775.80 亿澳元，较上年同期下降约

5.7%。澳大利亚的贸易顺差为531.78亿澳元。[①] 其中，货物贸易受到的冲击要小于服务贸易。据2021年1月25日澳大利亚统计局发布的初步统计数据，2020年澳大利亚对外货物贸易额为6560.05亿澳元，较上年下降约6.0%。其中，出口额为3628.36亿澳元，较上年下降约7.0%；进口额为2931.69亿澳元，较上年下降约4.7%。澳大利亚的货物贸易顺差额为696.67亿澳元。[②]

新西兰对外贸易额同样总体下行，但出口表现较好。据2021年1月28日新西兰统计局发布的统计数据，2020年新西兰货物贸易总额约为1169.08亿新西兰元，较上年下降约5.9%。其中，出口额约为599.23亿新西兰元，略高于上年；进口额约为569.86亿新西兰元，较上年下降约11.5%。相较于2019年，新西兰对外贸易差额由负转正，约为29.37亿新西兰元。[③]

（二）主要国家对华贸易总体平稳

受澳大利亚国内政治因素影响，近年来澳中关系出现恶化，并对澳中经贸关系带来负面影响，但澳中经贸关系总体保持稳定。2020年，中国仍是澳大利亚第一大贸易伙伴，并且澳中货物贸易额呈小幅增长态势。据2021年1月25日澳大利亚统计局发布的初步统计数据，2020年澳中货物贸易总额约为2296.23亿澳元，较上年增长约0.9%。其中，澳大利亚自华进口额逆势上涨，但对华货物出口额有所下降。2020年澳大利亚自华货物进口额约为844.35亿澳元，较上年增长约6.5%；对华货物出口额约为1451.88亿澳元，较上年下降约2.2%。自1988年澳大利亚统计局正式记录澳中贸易数据以来，2020年澳大利亚对华出口额为仅次于2019年的第二高出口总额。同期，澳大利亚对中国货物贸易顺差约为607.53亿澳元，占澳大利亚

---

① 澳大利亚统计局，https：//www. abs. gov. au/statistics/economy/international – trade/international – trade – goods – and – services – australia/nov – 2020。

② 澳大利亚统计局，https：//www. abs. gov. au/statistics/economy/international – trade/international – merchandise – trade – preliminary – australia/dec – 2020。

③ 新西兰统计局，https：//www. stats. govt. nz/news/annual – imports – drop – sharply – in – wake – of – covid – 19。

对外货物贸易顺差的 87.2%。[①]

新西兰与中国货物贸易额则出现小幅下滑。一直以来，新西兰与中国保持着良好的贸易联系。特别是 2008 年签署生效的中新自由贸易协定，是中国与发达国家达成的第一个自由贸易协定。正是得益于这一协定，新西兰与中国双边贸易额从 2008 年的 44 亿美元增长至 2020 年的 181 亿美元，年均增速约 14%。中国也连续多年成为新西兰第一大贸易伙伴、第一大出口市场和第一大进口来源地。2020 年新冠肺炎疫情肆虐全球，国际贸易大幅萎缩，新西兰与中国的贸易也受到冲击。据中国海关总署的统计数据，2020 年，中国与新西兰双边货物贸易总额为 181.20 亿美元，较上年下降 1.0%。其中，中国对新西兰货物出口额为 60.56 亿美元，较上年增长 5.6%；中国自新西兰货物进口额为 120.64 亿美元，较上年下降 3.9%。[②]

（三）对外贸易结构较为单一

在大洋洲国家对外经贸关系中，农产品和资源类产品长期占据重要地位。不仅是对太平洋岛国等经济规模较小的经济体，对澳大利亚和新西兰等地区经济大国来说也是如此。

采矿业和制造业是澳大利亚对外出口的主力军。2020 年 10 月 21 日，澳大利亚统计局发布的统计数据显示，2018～2019 财年，受全球对澳煤炭、铁矿石和液化天然气等资源性货物持续需求影响，虽然采矿业出口企业数量占比仅 1%，但其出口额占出口总额的 61%；第二大出口产业则为制造业，占其出口总额的 22%。[③] 从澳大利亚对华出口的产品类别来看，2020 年龙虾、糖和葡萄酒等食品饮料类产品的出口出现较为明显的下降，煤炭、铜和

① 澳大利亚统计局，https：//www.abs.gov.au/statistics/economy/international-trade/international-merchandise-trade-preliminary-australia/dec-2020。

② 中国海关总署，http：//www.customs.gov.cn/customs/302249/zfxxgk/2799825/302274/302275/3511695/index.html。

③ 澳大利亚统计局，https：//www.abs.gov.au/statistics/economy/international-trade/characteristics-australian-exporters/2018-19。

原木等资源材料的出口走势呈“V”形，而铁矿石作为可替代性不高的特殊商品，对华出口量增长了7%，出口额增加了15%。从澳大利亚对华出口的时段来看，出口猛增主要发生在2020年第四季度特别是12月。据统计，2020年12月澳大利亚对华小麦出口达到60万吨，占当月小麦出口总量的1/3。[①] 其主要原因在于以下两点：一方面，澳大利亚自9月以来的发货订单积压到12月一并清关进入中国市场；另一方面，尽管小麦的可替代性和竞争性更强，但由于非洲猪瘟等因素的影响，很多厂商改用小麦替代玉米作为猪饲料原料，新冠肺炎疫情的冲击又使诸多原来的小麦出口国在2020年减少了小麦的对外出口，澳大利亚由此获得商机。同样，澳大利亚对华铁矿石出口在12月也出现大幅增长，环比增长达25%。[②] 这既得益于中国的清关速度加快，也反映出澳大利亚在全球铁矿石市场上难以替代的重要地位。牛津经济研究院和标准普尔预计，2021年澳大利亚的铁矿石和小麦出口仍将在全球范围具有竞争力优势。[③] 但是，这并不一定能弥补其他产品出口量的急剧下降带来的损失，并且极易导致澳大利亚的出口结构严重失衡，进而引发其他部门的厂商或生产者出现结构性财务危机。

新西兰出口产品结构也相对单一，主要以动植物等资源型产品为主。2020年，活动物、食品饮料、植物产品、木制品和机械器具是新西兰的前五大出口商品，分别占新西兰出口额的45.3%、12.7%、8.0%、7.6%和4.5%；机械器具、运输设备、化学产品、矿物产品和食品饮料是新西兰的前五大进口商品，分别占新西兰进口额的23.7%、13.5%、10.0%、8.9%和8.9%。[④] 从新西兰与中国的贸易商品结构来看，2020年，活动物、机械

① 澳大利亚统计局，https://www.abs.gov.au/statistics/economy/international-trade/international-merchandise-trade-preliminary-australia/dec-2020。

② 澳大利亚统计局，https://www.abs.gov.au/statistics/economy/international-trade/international-merchandise-trade-preliminary-australia/dec-2020。

③ Oxford Economics，https://www.oxfordeconomics.com/?page_99e5c478=10.

④ 全球贸易监测（Global Trade Monitor），http://wap.sinoimex.com.cn/monitor_report/2020%E5%B9%B412%E6%9C%88%E6%96%B0%E8%A5%BF%E5%85%B0%E8%B4%A7%E7%89%A9%E8%B4%B8%E6%98%93%E5%8F%8A%E4%B8%AD%E6%96%B0%E5%8F%8C%E8%BE%B9%E8%B4%B8%E6%98%93%E6%A6%82%E5%86%B5。

器具、木制品、食品饮料和纺织原料是前五大新中贸易商品，分别占双边货物贸易额的33.2%、17.1%、9.3%、6.1%和5.9%。其中，活动物、木制品、食品饮料、植物产品和化学产品是新西兰前五大对华出口商品，分别占新西兰对华货物出口额的58.6%、15.8%、9.3%、4.7%和2.7%；机械器具、纺织原料、杂项制品、贱金属和塑料橡胶是新西兰前五大自华进口商品，分别占新西兰自中国进口额的38.8%、12.2%、10.1%、8.0%和6.6%。①

二　国际投资合作

（一）国际直接投资大幅萎缩

在吸引外商直接投资方面，大洋洲国家持续承压。2019年，大洋洲国家吸引外商直接投资出现大幅下滑。据UNCTAD统计数据，2019年大洋洲国家吸引外商直接投资额为428.0亿美元，较上年下降39.9%。其中，澳大利亚和新西兰吸引外商直接投资为415.8亿美元，较上年下降40.6%；其他国家吸引外商直接投资为12.2亿美元，较上年下降2.2%。在2019年全球吸引外商直接投资排名中，澳大利亚居第12位。2019年，澳大利亚吸引外商直接投资额（流量）为360亿美元，占GDP的比例约为2.6%；吸引外商直接投资额（存量）占GDP的比例约为51.0%。从份额来看，澳大利亚和新西兰吸引外商直接投资额约占大洋洲国家吸引外商直接投资总额的97.1%，而其他国家仅占2.9%。2010~2019年大洋洲国家吸引外商直接投资额波动较大，其中最高值是2018年的712.4亿美元，最低值是2015年的308.7亿美元（见图3）。

① 全球贸易监测（Global Trade Monitor），http://wap.sinoimex.com.cn/monitor_report/2020%E5%B9%B412%E6%9C%88%E6%96%B0%E8%A5%BF%E5%85%B0%E8%B4%A7%E7%89%A9%E8%B4%B8%E6%98%93%E5%8F%8A%E4%B8%AD%E6%96%B0%E5%8F%8C%E8%BE%B9%E8%B4%B8%E6%98%93%E6%A6%82%E5%86%B5。

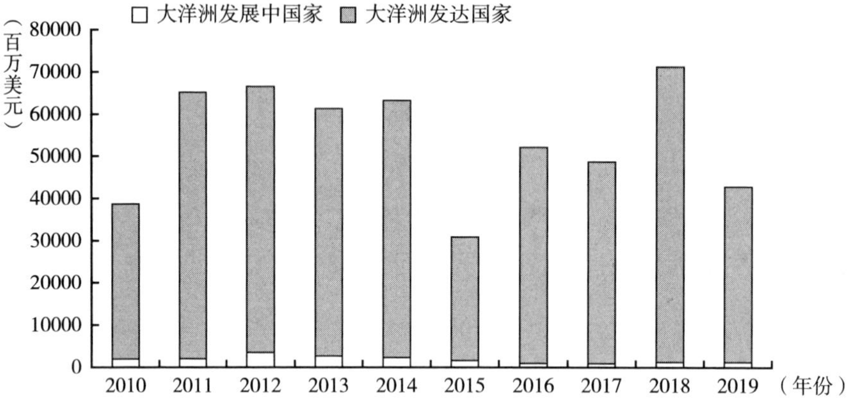

图 3　2010～2019 年大洋洲国家吸引外商直接投资（流量）

资料来源：UNCTAD 数据库，2021 年 2 月。

大洋洲国家吸引外商直接投资还将进一步下滑。这是因为：一是在新冠肺炎疫情冲击下，世界经济急剧萎缩，国际投资活动大幅收缩，大洋洲国家吸引外商直接投资不可避免地出现下滑；二是为避免疫情冲击导致本国资产被贱卖落入外国投资者手中，部分大洋洲国家出台了相关法规对外资进入加大了审查或限制。2020 年 3 月，澳大利亚外国投资审查委员会（FIRB）引入新法规，把 FIRB 强制审核的投资金额门槛降低至零，并允许期限更长的 6 个月的审核时间；6 月，澳大利亚政府宣布对国有投资者的审查扩大到民间投资者，并对电信、能源、技术和国防等敏感领域的所有投资实施国家安全测试。2020 年 5 月，新西兰财政部宣布，将根据 2019 年 11 月内阁通过的《海外投资法》修订案，推进国家利益测试，对任何导致超过 25% 所有权权益的外国投资都将暂时适用这一测试；临时审查权将每 90 天审议一次，在新冠肺炎疫情肆虐及其经济后果继续造成严重破坏的情况下为保护新西兰的基本利益，临时审查权力将一直有效。一旦临时措施取消，对最低门槛为 1 亿美元的商业交易仍将进行国家利益测试。尽管新西兰财政部解释称，这并不意味着新西兰对外资关闭大门，但不可避免地将成为其吸引外资的障碍因素。

在对外直接投资方面，大洋洲国家同样表现不佳。据 UNCTAD 统计数据，2019 年大洋洲国家对外直接投资额为 37.9 亿美元，较上年下降约

41.7%。其中，澳大利亚和新西兰对外直接投资额为52.1亿美元，较上年下降23.2%；其他国家对外直接投资额为-14.2亿美元（见图4）。从份额来看，澳大利亚和新西兰对外直接投资额约占大洋洲国家对外直接投资总额的137.5%。近十年，大洋洲国家对外直接投资额波动较大，从2010年的206.46亿美元降至2015年的-95.06亿美元，此后有所回升。

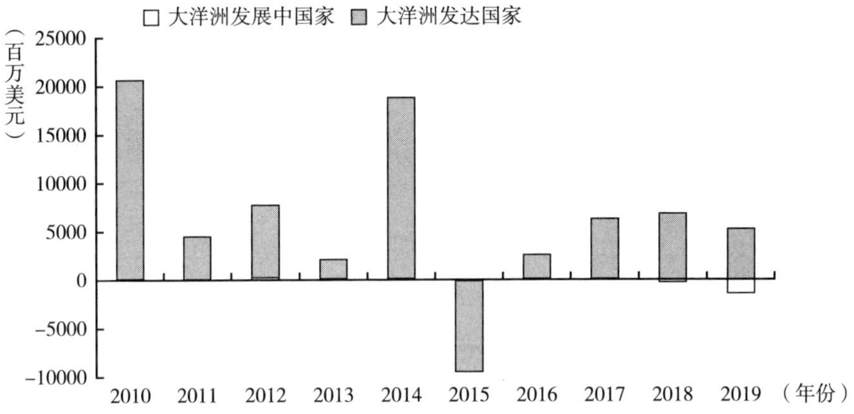

图4　2010～2019年大洋洲国家对外直接投资（流量）

资料来源：UNCTAD数据库，2021年2月。

（二）中国与大洋洲国家投资合作可圈可点

2019年中国对大洋洲投资流量小幅下降，在中国对外投资总量中所占比重较小，且投资区域较为集中，投资行业以采矿业为主。具体来看，2019年中国对大洋洲直接投资额为20.8亿美元，较上年下降6.3%，占当年中国对外直接投资额的1.5%，主要流向澳大利亚、新西兰、马绍尔群岛、瓦努阿图等国。其中，中国对澳大利亚直接投资流量20.9亿美元，较上年增长5.1%，占中国对外投资流量总额的1.5%，占对大洋洲投资流量的100.5%。中国对大洋洲地区的投资行业日趋多元，但矿业投资依然占主导地位，占比接近五成。①

① 中国商务部：《中国对外投资合作发展报告2020》，2020年12月。

尽管中国对大洋洲国家直接投资额有所下降，但中国与新西兰的投资合作呈良好发展势头。长期以来，中国与新西兰一直保持良好的经贸联系。2020年9月，新西兰统计局发布的统计数据显示，截至2020年第一季度末，中国对新西兰直接投资存量为15.9亿新西兰元，新西兰对中国直接投资1.2亿新西兰元。① 2019年8月，新西兰—中国关系促进委员会（NZ China Council）发布的《了解中国在新西兰的投资》报告显示，中国是新西兰第二大外资来源地，2017年对新西兰投资占新西兰吸引外商直接投资的7.6%。从投资地域分布来看，中国投资的52%集中在奥克兰和怀卡托区（Waikato），近25%的投资投向了新西兰南岛，较好地促进了新西兰区域平衡发展。② 从投资领域来看，中国的投资范围相当广泛，除农产品外还涉及基础设施建设、商业建筑和酒店、公用事业等领域。总体而言，中国对新西兰的投资日益呈现多元化特征，推动了新西兰初级产品和食品饮料行业以及旅游、基础设施、建筑等行业的升级和发展。随着中国和新西兰升级版自由贸易协定的签署和生效，中新双边的经贸合作水平预计将上升至更高的水平。

三　积极融入区域经济一体化进程

（一）澳大利亚与新西兰签署《区域全面经济伙伴关系协定》

历经八年谈判，东盟十国、中国、日本、韩国、澳大利亚、新西兰于2020年11月共同签署了《区域全面经济伙伴关系协定》（Regional Comprehensive Economic Partnership，RCEP）。这标志着当今世界上人口最多、经贸规模最大、最具发展潜力的自由贸易区即将建立，并将由此开启亚

① 新西兰统计局，https：//www.stats.govt.nz/information-releases/balance-of-payments-and-international-investment-position-september-2020-quarter。

② 新西兰—中国关系促进委员会（NZ China Council）：《了解中国在新西兰的投资》，2019年8月。

太区域经济一体化的新征程。RECP将助推澳新融入亚太区域经济一体化进程。尽管之前澳大利亚、新西兰等国已与东盟签署了双边自贸协定，但由于这些双边协定在优惠待遇、原产地规则等方面存在差异，极易形成“意大利面碗”效应。RCEP可有效整合这些双边自贸协定，消除“意大利面碗”现象，为澳大利亚和新西兰的企业降低制度性成本，增强贸易创造效应，进一步扩大贸易规模。协定生效后，各成员整体上相互削减约90%税目商品的关税。这将激发域内经贸增长潜力，为澳大利亚和新西兰积极参与亚太区域经济一体化创造新的机遇。

（二）新西兰与中国签署升级版自由贸易协定

2021年1月26日，中国与新西兰正式签署《中华人民共和国政府与新西兰政府关于升级〈中华人民共和国政府与新西兰政府自由贸易协定〉的议定书》。中新自由贸易协定于2008年4月签署并在同年10月1日实施。2016年11月，中新启动自由贸易协定升级谈判，并在2019年11月完成升级谈判。升级版自由贸易协定将促进中新双方进一步深化各领域务实合作，增进两国企业利益和人民福祉，不断丰富和充实中新全面战略伙伴关系的内涵。在当前全球抗击新冠肺炎疫情的关键时期，升级版自由贸易协定的签署也向国际社会发出了两国携手支持多边主义和自由贸易的积极信号。这也是中国践行多边主义、构建开放型世界经济的具体行动，是实施自由贸易区提升战略的重要举措。在规则领域，中国和新西兰均承诺在竞争政策、政府采购、电子商务、环境与贸易等领域加强合作，并就提高环境保护水平、加强环境执法、履行多边环境公约达成了超出RCEP水平的合作条款。在投资领域，新西兰将放宽对中资的审查，确认给予中资与《全面与进步跨太平洋伙伴关系协定》（CPTPP）成员同等的审查门槛待遇。在货物领域，新增部分木材和纸制品的市场开放，进一步优化原产地规则、技术性贸易壁垒、海关便利化等贸易规则。在服务贸易领域，中国在RCEP的基础上对新西兰进一步扩大航空、教育、金融、养老、客运等领域的开放，新西兰则在特色工种工作许可安排中将中国公民申请量较大的汉语教师和中文导游赴新就业的配额在原有基础上增加一倍分别提高至300名和200名。

四 未来展望

大洋洲国家独特的地理位置决定了其经济以外向型发展模式为主，外部环境的重大变化都将对其经济走势带来显著影响。展望大洋洲国家对外经贸合作前景，主要影响因素包括如下三个方面。

一是新冠肺炎疫情的发展态势以及疫苗的使用进度。新冠肺炎疫情肆虐，是百年来全球发生的最严重的传染病大流行。据世界卫生组织（WHO）实时统计数据，截至2021年1月底，全球新冠肺炎确诊病例超1亿例，死亡病例超219万例。[①] 目前，尽管基里巴斯、瑙鲁、帕劳、汤加和图瓦卢等太平洋岛国尚无感染新冠病毒的病例报告，但包括澳大利亚、新西兰、瓦努阿图等多数大洋洲国家均已出现新冠肺炎疫情病例。为了应对新冠肺炎疫情境外输入和国内蔓延，各国均采取了包括出入境限制、保持社交距离、封锁或隔离等方面的防控措施。尽管遏制疫情蔓延的疫苗已经上市，但由于数量所限短期难以实现所有人员全覆盖。WHO首席科学家苏米娅·斯瓦米纳坦警告称，2021年全球群体免疫极不可能实现，人类要结束新冠肺炎疫情大流行，仍有很长的路要走。[②] 这表明，防控新冠肺炎疫情仍是太平洋国家政策的重点内容之一，并且疫情对经济活动和国际经贸往来带来的负面影响还将持续。

二是美国经济的复苏进展及政策转向时点。作为当今世界最大的经济体和多数大洋洲国家的主要经贸合作伙伴，美国的经济复苏态势和宏观政策走向都会给大洋洲国家经济和对外经贸合作产生溢出效应。美国是世界上遭受新冠肺炎疫情冲击最为严重的国家，无论是感染病例数还

---

① 人民网，http://world.people.com.cn/gb/n1/2021/0131/c1002-32017843.html。

② 中国日报网，https://baijiahao.baidu.com/s?id=1688656579551918229&wfr=spider&for=pc。

是死亡数均居世界首位。2021 年 1 月 28 日，美国商务部公布的数据显示，受新冠肺炎疫情卷土重来以及私人消费支出不及预期等的影响，2020 年第四季度美国 GDP 同比增长为 4%，全年经济萎缩约为 3.5%，并创 1946 年以来最糟糕的经济表现。[①] 2021 年，美国经济仍在新冠肺炎疫情中挣扎，复苏动能将十分有限。为此，美联储公开市场委员会（FOMC）于 1 月 27 日发布声明，将隔夜利率维持在接近零的水平不变，同时保持每月购债规模不变，并再次承诺将保持这些支持经济复苏的举措，直到经济从新冠肺炎疫情引发的衰退中全面反弹。[②] 美国经济的复苏进度不仅对太平洋国家的国际贸易和国际投资有直接的影响，而且还会通过第三方市场产生间接影响。同时，尽管当前美国的宏观经济政策继续保持宽松状态，但若经济复苏进度超预期，宏观经济政策就会择机收紧甚至退出，这可能带动美元升值进而扰动国际汇率市场，在全球债务创纪录高企的情况下，还会进一步推升大洋洲国家的主权债务风险，从而侵蚀对外经贸合作的基础。

三是大洋洲国家与中国的关系。中国是很多大洋洲国家的重要经贸合作伙伴，对大洋洲国家对外经贸发展有重要影响。在大洋洲国家中，澳大利亚和新西兰两国与中国的关系至关重要。考虑到两国对其他大洋洲岛国的传统影响力，两国同中国关系的走向不仅影响中澳和中新双边经贸往来，还对其他大洋洲岛国与中国的经贸往来产生间接影响。澳大利亚与新西兰均是发达经济体，在安全领域都属于“五眼联盟”成员，尽管两国在军事、安全、意识形态等领域与美国关系紧密，但在地理位置和经贸往来方面却与中国存在密切联系。新西兰是第一个与中国签署涵盖货物贸易、服务贸易、投资等诸多领域自由贸易协定的发达国家，近期又与中国签署升级版自由贸易协定，体现了新西兰对中国务实双赢的外交原则。比较而言，澳大利亚紧随美国“印太战略”，利用新冠肺炎疫情对中国“污

① 美国商务部，https：//www. commerce. gov/data - and - reports/economic - indicators。

② 美联储公开市场委员会，https：//www. federalreserve. gov/newsevents/pressreleases/monetary20210127a. htm。

名化”、搞“阴谋论”，并介入南海海域争端，在意识形态领域肆意攻击中国的政治制度和道路选择等，将中澳关系拉至历史低谷。若澳大利亚政府不能放下傲慢与偏见客观地看待中国发展，在短期内中澳关系或难有转圜，这必然会影响澳大利亚乃至其他大洋洲岛国与中国的经贸合作。

B.11
新冠肺炎疫情对太平洋岛国的影响：形势与挑战

秦 升*

摘 要： 新冠肺炎疫情已经发展成为一个世纪以来最严重的全球性疫情，世界各国都受到不同程度的影响。地处太平洋西部和南部、经济发展相对落后的太平洋岛国至今没有出现新冠肺炎疫情的大规模暴发，成为全球疫情发展的“少数派”。然而，全球范围内大规模的边境封锁和隔离政策极大地打击了各国的产业链、供应链和价值链，太平洋岛国无法在世界经济恶化的大背景下独善其身，特别是其旅游业、捕捞业等主导产业的发展陷入停滞。政府一方面要加大对公共卫生部门的投入防止新冠肺炎疫情蔓延，另一方面也要在停工停产的大背景下帮助私营部门和本国人民渡过难关，太平洋岛国普遍制定了规模巨大的经济刺激计划。由于太平洋岛国多数仍是发展中国家，自身经济发展水平较低、经济韧性较差，财政开支的大幅增加对政府债务的可持续性构成威胁。

关键词： 太平洋岛国 新冠肺炎疫情 经济刺激 旅游业 捕捞业

---

* 秦升，中国社会科学院亚太与全球战略研究院助理研究员，中国社会科学院澳大利亚、新西兰与南太平洋研究中心研究人员。

2021 年 1 月 27 日，全世界新冠肺炎确诊病例突破 1 亿例，死亡病例超 216 万例，新冠肺炎疫情成为一个世纪以来最严重的全球性疫情。太平洋岛国分散在广袤的南太平洋，远离疫情严重的北半球，又是较早采取边境管控和隔离措施的国家群体，天然的海洋屏障加上积极的科学应对，太平洋岛国较为有效地阻止了新冠肺炎疫情在该地区的大规模扩散。截至 2021 年 2 月 19 日，除巴布亚新几内亚确诊病例接近 1000 例之外，其他太平洋岛国确诊病例总数仍在百例以下，14 个太平洋岛国中有 8 个国家维持零确诊病例。尽管太平洋岛国没有受到新冠肺炎疫情的直接冲击，但是全球范围内大规模的边境封锁和隔离政策对各国产业链、供应链和价值链产生了极为严重的负面影响，太平洋岛国也无法在世界经济恶化的大背景下独善其身，旅游业、捕捞业等主导产业发展陷入停滞。随着 2021 年初新型冠状病毒出现变异以及新冠肺炎疫情在部分欧美发达国家再次暴发，全球范围内的防疫、抗疫面临巨大压力。太平洋岛国多为发展中国家和欠发达国家，经济上底子薄、韧性差，面对新冠肺炎疫情的不利影响，其经济复苏充满挑战。

一　太平洋岛国积极应对新冠肺炎疫情

自 2020 年初至今，全世界大部分国家和地区都受到新冠肺炎疫情的严重影响。在疫情的出现和蔓延过程中，各个国家和地区因为应对态度不同、应对措施不同，加上经贸往来、地理交通等方面的客观因素影响，防疫效果产生了较大差异。太平洋岛国是位于太平洋西部和南部的 14 个具有独立主权的岛国统称，新冠肺炎疫情全球大暴发以来，太平洋岛国一直是世界范围内确诊病例数和死亡病例数最低的国家群体，这与其保持开放的态度、运用科学的方法应对新冠肺炎疫情密不可分。除了抗疫防疫之外，太平洋岛国还采取了扩大财政支出、支持产业复苏等一系列政策措施，最大限度降低新冠肺炎疫情对经济社会发展的负面影响。

（1）对外进行边境管制，对内实施隔离封锁，太平洋岛国在新冠肺炎疫情暴发早期较为有效地切断了病毒传播途径。太平洋岛国在抗击新冠肺炎疫情初期秉持开放合作、科学抗疫的态度，一方面对照世界卫生组织的防疫指南制定各自的防疫政策，另一方面，保持与其他国家和地区在防疫抗疫领域的交流，加深对新冠肺炎疫情的认识，提高防疫水平。

2020 年 3 月 10 日，中国—太平洋岛国卫生专家视频会议成功举办，中国外交部、国家卫生健康委员会的官员以及中方的卫生专家，与库克群岛、斐济、基里巴斯、密克罗尼西亚联邦、纽埃、巴布亚新几内亚、萨摩亚、所罗门群岛、汤加和瓦努阿图 10 个太平洋岛国政府官员和卫生专家举行视频会议。中国作为当时世界上极少数取得抗击新冠肺炎疫情阶段性胜利的国家，与太平洋岛国分享抗疫信息，交流防控经验，视频会议的举行以及中国驻太平洋岛国各使馆发布的疫情通报极大地丰富了太平洋岛国的防疫经验，对岛国政府控制疫情传播、救治确诊病例等方面提供了及时、有力的支持。

2020 年 3 月是太平洋岛国政府密集出台防疫抗疫政策的重要时间节点，表 1 列出了该时间段太平洋岛国所采取的主要防疫措施。在防止新冠肺炎疫情输入方面，太平洋岛国政府通过禁止国际旅客入境的方式实施严格的边境管制；在防止疫情内部扩散方面，太平洋岛国政府通过进入国家紧急状态或者制定防疫级别等方式实施不同程度的隔离和区域封锁。作为全球范围内较早推动科学防疫的国家群体，太平洋岛国在全球新冠肺炎疫情暴发早期赢得了难得的防疫胜利。

（2）制定针对新冠肺炎疫情的财政支持政策，保持太平洋岛国经济社会的正常运转。尽管新冠肺炎疫情没有在太平洋岛国大规模暴发，但是边境关闭、境内封锁给企业、社区和民众生活带来的负面影响不可低估。为了满足公共卫生部门应对新冠肺炎疫情的需要以及私营部门和普通民众能够顺利渡过难关，太平洋岛国政府通过了一系列规模庞大的经济刺激计划。

表 1 太平洋岛国 2020 年 3 月以来采取的防疫抗疫措施

国家	边境管制	内部封锁与隔离
巴布亚新几内亚	自 3 月 14 日起 90 天内，国际货轮必须到莫图奇亚、拉包尔、莫罗贝、马当 4 个指定港口之一进行隔离检疫入境，如航行到其他港口将受到处罚。国际航班只能在首都莫尔斯比港杰克逊国际机场检疫入境。自 3 月 22 日起 2 周，暂停与香港、马尼拉、成田、悉尼、霍尼亚拉、楠迪间的航班，保留并严格监控来自布里斯班、凯恩斯和新加坡的航班。自 3 月 22 日起 1 周，巴新国家航空公司新几内亚航空国际航班将暂停搭载旅客入境，巴新外交人员、疫情防控应急人员、医疗专家顾问以及空乘人员除外，海外巴新公民仍可返回巴新，入境后进行 14 天自我隔离。所有入境旅客在莫尔兹比港杰克逊国际机场入境时须接受健康监测和病毒检测，出境旅客不受限制。自 3 月 24 日起进入为期 14 天的国家紧急状态，禁止徒步、乘船穿越巴新边境，进一步加强边境警察军队力量。7 月 9 日起仅开通澳大利亚布里斯班、凯恩斯及新加坡之间的商业航班，暂无飞往其他国际目的地的航班	自 3 月 4 日起，巴布亚新几内亚进入全国封锁状态。自 3 月 24 日起，巴布亚新几内亚进入全国紧急状态，所有国内航班、客运公共交通和省际人员流动暂停。自 2020 年 6 月开始实施《2020 年国家应对大流行病法案》，继续执行紧急状态下的大部分封锁措施
斐济	自 3 月 19 日起，不允许入境斐济前 14 天内去过中国、意大利、伊朗、西班牙、韩国、美国和所有欧洲国家（包括英国）的非斐济公民入境斐济或在斐济转机，任何人从海外入境斐济均需自我隔离 14 天。自 3 月 20 日起暂停所有国际航班，仅保留每周两次新加坡至斐济的航班	自 3 月 19 日起，封锁斐济第二大城市劳托卡。自 4 月 3 日起，封锁首都苏瓦所在的大苏瓦地区，除销售生活必需品的超市、商店、银行、药店、水电、电信及加油站等商业部门外，其他商业部门全部关闭，同时禁止公众聚会
萨摩亚	自 3 月 21 日午夜 12 时起，禁止所有国际旅客进入萨摩亚，除非该旅行者是萨摩亚公民或居民且在进入萨摩亚 5 天内已接受医疗检查。萨摩亚和新西兰每周保留三班航班，每架客机不得搭载超过 490 名乘客；萨摩亚与澳大利亚之间每周只保留一班航班；萨摩亚和汤加、斐济、美属萨摩亚航班暂停。终止萨摩亚季节性劳工前往澳大利亚和新西兰，取消所有出国留学计划	自 3 月 21 日午夜 12 时起，萨摩亚进入国家紧急状态，公共交通停运，娱乐场所关闭，禁止 5 人及以上聚会
马绍尔群岛	自 3 月 8 日起至 6 月 5 日，禁止所有国际旅行者搭乘飞机或乘船入境，允许美联航每月提供一次往返马绍尔群岛与关岛和檀香山之间的航班	将疫情划分为 5 个级别，根据疫情级别采取对应的封锁措施

续表

国家	边境管制	内部封锁与隔离
所罗门群岛	自6月19日起，对来自无疫情国家（瓦努阿图、萨摩亚、汤加等）旅客，抵达后进行为期14天的隔离并检测一次；来自过去28天内无确诊病例国家（巴西、斐济）旅客须隔离14天并检测两次；对来自现有病例和新增病例明显减少的国家（澳大利亚、新西兰、中国、日本、泰国等）旅客，须进行14天隔离并检测3次；对来自新增感染病例较多、疫情较为严重、社区传播较为广泛的国家（美国、新加坡、英国、印度尼西亚、菲律宾、马来西亚、印度等）旅客，如能提供21天内3次检测报告则须隔离14天并检测3次，如不能提供则须隔离21天并检测3次	自3月25日起，所罗门群岛进入公共紧急状态
汤加	自3月20日起至4月17日，禁止外国公民入境，汤加公民回国必须接受为期14天的隔离	自3月20日起，汤加进入国家紧急状态，实施午夜至当地时间上午5:00的宵禁，要求所有活动和聚会不得超过规定人数（室内不超过50人，室外不超过100人）以及遵守社交活动规定和卫生部的要求
瓦努阿图	自3月26日起，瓦努阿图实施为期14天的国家紧急状态。	自3月31日起，如非紧急状况、健康原因或执行社会必需服务，禁止任何人在晚9点至凌晨4点离开住所
基里巴斯	自3月26日起，基里巴斯进入国家公共紧急状态	自3月26日起，基里巴斯全国实施新冠肺炎疫情第二级别防控措施，分区域实施封锁
帕劳	自3月18日至4月30日，帕劳国家政府行政部门的任何员工不得进行公务国际旅行，任何出国旅行的员工在回国后应自我隔离14天，在14天的隔离期内，员工只能在相关管理人员的指导下在家工作	自3月18日至5月30日，强烈不鼓励50人以上的大型聚会
密克罗尼西亚联邦	自3月21日起，密克罗尼西亚联邦波纳佩省实施紧急禁令，禁止除机组成员、人道主义援助人员之外的所有人员入省。自5月2日起，密克罗尼西亚联邦暂时禁止所有境外人员通过飞机或船舶入境，经过密克罗尼西亚联邦政府批准的入境旅客须在入境后接受严格健康检测并集中强制隔离14天	自4月3日起，根据《密克罗尼西亚联邦应对新冠肺炎疫情框架》所划定的疫情级别实施对应封锁计划

资料来源：根据中国国家移民局、太平洋岛国论坛贸易与投资专员署以及各国官方声明整理，参见 https://www.nia.gov.cn/n741435/n907688/n1234186/n1248051/index.html 及 http://cn.pacifictradeinvest.org.cn。

表2是财政投入较大的7个太平洋岛国所采取的经济刺激计划，总的来看有三大共同特点。第一，应对新冠肺炎疫情的新财政预算普遍分阶段执行，不同阶段的侧重点不同，多数太平洋岛国政府都给出了非常详细的执行计划。第二，第一阶段的资金投入主要流向公共卫生部门、私营部门和与民众生活密切相关的领域，旨在保障非常时期经济社会的正常运转。第三，经济刺激计划大多将推动主导产业——包括旅游业、农业和渔业——的恢复作为长期目标。

表2　部分太平洋岛国应对新冠肺炎疫情的经济刺激计划

国家	经济刺激计划内容
库克群岛	制定《经济应对计划》(*The Economic Response Plan*),[①]包括:第一阶段,为应对边境关闭及后续影响,实施6100万新西兰元的经济刺激计划;第二阶段,为中长期经济发展奠定基础,实施7600万新西兰元的财政支持;第三阶段,引入商业补助金计划、企业退休金减免计划、工资补贴计划以及家庭和企业电费折扣计划
巴布亚新几内亚	实施总计57亿基纳的一揽子经济刺激计划,[②]第一阶段包括3.2亿基纳用于农村、农业和商业支持;2.8亿基纳用于卫生和公共安全,6亿基纳为企业延期偿还贷款提供经济支持;发行25亿基纳的新冠病毒国债(COVID－19 Bonds)以筹集现金为紧急优先事项提供资金支持
	启动新冠肺炎疫情教育应急和恢复计划(EERRP),总计投入4200万基纳用于确保新冠肺炎疫情期间以及之后的教育可持续性[③]
斐济	制定《新冠肺炎疫情应对预算2019～2020》(*COVID－19 Response Budget Estimate 2019～2020*),[④]针对新冠肺炎疫情的影响,向卫生和医疗部门追加4000万斐济元额外预算,针对旅游部门、封锁地区和其他受疫情影响的地区提供2060万斐济元失业救济,拨款500万斐济元帮助中小企业
萨摩亚	实施两阶段《新冠肺炎疫情应对计划》,第一阶段支出总额6630万塔拉,包括2030万塔拉用于卫生部门,1250万塔拉用于扶持私营企业,2750万塔拉用于维持萨摩亚公民的购买力,剩余资金用于农业、渔业发展以及多部门响应[⑤];第二阶段支出总额8300万塔拉,用于延长公用事业补贴,失业工人再培训计划,增加每月养老金,向公民一次性支付现金,支持出口商以及非政府组织[⑥]
瓦努阿图	实施《瓦努阿图经济刺激一揽子方案》(*Economic Stimulus Package*),总计划支出40亿瓦图,用于推迟或取消部分税费,为企业提供现金流,执行就业和商业补贴,帮助雇主支付补贴,支持国内生产经营活动从而保障商品供应等[⑦]

续表

国家	经济刺激计划内容
汤加	实施总计约 2550 万美元的经济刺激计划，由渔业农业部、卫生部、教育部、内政部和储备银行按照计划分配预算应对新冠肺炎疫情带来的挑战⑧
密克罗尼西亚联邦	实施《密克罗尼西亚联邦经济刺激一揽子方案》(Economic Stimulus Package)，总计划支出 1500 万美元，主要目标是帮助私营部门的雇主和雇员，初期主要用于旅游业及相关产业⑨

资料来源：①The Economic Response Plan, Cook Islands Ministry of Finance & Economic Management, https://covid19. gov. ck/our – economic – response, 14 January 2021；

②David James, "Papua New Guinea Treasurer Details K600 Million Stimulus Package", Business Advantage PNG, https://www. businessadvantagepng. com/papua – new – guinea – treasurer – details – k600 – million – stimulus – package/, 18 May 2020；

③Papua New Guinea Launches Its COVID – 19 Education Emergencies Response and Recovery Plan, UNICEF, https://www. unicef. org/png/press – releases/papua – new – guinea – launches – its – covid – 19 – education – emergencies – response – and – recovery, 9 October 2020；

④Fiji Parliament, COVID – 19 Response Budget Estimate 2019 – 2020, http://www. parliament. gov. fj/wp – content/uploads/2020/03/COVID – 19 – RESPONSE – BUDGET – ESTIMATE – 2019 – 2020. pdf, March 2020；

⑤Budget Address by Samoa Minister of Finance on COVID – 19 Stimulus Package, Samoa Global News, https://samoaglobalnews. com/budget – address – by – samoa – minister – of – finance – on – covid – 19 – stimulus – package1/, 7 April 2020；

⑥"Samoan Gov't Unveils 2nd Stimulus Package to Help Fight COVID – 19", XinhuaNet, http://www. xinhuanet. com/english/2020 – 05/26/c_ 139089058. htm, 26 May 2020.

⑦VT4 Billion Stimulus Package, Daily Post, https://dailypost. vu/news/vt4 – billion – stimulus – package/article_ 91c9d47c – 7399 – 11ea – b675 – d7366938da98. html, 1 April 2020；

⑧"Tonga Announces 'Covid – 19' Stimulus Package", RNZ, https://www. rnz. co. nz/international/pacific – news/413292/tonga – announces – covid – 19 – stimulus – package, 2 April 2020；

⑨21st FSM Congress Approves the Economic Stimulus Package, President Panuelo Signs It into Law; Businesses Encouraged to Apply for Wage Subsidies and Submit Taxes on Time to Receive Gross Tax Revenue Rebates, Federated States of Micronesia Government, https://fsmgov. org/fsmun/pubheal02. pdf, 22 April 2020。

二　太平洋岛国：全球新冠肺炎疫情大暴发中的"少数派"

根据世界卫生组织对西太平洋地区的新冠肺炎确诊病例统计，截至 2021 年 2 月 19 日，太平洋岛国新冠肺炎确诊病例累计 1053 例，死亡病例累计 12

例，包括纽埃、基里巴斯、汤加、帕劳、瑙鲁、图瓦卢、库克群岛以及密克罗尼西亚联邦在内的8个太平洋岛国新冠肺炎确诊病例数一直为零。[①] 极低的确诊病例数以及超过一半国家维持零病例，使太平洋岛国成为全球新冠肺炎疫情大暴发中的“少数派”。世界卫生组织在统计新冠肺炎确诊病例和死亡病例时，将全球分为美洲、欧洲、东南亚、西太平洋、非洲、东地中海六大区域。从统计结果来看，美洲和欧洲是疫情的重灾区，东南亚、东地中海以及非洲的疫情发展相对缓和，以太平洋岛国为构成主体的西太平洋地区在疫情暴发后的大多数时间段，新增确诊病例数都处于六个地区中的最低水平。[②]

尽管太平洋岛国的新冠肺炎疫情没有呈现暴发的趋势，但是确诊病例的持续增加这一现象依然存在。特别是在2020年7月以后，太平洋岛国的确诊病例数出现了激增，以往保持零确诊病例和零死亡病例的部分国家在2020年底开始出现零星病例。

首先，新冠肺炎疫情的发展在不同太平洋岛国之间存在巨大差异。巴布亚新几内亚是太平洋岛国中新冠肺炎累计确诊病例数最多的国家，也是疫情相对严重的国家。截至2021年2月19日，巴布亚新几内亚总计出现了970例确诊病例，死亡10例。与其他太平洋岛国相比，巴布亚新几内亚具有陆地面积大、人口数量多的重要特点，地理上缺少海洋作为天然屏障，在陆地上有820公里的边境线与东南亚国家相连接，这些都为病毒输入提供了条件。[③] 斐济是太平洋岛国中新冠肺炎确诊病例和死亡病例第二多的国家，截至2021年2月19日，确诊病例为56例，死亡2例。斐济作为南太平洋地区的重要交通枢纽，长期以来承担了国际客运中心和国际物流中转站的角色，是太平洋岛国中最早发现新冠肺炎确诊病例的国家。

除了巴布亚新几内亚和斐济，所罗门群岛、马绍尔群岛、瓦努阿图、萨

---

① 统计数据参见：https：//who. maps. arcgis. com/apps/opsdashboard/index. html#/345dfdc82b5c4f6a815f1d54a05d18ec。

② 根据世界卫生组织的区域划分，西太平洋地区共有24个国家，包括全部14个太平洋岛国，具体国家列表参见WHO网站，https：//www. who. int/westernpacific/emergencies/covid－19。

③ 截至2021年2月19日，根据世界卫生组织的统计数据，与巴布亚新几内亚陆地接壤的印度尼西亚和澳大利亚的新冠肺炎累计确诊病例分别达到127. 1万例和2. 8万例。

摩亚4个太平洋岛国均有新冠肺炎确诊病例，但同时期确诊病例总数仅为27例，无死亡病例。纽埃、基里巴斯、汤加、帕劳、瑙鲁、图瓦卢、库克群岛以及密克罗尼西亚联邦8个太平洋岛国一直保持着零确诊病例和零死亡病例的“双零”记录。上述统计数字表明，太平洋岛国的新冠肺炎疫情呈现两个极端，疫情高发地区主要集中在经济体量较大、与外界沟通更为频繁的巴布亚新几内亚和斐济两国，零病例地区主要集中在地理上偏远、经济上落后、与其他国家和地区交流较少的太平洋岛国。

其次，新冠肺炎疫情在太平洋岛国大致经历了病例零星出现和病例快速增长两个阶段，这两个阶段与各国防疫政策变化和全球范围内的疫情发展密切相关。从2020年3月开始，世界上大多数国家都采取了边境封锁和境内管控相结合的防疫政策，全球范围内大约96%的旅行目的地都实施了不同程度的旅行限制措施。[①] 由于防疫措施力度大、参与国家范围广泛，新冠肺炎疫情在全球范围内得到有效遏制。如图1所示，2020年3月至5月，全球范围内的新冠肺炎新增确诊病例数基本维持不变，没有出现大幅上升的趋势。这一时期，太平洋岛国以及周边的澳大利亚和新西兰都采取了极为严格的防疫措施，14个太平洋岛国当中仅有巴布亚新几内亚和斐济存在确诊病例，根据世界卫生组织的统计数字，截至2020年6月30日，巴布亚新几内亚和斐济累计确诊病例总数仅为39例。

很多国家在取得抗击新冠肺炎疫情的短期胜利后对疫情发展趋势过于乐观，急于恢复经济社会的正常运转，美国[②]、欧洲[③]以及东南亚[④]等国家和地区在2020年5、6月相继出台较为宽松的防疫政策。南太平洋地区也受到这

---

① “COVID - 19 Response：96% of Global Destinations Impose Travel Restrictions”，*UNWTO Reports*，https：//www. unwto. org/news/covid - 19 - response - travel - restrictions，17 April 2020。

② 《美国新冠死亡病例超7万　多州逐步推动复工》，新华网，http：//www. xinhuanet. com/video/2020 -05/06/c_ 1210605394. htm，2020年5月6日。

③ 《综合消息：欧洲疫情发展趋缓，各国防控仍不放松》，新华网，http：//www. xinhuanet. com/world/2020 -05/19/c_ 1126004517. htm，2020年5月19日。

④ 《东南亚国家逐步“解封”》，新华网，http：//www. xinhuanet. com/yingjijiuyuan/2020 -05/14/c_ 1210617808. htm，2020年5月14日。

一时期国际形势的影响。首先是最大的两个经济体澳大利亚[①]和新西兰[②]开始研究和推动新的低级别防疫政策，澳大利亚总理莫里森于2020年5月8日颁布放松疫情防控的三阶段“路线图”，新西兰也在6月初宣布下调新冠肺炎疫情防控响应级别。与此同时，太平洋岛国的防疫政策也开始松动，部分国家开始有条件的结束国内封锁，包括重启工商业和学校，对外则逐步开放边境，恢复国际航班，特别是允许滞留海外的大量本国公民回国。由于澳大利亚和新西兰主导了南太平洋地区的国际航空市场，两国在边境管制领域的防疫政策变化对太平洋岛国疫情发展影响巨大。

事实证明，疫情的拐点远未到来，防疫政策的松懈直接导致了始于2020年7月的全球疫情反弹以及2020年底的疫情再次暴发，包括澳大利亚、新西兰和太平洋岛国在内的南太平洋地区新冠肺炎确诊病例迅速增加。巴布亚新几内亚的确诊病例数在7、8月由之前的不足50例迅速上升到500例以上（见图1），斐济在同一时间段也出现了确诊病例数的显著上升的态势（见图2）。南太平洋地区国际航班的增加为新冠病毒在太平洋岛国之间传播提供了客观条件，也打破了部分国家保持的“双零”记录。所罗门群岛是第三个出现新冠肺炎确诊病例的太平洋岛国。2020年10月3日，所罗门群岛总理索加瓦雷表示，一名从菲律宾乘包机返回的男性学生新冠病毒检测为阳性。[③] 2020年11月，马绍尔群岛、萨摩亚和瓦努阿图相继出现新冠肺炎确诊病例，其中瓦努阿图和萨摩亚的确诊病例均为南太平洋地区的境外输入病例。[④]

---

① 《澳大利亚放松防控政策进入第二阶段》，新华网，http：//www. xinhuanet. com/world/2020 - 06/01/c_ 1126061385. htm，2020年6月1日。

② 《新西兰连续12天无新增确诊病例，有望进一步放松限制》，新华网，http：//www. xinhuanet. com/yingjijiuyuan/2020 - 06/03/c_ 1210645133. htm，2020年6月3日。

③ 《所罗门群岛出现首例新冠确诊病例》，新华网，http：//www. xinhuanet. com/2020 - 10/03/c_ 1126572460. htm，2020年10月3日。

④ 《南太平洋岛国瓦努阿图报告首例新冠病例》，新华网，http：//m. xinhuanet. com/2020 - 11/11/c_ 1126727138. htm，2020年11月11日；《南太平洋岛国萨摩亚报告首例新冠确诊病例》，新华网，http：//www. xinhuanet. com/politics/2020 - 11/19/c_ 1126759511. htm，2020年11月19日。

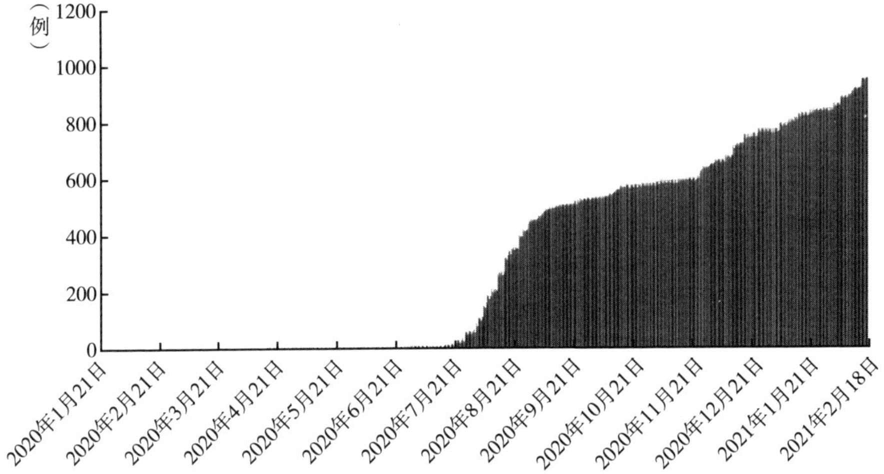

图 1　巴布亚新几内亚新冠肺炎确诊病例数（2020. 1. 21 ~ 2021. 2. 18）

资料来源：https：//www. who. int/westernpacific/。

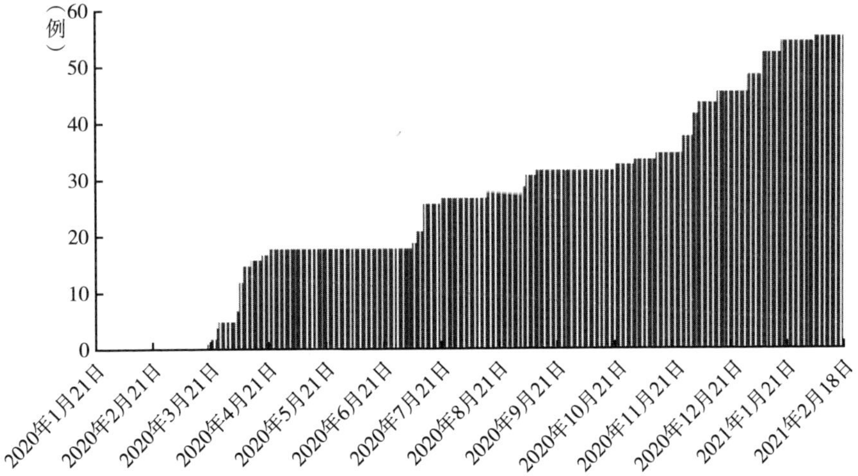

图 2　斐济新冠肺炎确诊病例数（2020. 1. 21 ~ 2021. 2. 18）

资料来源：https：//www. who. int/westernpacific/。

尽管太平洋岛国经历了境外输入病例的快速增加，但与全球大多数国家和地区相比，其新增确诊病例和新增死亡病例仍然保持了较低的水平。从趋势上来看，太平洋岛国的新冠肺炎确诊病例规模还在扩大，全球范围内新增确诊病例数和新增死亡病例数屡创新高，未来疫情发展充满较大不确定性。

三 太平洋岛国未来面临重大挑战

（1）全球范围的边境管制严重冲击太平洋岛国旅游业和捕捞业发展。旅游业、农业和捕捞业是大多数太平洋岛国的主导产业，其中旅游业近年来对岛国经济增长的贡献率节节攀升，也是各岛国政府重点发展和扶持的产业。新冠肺炎疫情在全球范围内的暴发使得旅行限制和边境封锁成为防疫政策的核心环节，国际航班无法正常运转，海上通道被迫切断，太平洋岛国的旅游业和捕捞业受到严重打击。

新冠肺炎疫情暴发破坏了旅游业的机制化合作。南太平洋旅游组织从2014 年开始，以每年一届的方式举办“南太平洋旅游交流会”，推动国际旅行合作伙伴与区域旅游销售商和供应商之间的沟通合作。“交流会”对中国、新西兰、澳大利亚等国进入太平洋旅游市场发挥了积极的推动作用。疫情暴发后，“交流会”被迫中断。2019 年 4 月 1 日，“中国—太平洋岛国旅游年”在萨摩亚首都阿皮亚正式启动，旨在吸引日益增加的中国游客、推动本地旅游开发。随着防疫措施日趋严格，前往太平洋岛国的中国游客出现断崖式下降，太平洋岛国在短期内无法收获“旅游年”带来的发展红利。①

旅游业及相关的酒店、航空、餐饮等服务行业受到了新冠肺炎疫情的严

① “Pacific Island Countries in the Era of COVID－19：Macroeconomic Impacts and Job Prospects”，World Bank，23 December 2020，http：//documents1. worldbank. org/curated/en/835131608739709618/pdf/Pacific－Island－Countries－in－the－Era－of－COVID－19－Macroeconomic－Impacts－and－Job－Prospects. pdf.

重影响，太平洋岛国的就业和外汇收入受到重创。联合国贸易与发展会议预测，新冠肺炎疫情导致全球旅游业的损失高达 1.2 万亿 ~3.3 万亿美元。[①] 南太平洋旅游组织首席执行官克里斯·科克尔指出，太平洋岛国总体 GDP 中有 11% 来自旅游及其上下游产业[②]，斐济、帕劳等国的经济发展与旅游业密切相关，萨摩亚、汤加等国财政收入的 20% ~30% 来自旅游业[③]，瓦努阿图的旅游从业人员在疫情暴发后收缩了 64%[④]。自新冠肺炎疫情暴发以来，疫情出现了多次反复，各国政府对开放边境和解除封锁措施非常谨慎，旅游业或将成为太平洋岛国最难以恢复的产业。

此外，港口的大量关闭以及针对外国船只入港前的海上隔离使太平洋岛国的渔业和捕捞业陷入极为不利的被动局面。太平洋岛国渔业资源丰富，特别是金枪鱼鱼类资源得天独厚，渔业是南太平洋岛国主要经济支柱之一。新冠肺炎疫情首先迫使太平洋岛国大多数的国内和国际港口关闭，即使有限的港口也延长了对国际船只的检疫期，而对于曾经到访过新冠肺炎疫情暴发地区的船只则被禁止入港。[⑤] 国内封锁和停工停产使水产加工行业陷入停滞，鱼类相关产品进出口锐减，随之而来的是来自渔业、捕捞业的收入和税收减少，进一步拖累太平洋岛国的经济增长。

（2）应对新冠肺炎疫情和自然灾害所采取的财政刺激政策进一步推升政府开支，威胁太平洋岛国的债务可持续性。新冠肺炎疫情大暴发不仅引起对公共卫生支出的巨大需求，停产停工也要求政府帮助民众和企业渡过难

① “Global Tourism Sector Set to Lose at least $1.2 Trillion due to Coronavirus”, UNCTAD, 1 July 2020, https://unctad.org/press-material/global-tourism-sector-set-lose-least-12-trillion-due-coronavirus-unctad-says.

②《综述：“中国—太平洋岛国旅游年”成果显著》，新华网，http://www.xinhuanet.com/world/2019-10/23/c_1125141963.htm，2019 年 10 月 23 日。

③ “Pacific Islands Threatened by COVID-19”, IMF, https://www.imf.org/en/News/Articles/2020/05/27/na-05272020-pacific-islands-threatened-by-COVID-19, 27 May 2020.

④ “Pacific Island Countries in the Era of COVID-19: Macroeconomic Impacts and Job Prospects”, World Bank, October 2020, p. 13.

⑤ Transform Aqorau, “COVID-19 and Its Likely Impact on the Tuna Industry in the Pacific Islands”, Dev Policy Blog, https://devpolicy.org/covid-19-and-its-likely-impact-on-the-tuna-industry-in-the-pacific-islands-20200427-1/, 27 April 2020.

关。2020年4月，“哈罗德”飓风席卷南太平洋，斐济、所罗门群岛、汤加和瓦努阿图成为重灾区，部分太平洋岛国不得不扩大政府开支应对疫情和灾情的双重打击。太平洋岛国的平均公共债务水平自2020年以来已经显著上升。①

当前，世界上大多数国家通过增加财政投入应对疫情已成为常态，但是太平洋岛国多数仍是发展中国家，少数岛国尚未脱离最不发达国家之列，自身经济发展水平较低、经济韧性较差，大量的经济刺激政策使岛国面临严峻的金融风险。

巴布亚新几内亚是经济规模最大的太平洋岛国，新冠肺炎疫情发生以来其推出经济刺激计划带来接近60亿基纳的预算赤字，达到历史上的最高水平。新冠肺炎疫情暴发之前，由于非资源部门长期衰退、公共债务增加和失业率上升，巴布亚新几内亚已经出现经济不景气的迹象，疫情所带来的世界大宗商品价格暴跌、禁止国际游客访问和内部封锁措施加剧了其经济困境。巴布亚新几内亚财政部长指出，该国自第二次世界大战以来从未发生过如此复杂或规模巨大的经济危机。②

不仅是巴布亚新几内亚，大多数太平洋岛国的经济前景都不乐观。2020年8月15日，瓦努阿图财政部发布2020年上半年经济和财政报告。报告指出，受新冠肺炎疫情、“哈罗德”热带气旋和火山灰倾泻三重灾害叠加影响，瓦努阿图经济严重萎缩，预测2020年实际GDP增长率为仅为0.6%，其中农业增长率-12.3%。③ 根据斐济储备银行2020年6月30日发布的经济形势分析报告，斐济经济2020年上半年陷入严重衰退。2019年6月至2020年5月，斐济年度发电量同比下降7.4%，水泥产量同比下降

① “Pacific Island Countries in the Era of COVID-19: Macroeconomic Impacts and Job Prospects”, World Bank, October 2020, p. 13.

② David James, “Explainer: Papua New Guinea's Stimulus Package Relying on Overstretched IMF”, Business Advantage PNG, https://www.businessadvantagepng.com/explainer-papua-new-guineas-stimulus-package-relying-on-overstretched-imf/, 6 April 2020.

③ 中华人民共和国驻瓦努阿图共和国大使馆经济商务处：《瓦努阿图2020年经济预测》，2020年8月3日，http://vu.mofcom.gov.cn/article/ztdy/202009/20200903003133.shtml。

28.7%，黄金产量同比下降7.6%，来斐游客人数同比下降56.2%，年度招聘职位数量同比下降48.8%。斐济的外汇储备仅可维持6~8个月的货物和服务进口。[①]

国际货币基金组织的《世界经济展望》报告（2020年10月）预测，2020年全球国内生产总值（GDP）将下降4.4%，下降幅度远大于2008年国际金融危机期间的下降幅度，将形成20世纪30年代大萧条以来最严重的世界经济衰退。[②] 由于世界各国的供应链体系、需求体系、生产体系紧密相连，疫情带来的隔离和封闭措施导致国际贸易、跨境投资、人口流动以及物流体系运行的效率远低于疫情前水平。在全球化日益深入的今天，新冠肺炎疫情对全球经济的负面影响必然波及太平洋岛国。

四 结语

从2020年初至2021年初，新冠肺炎疫情对世界各国的影响并没有减弱，随着新冠病毒出现多种变异、全球疫苗供不应求等新情况的出现，不少国家和地区仍然生活在新冠肺炎疫情的阴霾之下。虽然太平洋岛国在较长的时间段内维持了较低的新冠病毒感染率，然而统计数字表明，新冠肺炎确诊病例仍在增加，疫情的拐点何时到来仍是个未知数。面对新冠肺炎疫情对经济社会发展的消极影响，太平洋岛国一直都在加强与包括中国在内的国际社会的合作。在中国人民和疫情进行艰苦卓绝的斗争之时，太平洋岛国政府和人民通过声援和力所能及的帮助在精神和物质上支持中国的抗疫事业。在太平洋岛国面临防疫物资短缺之时，中国中央政府、地方政府、中资企业以及各类基金会向太平洋岛国捐赠了大量的口罩、核酸检测试剂、呼吸机等急需

① 中国商务部：《斐济储备银行发布年中经济形势分析》，2020年7月3日，http://mds.mofcom.gov.cn/article/zcfb/202007/20200702979694.shtml。

② World Economic Outlook，"October 2020：A Long and Difficult Ascent"，IMF，October 2020，https://www.imf.org/en/Publications/WEO/Issues/2020/09/30/world-economic-outlook-october-2020.

的医疗物资，并设立“中国—太平洋岛国抗疫合作基金”，为太平洋岛国改善医疗设施、防控疫情、建设太平洋人道主义通道、恢复经济发展贡献力量。

2018 年底，中国与建交太平洋岛国的关系升级为全面战略伙伴关系。2019 年底，双方共同举办第三届“中国—太平洋岛国发展合作论坛”，将双方合作的深度和广度进一步拓展，为全面战略伙伴关系建设规划了蓝图。2020 年 3 月和 5 月，中国两次通过视频会议的方式与太平洋岛国沟通抗疫信息、交流抗疫经验，在涉及新冠肺炎疫情的国际议题上坦诚相待、相互支持。未来，中国与太平洋岛国将继续深化制度建设，以建设“健康之路”为契机，推动双方关系发展更上层楼。

B.12 澳大利亚与东南亚的“抗疫”合作

侯聪睿　王嵬翰　杨嘉宜*

摘　要：2020年，澳大利亚不仅较为成功地控制住了新冠肺炎疫情在其境内的蔓延，还积极帮助东南亚国家应对疫情。澳大利亚对该地区的“抗疫”援助具有以下特点。第一，澳大利亚对东南亚国家的援助是全方位且多领域的，但以双边为主，多边为辅。第二，澳大利亚对东南亚国家的援助具有很强的地缘战略目的，这在一定程度上也会给地区的和平稳定带来影响。

关键词：澳大利亚　东南亚　新冠肺炎疫情

新冠肺炎疫情席卷全球，世界各国普遍采取了紧急应对措施，围绕疫情的国际合作也成为各方关注的焦点。作为南太平洋地区发达国家的澳大利亚依靠其稳定的政治体系、雄厚的经济实力和地理上的相对孤立较为成功地控制住了新冠肺炎疫情在其境内的蔓延。与此同时，澳大利亚还积极帮助其他国家和地区应对疫情。由于东南亚处于印度洋—太平洋地区的中心位置，该地区对澳大利亚的稳定、安全与繁荣至关重要，澳大利亚向该地区提供了大量卫生援助，不仅提供了救援资金和医疗设备，还与东南亚

---

* 侯聪睿，外交学院亚洲研究所研究助理；王嵬翰，外交学院亚洲研究所研究助理；杨嘉宜，外交学院国际关系研究所博士研究生。外交学院亚洲研究所研究人员李福建、刘佳、吕蕙伊对本报告亦有贡献。

国家共同制定了未来恢复社会稳定和实现经济复苏的合作方案。澳大利亚的援助有力地支援了东南亚国家应对疫情，避免了疫情的进一步扩散，同时也在一定程度上有利于预防东南亚国家暴发经济和社会危机，进而维护澳大利亚自身的安全。本报告以澳大利亚的地区卫生安全战略为基础，并重点探讨新冠肺炎疫情背景下澳大利亚与东南亚国家公共卫生合作的特点与趋势。

一 新冠肺炎疫情冲击下的澳大利亚和东南亚国家

新冠肺炎疫情的暴发使人类社会陷入了一场全球性公共卫生危机，世界经济遭受严重冲击，世界政治和国际关系也发生了重大变化。[①] 澳大利亚和东南亚国家也未能幸免。

（一）新冠肺炎疫情对澳大利亚的影响

新冠肺炎疫情给澳大利亚的社会和经济发展带来了严峻挑战。在社会层面，疫情首先极大地影响了澳大利亚人的家庭生活和社会生活。疫情压力使澳大利亚家庭关系变得日趋紧张，家庭暴力案件数量与因照看儿童而引发的纠纷也在增加。[②] 同样受疫情封锁的影响，澳大利亚酒精消费量急剧上升。由酒精调查和教育基金会（FARE）委托的全国民意调查显示，有20%的澳大利亚人购买酒精饮品量增加，约有28%的人称喝酒是为了应对焦虑和压力。[③] 其次，疫情进一步加剧了澳大利亚社会的不平等。有证据表明新

① 杨洁勉：《疫情和当代国际关系互动初探》，《国际问题研究》（英文版）2020年第3期，第33页。

② Dominic O'Sullivan, Mubarak Rahamathulla and Manohar Pawar, "The Impact and Implications of COVID－19: An Australian Perspective", *The International Journal of Community and Social Development*, Vol. 2, No. 2, 2020.

③ FARE, "Many Australians Using More Alcohol and Worried about Household Drinking, Foundation for Alcohol Research and Education", Accessed 27 March 2020, https://fare.org.au/manyaustralians－using－more－alcohol－and－worried－about－household－drinking/.

冠肺炎疫情对不同的社会群体产生了不同的作用。那些贫穷、失业或未充分就业、负债率高以及无家可归的人存在因疫情而被进一步边缘化的风险。与此同时，国际学生和临时签证持有者更是被排除在澳大利亚新冠肺炎疫情紧急经济援助措施之外。由于各国为应对疫情而采取了边境管控政策，这些临时居民被迫滞留在澳大利亚，进而因为没有足够的积蓄来维持生活，生活陷入窘境。在疫情背景下，互联网及其他数字技术的普及是社会平等的重要内容，也是获得政府服务的重要手段。[①] 然而，根据2020年一项对澳大利亚西部地区贫困人口的调查发现，只有56%的受访者具备在家上网的条件，但其中有1/3的人无力承担网费。[②]

在经济层面，新冠肺炎疫情导致的经济衰退与失业问题相互加剧。2020年5月14日公布的数据显示，澳大利亚的失业率在2020年4月上升至6.2%。[③] 首先，受疫情隔离、疾病和死亡的影响，市场短期劳动力供应不足，从而导致家庭消费减少。其次，受可支配收入和社会隔离的影响，旅游业、休闲娱乐等产业遭受巨大冲击。再次，家庭消费的减少还进一步降低了投资者的投资意愿，就业前景进一步恶化。最后，受家庭消费和商业投资意愿下降的影响，政府税收可能进一步萎缩，难以满足疫情防控常态下复苏的资金需求。与此同时，随着世界经济的衰退，澳大利亚的国际贸易也受到冲击。

虽然遇到以上困难，但总体而言，澳大利亚还是依靠其稳定的政治体系、雄厚的经济实力和地理上的相对孤立，较为成功地控制住了新冠肺炎疫情的

---

① Dominic O'Sullivan, Mubarak Rahamathulla and Manohar Pawar, "The Impact and Implications of COVID – 19: An Australian Perspective", *The International Journal of Community and Social Development*, Vol. 2, No. 2, 2020.

② J. Barraket and C. Wilson, "Digital Inclusion and COVID – 19 CSI Response, Centre for Social Impact", Accessed 27 March 2020, https://www.csi.edu.au/media/uploads/csi – COVID_ factsheet_ digitalinclusion.pdf.

③ Australian Bureau of Statistics, "Labour Force, Australia: Headline Estimates of Employment, Unemployment, Underemployment, Participation and Hours Worked from the Monthly Labour Force Survey", Accessed 27 March 2021, https://www.abs.gov.au/statistics/labour/employment – and – unemployment/labour – force – australia/apr – 2020.

蔓延。截至2021年4月16日，澳大利亚确诊病例数为29484例，死亡910例，相对于美、欧等其他发达国家和地区而言，澳大利亚的调控政策与措施的效果较为明显。

（二）新冠肺炎疫情对东南亚的影响

新冠肺炎疫情对东南亚经济的负面影响十分显著。东南亚主要经济体——印度尼西亚、泰国和新加坡的生产水平下降，经济低迷，造成东南亚整体性经济衰退。①

一方面，由于各国采取了封锁措施，交易成本增加，东南亚区域内贸易量急剧下降，削弱了东南亚国家之间的经贸联系，从而进一步导致贸易部门失业率的上升和政府税收的减少，给东南亚国家政府财政带来压力。② 与此同时，东南亚国家与域外经济体的贸易水平也难以迅速恢复到疫情流行前的水平。③ 中国与美国是东南亚国家的两大贸易伙伴，但中国实行了最严格的封锁管控，美国国内严重的疫情也深刻地打击了其对外贸易的发展。

另一方面，东南亚国家的失业问题严峻。新加坡为了应对新冠肺炎疫情采取了严厉的封锁措施，经济下滑，失业率从2.4%上升到2.9%。由于新加坡严重依赖外国劳工，且东南亚国家之间劳动力流动性强，新加坡的失业问题可能会波及其他东南亚国家，从而引发东南亚地区大规模的失业潮。④

总体而言，澳大利亚和东南亚的经济社会发展都因新冠肺炎疫情而受到强烈冲击，双方需要合作应对疫情带来的各种挑战。

---

① Terence Tai Leung Chong, Xiaoyang Li and Cornelia Yip, "The Impact of COVID－19 on ASEAN", *Economic and Political Studies*, 2020, pp. 16－17.

② "Economic Impact of COVID－19 Outbreak on ASEAN", *ASEAN Policy Brief*, April 2020, https://asean.org/storage/2020/04/ASEAN－Policy－Brief－April－2020_FINAL.pdf.

③ Terence Tai Leung Chong, Xiaoyang Li and Cornelia Yip, "The Impact of COVID－19 on ASEAN", *Economic and Political Studies*, 2020, pp. 16－17.

④ Terence Tai Leung Chong, Xiaoyang Li and Cornelia Yip, "The Impact of COVID－19 on ASEAN", *Economic and Political Studies*, 2020, pp. 16－17.

二 澳大利亚的“印太地区卫生安全倡议”

事实上，在此次新冠肺炎疫情暴发之前，澳大利亚已经在其周边地区开展了一系列有关卫生安全的合作项目，其中最为引人注目的便是“印太地区卫生安全倡议”。该倡议在此次疫情合作中也扮演了重要的角色。

（一）“印太地区卫生安全倡议”的基本内容

澳大利亚政府于 2017 年 10 月 8 日发起“印太地区卫生安全倡议”，目的是避免和遏制潜在的能够对国家、地区或全球造成社会和经济危害的传染病威胁。该倡议响应了澳大利亚《2017 年外交政策白皮书》中有关加强对地区健康安全风险管理的内容，其与澳大利亚外交贸易部出台的《健康促进发展战略（2015～2020）》等多个倡议的目标和宗旨也一脉相承。

澳大利亚计划自 2017 年起五年内提供 3 亿澳元的资金，帮助印太地区国家预防可避免的流行病，加强早期检测能力，并支持快速、有效的国家和国际疫情应对。该倡议还致力于加快对新药和诊断方法的研究，扩大国家、区域和全球层面的伙伴关系，以加强印太地区人类和动物卫生系统建设，并深化各国民间卫生交流，强化国家和区域卫生安全能力。该倡议的资金来自澳大利亚的国际发展援助计划，适用于符合官方发展援助分类的活动。①

从实施范围来看，“印太地区卫生安全倡议”重点面向柬埔寨、印度尼西亚、老挝、缅甸、菲律宾、越南等东南亚国家，以及库克群岛、密克罗尼

① Australian Government, “Health Security Initiative for the Indo-Pacific Region”, 6 April 2021, https://www.dfat.gov.au/aid/topics/investment - priorities/education - health/health/Pages/health - security - initiative - indo - pacific - region.

西亚联邦、斐济、基里巴斯、巴布亚新几内亚等太平洋地区国家。① 该倡议有三个重点关注方向，一是加强高校间的联合研究；二是加强公私伙伴关系；三是建立一个新的健康安全团队，会聚来自澳大利亚和世界各地的专家，以推动健康安全能力建设。② 为推动该倡议的实施，澳大利亚政府组建了“印太卫生安全中心”，负责执行具体项目。该中心隶属于澳大利亚外交贸易部，会集了澳大利亚相关政府机构的专业人士，并由一个高级别的技术咨询小组提供指导。该中心的工作重心包括关注性别平等、包容特殊群体、应对气候变化、实现共同健康等领域。截至2020年底，该倡议已实施三年有余，得到地区国家的不错反响。在新冠肺炎疫情肆虐的背景下，澳大利亚通过该倡议为东南亚国家和太平洋地区国家提供了大量援助，此次疫情也为检验该倡议的有效性提供了一个机会。

（二）发起“印太地区卫生安全倡议”的动因

早在2005年，澳大利亚霍华德政府便制定了《亚太区域新发传染病战略》（Asia-Pacific Strategy for Emerging Infectious Diseases，APSED）。与澳大利亚政府所出台的其他卫生安全措施及倡议相比，“印太地区卫生安全倡议”的规模更大，投入更多，关注重点也转移到了印度洋—太平洋地区。该倡议是澳大利亚政府有史以来为加强地区国家的健康系统和突发事件反应能力所实施的单笔最大的援助项目。③ 那么，澳大利亚政府为何高度重视本地区的卫生安全，并为之投资大量的人力物力呢？

首先，在非传统安全问题肆虐的今天，没有任何国家能独善其身。澳大

① Indo-Pacific Center for Health Security of Australian Government, “State of the Region 2019: Health Security in the Indo-Pacific”, Accessed 6 April 2021, https://indopacifichealthsecurity.dfat.gov.au/sites/default/files/Indo - Pacific% 20Health% 20Security% 20 - % 20State% 20of% 20the% 20Region% 202019.pdf? v = 1567122549.

② Julie Bishop, “Launch of Indo-Pacific Health Security Initiative”, 8 October 2017, https://www.foreignminister.gov.au/minister/julie - bishop/speech/launch - indo - pacific - health - security - initiative.

③ Adam Kamradt-Scott, “Securing Indo-Pacific Health Security: Australia's Approach to Regional Health Security”, *Australian Journal of International Affairs*, Vol. 72, No. 6, 2018, pp. 500 - 519.

利亚政府在《2017 年外交政策白皮书》中即强调了澳大利亚在应对区域和全球挑战方面要发挥积极的作用，而这些挑战中最为突出的便是印度洋—太平洋地区面临的卫生安全问题。近年来，SARS、埃博拉病毒、新冠肺炎等疫情的暴发，对人类社会造成巨大危害，也暴露出国际社会对流行病的应对能力不足，这使全球卫生安全再次成为热点议题。澳大利亚政府已深刻认识到，只有吸取经验教训，加大对卫生健康问题的关注和预防，做更多的准备工作，才能更好地应对潜在的卫生安全风险。这也是澳大利亚政府制定“印太地区卫生安全倡议”的直接原因。

其次，该倡议也体现了澳大利亚对印度洋—太平洋地区的关注。澳大利亚政府在 2013 年的《澳大利亚国家安全战略》中正式将其所处的地区界定为“印太”，并系统阐述了印太的战略意义[①]，而加强卫生安全领域的对外援助则是澳大利亚不断介入印度洋—太平洋地区事务的独特手段。“印太地区卫生安全倡议”聚焦于太平洋地区和东南亚地区，显著体现了澳大利亚近些年地缘战略重心从亚太地区向印太地区的转移趋势。此外，印度洋—太平洋地区是新型传染病的热点地区，该地区许多国家在识别和应对疾病威胁方面的能力严重不足[②]，且不同国家面对公共卫生安全事件的解决路径也难以统一。[③] 与此同时，近年来该地区人口老龄化趋势增强，而老年人更容易遭受流行病的侵害。这些情况在客观上要求澳大利亚出台相关政策，在卫生安全方面加大对该地区国家的关注度和援助力度，以实现澳大利亚所追求的一个稳定和繁荣的“印太”。

最后，该倡议也有利于塑造澳大利亚的地区和国际形象。一直以来澳大利亚都大力推行人道主义外交，积极开展对外援助。人道主义外交可以为澳

---

① 许少民：《澳大利亚“印太”战略观：内涵、动因和前景》，《当代亚太》2018 年第 3 期，第 115 ~ 156 页。

② Australian Government, Indo-Pacific Center for Health Security, *Health Security Workforce Investment Design*, Canberra, Australia, 2019.

③ Nicholas Thomson, Andy Singh and Mason Littlejohn, "Reshaping Australia's Health Security Engagement in the Indo-Pacific", *The Strategist*, 16 April 2020, https://www.aspistrategist.org.au/reshaping-australias-health-security-engagement-in-the-indo-pacific/.

大利亚提供与他国增进和巩固关系并建立合作框架的机会[①]，提升地区国家间的信任程度，促进双多边合作。此外，该倡议也能发出一个强有力的信号，即澳大利亚一如继往地支持全球卫生安全合作[②]，是负责任的“中等强国”。

（三）“印太地区卫生安全倡议”的影响及限制因素

“印太地区卫生安全倡议”的实施不仅符合澳大利亚的国家利益，也有助于促进地区卫生安全能力的提升，尤其是在大规模公共卫生安全事件暴发的背景下，澳大利亚的对外援助毫无疑问能增强地区国家解决危机的信心和能力。此外，该倡议的制定与实施也帮助澳大利亚修复和巩固了其与美国的盟友关系。在西非埃博拉疫情肆虐之时，澳大利亚阿博特政府却不愿在遏制疫情的行动中扮演更重要的角色，这的确引起了澳大利亚与美国关系的紧张，也在一定程度上损害了澳大利亚的国际形象。[③] 因此，“印太地区卫生安全倡议”的实施既塑造了澳大利亚的负责任伙伴的形象，也展现出澳大利亚具有帮助其盟友美国解决麻烦的能力。[④]

“印太地区卫生安全倡议”虽然使澳大利亚获益良多，但这一倡议的实施在未来仍面临很多不确定因素。其一，该政策的延续性受澳大利亚选举结果的影响较大。澳大利亚每三年举行一次大选，领导人和执政党的更迭对某一政策或战略能否继续得以施行影响巨大。例如，虽然工党政府大力支持和发展了澳大利亚的对外援助，但之后属于保守派势力的阿博特政府则削减了澳大利亚的对外援助预算。尤其是在近些年澳大利亚总理频繁更换、国内政

---

① Jacinta O'Hagan, "Australia and the Promise and the Perils of Humanitarian Diplomacy", *Australian Journal of International Affairs*, Vol. 70, No. 6, 2016, pp. 657 –669.

② Adam Kamradt-Scott, "Securing Indo-Pacific Health Security: Australia's Approach to Regional Health Security", *Australian Journal of International Affairs*, Vol. 72, No. 6, 2018, pp. 500 –519.

③ John Kehoe, "US Criticises Australia's Ebola Effort", *Australian Financial Review*, 10 November 2014, https://www.afr.com/news/politics/national/us – criticises – australias – ebola – effort – 20141109 – 11jgwx.

④ Adam Kamradt-Scott, "Securing Indo-Pacific Health Security: Australia's Approach to Regional Health Security", *Australian Journal of International Affairs*, Vol. 72, No. 6, 2018, pp. 500 – 519.

治复杂性不断加强的背景下，“印太地区卫生安全倡议”能否得到很好的贯彻落实仍有待观察。

其二，澳大利亚是否有足够的能力实现其在“印太地区卫生安全倡议”中提出的目标仍有待商榷。2019 年末，澳大利亚发生了一场全国性火灾，造成了大量人员和物种伤亡，此次火灾暴露出澳大利亚不仅灾害预防体系较弱，应对力也不足。因此，澳大利亚能否帮助地区国家尽快走出新冠肺炎疫情的阴影，仍有很大的不确定性。

其三，印度洋 - 太平洋地区的国家之间存在巨大的差异，各国经济、政治、社会、文化、地理条件方面的不同会导致其卫生基础设施和能力参差不齐，难以统一行动。[①] 此外，该地区面临的潜在威胁多种多样，这也增加了澳大利亚实施“印太地区卫生安全倡议”的复杂性。

三　疫情背景下澳大利亚与东南亚国家的相关合作

自斯科特·莫里森担任澳大利亚政府总理以来，澳大利亚与东南亚国家之间的关系得到快速发展，合作内容不断丰富，涵盖了经济、军事、人文交流等各领域。由于东南亚国家处于印度洋—太平洋地区的中心位置，且该地区对澳大利亚的稳定、安全与繁荣至关重要，澳大利亚在自身疫情得到基本控制的情况下，向东南亚国家施以援手。双方的合作形式主要以澳大利亚向东南亚国家提供双边援助为主，多边援助为辅。

在多边层面，澳大利亚加强与东盟及其相关机构的合作，帮助它们在地区治理中发挥更大作用。[②] 一方面，澳大利亚向东盟提供直接或间接的经济援助。2020 年 11 月 14 日，澳大利亚总理莫里森在东盟—澳大利亚领导人

---

① Chongsuvivatwong, Virasakdi, Kai Hong Phua, Mui Teng Yap, Nicola Pocock, Jamal Hashim, Rethy Chhem, Siswanto Agus Wilopo and Alan Lopez, “Health and Health-care Systems in Southeast Asia: Diversity and Transitions”, *Lancet*, No. 377, 2011, pp. 429 - 437.

② Australian Government, “ASEAN and Southeast ASIA COVID - 19 Development Response Plan”, https: //www. dfat. gov. au/sites/default/files/covid - response - plan - asean - southeast - asia - regional. pdf, Accessed 27 March 2021.

会议上表示，澳大利亚将向东盟突发公共卫生事件和新发疾病区域中心捐款1500万美元[①]，另外将提供5100万美元用于恢复就业，此外还针对东南亚国家提出新冠肺炎疫情发展应对计划。[②] 另一方面，澳大利亚在其优势领域继续提升自身的地区影响力。其中包括就疫情对健康和经济的影响提供技术建议，例如经济刺激措施的设计、社会保护计划的实施以及帮助经济复苏的基础设施项目建设等。总体而言，澳大利亚集中其在卫生健康、教育、人道主义和社会保护方面的资源，支持东南亚地区国家应对新冠肺炎疫情。[③]

双边合作领域主要集中于卫生安全、社会稳定和经济复苏三个方面。对东南亚国家而言，尽管其在近几年发展迅速，但很多国家的贫困率仍然很高，公共卫生体系也不健全，很难抵御大规模疫情的冲击，新冠肺炎疫情使东南亚国家的公共卫生体系和经济发展面临着巨大的挑战。[④] 东南亚国家的防疫形势呈现两极分化的态势，既有新加坡、越南等成功控制疫情的国家，也有像印度尼西亚、菲律宾等疫情形势较为复杂的国家。澳大利亚与东南亚国家展开了不同程度的双边合作，推动包容且可持续的疫情防控与治理。

第一，在卫生安全领域，澳大利亚政府向多个受疫情冲击较大的东南亚国家提供了直接的资金援助和设备援助，以此缓解疫情带来的冲击，控制疫情的蔓延。

例如，2020年6月，澳大利亚政府宣布增加对老挝的双边发展援助，增幅为25%。此外，澳大利亚还计划提供480万澳元的特别援助，以帮助

① CSIS, "Southeast Asia Covid – 19 Tracker", https: //www. csis. org/programs/southeast – asia – program/southeast – asia – covid – 19 – tracker – 0#international, Accessed 27 March 2021.

② Australian Government, "ASEAN and Southeast ASIA COVID – 19 Development Response Plan", https: //www. dfat. gov. au/sites/default/files/covid – response – plan – asean – southeast – asia – regional. pdf, Accessed 27 March 2021.

③ Australian Government, "ASEAN and Southeast ASIA COVID – 19 Development Response Plan", https: //www. dfat. gov. au/sites/default/files/covid – response – plan – asean – southeast – asia – regional. pdf, Accessed 2021 March 27.

④ Australia Government, "ASEAN and Southeast ASIA COVID – 19 Development Response Plan", https: //www. dfat. gov. au/sites/default/files/covid – response – plan – asean – southeast – asia – regional. pdf, Accessed 2021 March 27.

老挝应对疫情所带来的经济、社会和卫生方面的影响①，包括向老挝紧急行动中心、医院和其他医疗卫生机构提供感染防控和重症监护等方面的培训，以及必要的医疗设备。澳大利亚向缅甸提供了38万个外科口罩、2500套个人防护装备、20万副医用手套以及病人监护仪和重症监护病床等。澳大利亚宣称这些医疗物资援助为提高缅甸的医疗质量、保护缅甸各地的一线卫生工作者发挥了重要作用。② 就菲律宾而言，澳大利亚向菲律宾红十字会提供了410万澳元的援助，包括一辆用于运送新冠肺炎患者的救护车、100万个口罩和2万件用于前线医护人员的防护装备以及用来提高菲律宾新冠病毒检测能力的实验室。③ 澳大利亚还向菲律宾武装部队捐赠价值3500万菲律宾比索（100万澳元）的医院设备和个人防护装备，以支持维多利亚诺卢纳医疗中心 - AFP医疗中心传染病病房扩建30张床位，进而增强应对新冠肺炎疫情的能力。④ 澳大利亚政府计划向柬埔寨提供5000万澳元来加强柬埔寨的公共卫生系统。通过柬埔寨《卫生公平和改善计划》（H-EQIP）等项目，澳大利亚计划确保240万贫困柬埔寨人获得免费医疗保健。除了长期的系统性支持外，澳大利亚还为柬埔寨的防疫提供了直接支持，包括购买医疗设备和救护车，提供流行病专业知识，协助柬埔寨卫生部提升响应和追踪新冠病毒接触者的能力。⑤

---

① Australian Embassy in Laos, “Australia Increases Development Assistance for Lao PDR COVID - 19 Recovery”, https: //laos. embassy. gov. au/vtan/COVID - 19FUND4LAOS. html, Accessed 25 March 2021.

② Australian Government, “Development Assistance in Myanmar”, https: //www. dfat. gov. au/geo/myanmar/development - assistance/development - assistance - in - myanmar, Accessed 27 March 2021.

③ Australian Embassy in Philippines, “Australia Provides Support to Philippine Red Cross Molecular Laboratory for COVID - 19 Testing”, https: //philippines. embassy. gov. au/mnla/medrel20200627. html, Accessed 22 March 2020.

④ Australian Embassy in Philippines, “Australia Provides PHP 35 Million (AUD 1 Million) to Expand AFP's V. Luna Medical Centre COVID - 19 Response”, https: //philippines. embassy. gov. au/mnla/medrel20200611. html, Accessed 22 March 2020.

⑤ Australian Embassy in Cambodia, “Australian Support for Cambodia's COVID - 19 Medical Response”, https: //cambodia. embassy. gov. au/files/penh/20200706 - Fact - sheets - on - Australian - Support - for - Cambodians - COVID - 19 - Eng. pdf, Accessed 25 March 2020.

疫苗也是澳大利亚与东南亚国家在卫生安全领域开展的重要合作项目之一。2020 年 10 月 31 日澳大利亚宣布向东南亚和太平洋地区提供总价值为 3.51 亿美元的疫苗。① 澳大利亚还通过多种形式支持多边和区域疫苗合作倡议，支持越南、菲律宾、老挝等东南亚地区国家获得安全有效的疫苗。

第二，在社会稳定领域，澳大利亚致力于支持东南亚国家在新冠肺炎疫情下保持各国内部的稳定。例如，澳大利亚政府多部门都出台计划，力图帮助东帝汶政府维持一个更加稳定和安全的国内环境。澳大利亚还致力于帮助东南亚国家缓解已经存在的其他安全问题。新冠肺炎疫情加剧了东南亚地区已显著存在的网络犯罪、偷渡、人口贩卖等问题。通过政府间合作，澳大利亚积极同各国构筑治理网络，增强信息交流并寻求对以上问题的创新性解决方案。②

第三，在经济复苏领域，澳大利亚从多个方面向东南亚国家提供了多样化的帮助。例如，澳大利亚于 2020 年 6 月 5 日承诺向越南提供 1050 万澳元，用于支持其防疫和经济复苏。③ 2020 年 8 月澳大利亚又通过了一项新计划，为越南提供 65 万澳元的财政支持，其目的旨在通过发展人工智能来协助越南在疫情之后的经济复苏，并为越南未来的人工智能战略提供技术支持。澳大利亚和越南两国也借此机会进一步加深双方在经贸和科技领域的合作，同时抓住数字技术和工业 4.0 等产业深度变革所带来的发展机遇，不断拓宽两国未来的合作前景。④

---

① CSIS，“Southeast Asia COVID－19 Tracker”，https：//www. csis. org/programs/southeast－asia－program/southeast－asia－covid－19－tracker－0#international，Accessed March 27 2020.

② Australian Government，“ASEAN and Southeast Asia Regional COVID－19 Development Response Plan”，https：//www. dfat. gov. au/publications/development/asean－and－southeast－asia－regional－covid－19－development－response－plan，Accessed 6 April 2020.

③ Australian Embassy in Vietnam，“Australia Is Supporting Vietnam's Long-term Response to COVID－19”，https：//vietnam. embassy. gov. au/hnoi/MR200605. html，Accessed 22 March 2020.

④ Australian Embassy in Vietnam，“Australia Kicks off New Initiative Helping Vietnam Apply Artificial Intelligence for Post COVID－19 Economic Recovery”，https：//vietnam. embassy. gov. au/hnoi/MR200804. html，Accessed 22 March 2020.

四　澳大利亚对东南亚国家卫生援助的特点及潜在影响

在此次应对新冠肺炎疫情的合作中，澳大利亚向东南亚国家提供的卫生援助体现出一些鲜明特点。

一是澳大利亚针对东南亚地区制定了一套全面计划，试图全方位、多领域地对东南亚国家提供援助。这既包括提供直接的资金和卫生设备用以应对疫情，还包括采取措施帮助东南亚国家恢复社会稳定和经济复苏。澳大利亚的援助以双边为主，多边为辅，且资源分配并不均衡。澳大利亚根据自身利益诉求向东南亚国家分配援助资源。澳大利亚的大部分援助资源流向了与其关系较为密切的国家，其他国家所获有限。

以印度尼西亚为例，印度尼西亚是澳大利亚的全面战略伙伴。疫情期间，两国领导人举行会晤，商讨如何应对疫情。两国共同提出了“印度尼西亚—澳大利亚新冠肺炎疫情发展反应计划”，旨在在疫情背景下进一步深化两国的经济和安全伙伴关系。此外，澳大利亚还向印度尼西亚提供了大量的资金、医疗设施和技术援助，大幅提高了印度尼西亚的防疫能力。2020年5月29日，澳大利亚宣布调整其在印度尼西亚的发展计划，以直接回应疫情威胁，包括立即增加2100万澳元拨款，以帮助印度尼西亚应对卫生、人道主义和经济挑战。6月，澳大利亚向世界卫生组织提供620万澳元（610亿印尼盾），用以专项支持印度尼西亚应对疫情。该资金主要用于提升印度尼西亚实验室水平，改进印度尼西亚收集和使用卫生信息的方式，并帮助保护病人和卫生工作者。与此同时，澳大利亚还向联合国儿童基金会提供490万澳元（480亿印尼盾），以帮助印度尼西亚的儿童、妇女等弱势群体改善卫生条件。7月，澳大利亚政府向印度尼西亚提供了100台非侵入性呼吸机，是200万澳元（194亿印尼盾）关键医疗和实验室设备的一部分。是月，澳大利亚向印度尼西亚红十字会和红新月会国际联合会资助360万澳元（350亿印尼盾）。在科研方面，澳大利亚国家科学机构CSIRO将与印度尼西亚的研究伙伴合作，提高印尼防疫的科学水平，其内容包括建立疫苗测试模型、数据分析以及提供有关新兴疾病热点的信息。8 月，澳大利亚还向印度尼西亚军方提供了价值高达 200 万美元的医疗个人防护装备，其中包括手套、防护服、口罩和温度计。①

二是澳大利亚对东南亚国家提供的援助具有很强的地缘战略目的。澳大利亚希望通过加强与东南亚地区国家的关系来构建“开放、包容和基于规则的地区秩序”，以遏制中国日益增强的国际影响力。这一动向将对地区的和平稳定带来负面影响。

近几年，随着中国国际影响力的提升，澳大利亚的战略焦虑感上升，在此背景下，澳大利亚积极参与美国主导的“印太战略”，主张建立“开放、包容和基于规则的地区秩序”。与此同时，澳大利亚认为东南亚地处印度洋—太平洋地区的中心位置，有着重要的战略价值。因此，澳大利亚不断加强与该地区影响力最大的国家印度尼西亚的双边关系。未来澳大利亚还有可能进一步加强其与太平洋岛国和东盟国家的多边合作。此外，随着美国拜登政府上台后逐渐放弃了单边主义和“美国优先”的外交方针，强调多边主义，从而使得美国与澳大利亚在塑造“基于规则的全球秩序”上有了更多的共同利益。

五　结语

毫无疑问，澳大利亚对东南亚国家所展开的医疗卫生、社会发展和经济复苏援助有助于提升东南亚国家应对新冠肺炎疫情的能力，也在一定程度上对全球抗击疫情作出了贡献。但是，澳大利亚同东南亚国家之间的疫情合作不仅仅局限于公共卫生层面。

一方面，应将相关合作看作澳大利亚中等强国战略的组成部分。近些年，澳大利亚不断以各种方式加大对东南亚国家的战略投入，在东南亚国家

① Australian Government, “Health Security in Indonesia”, https://www.dfat.gov.au/geo/indonesia/development-assistance/health-security-in-indonesia#aihsp, Accessed 6 April 2020.

遭受疫情冲击，急需外部援助的情况下，澳大利亚与东南亚国家开展的多方位“抗疫”合作，为双方今后的合作奠定了更坚实的基础，提供了更多的机遇，有利于塑造其在东南亚地区的国家形象，扩大其地区影响力。

另一方面，澳大利亚对东南亚国家的拉拢也为其向后者兜售“印太战略”做了铺垫。早在2018年第二届澳大利亚—东盟峰会期间，澳大利亚就开始向东南亚国家推销“印太战略”,[①] 在此次与东南亚国家共同应对新冠肺炎疫情的合作中，澳大利亚也不失时机地试图增强“印太战略”的影响力。加强澳大利亚与东盟的多边合作机制乃至加强东南亚与太平洋岛国的联系将是今后澳大利亚推动“印太战略”落地的重点内容。澳大利亚致力于充当增进东盟国家与太平洋岛国联系的桥梁，从而增强自身的地区影响力，同时塑造澳大利亚主导下的“印太”地区的未来秩序。具体而言，澳大利亚将从以下三个方面着手：（1）澳大利亚的基础设施投资计划将着力推进区域间互联互通项目，促进东南亚经济中心与澳大利亚的联结，进而强化双边或多边经济合作；（2）鼓励东盟国家与太平洋岛屿论坛成员国实现制度化的经济合作，而澳大利亚将在促进两地区组织之间的经济合作的过程中发挥建设性作用；（3）深化澳大利亚—东盟峰会合作机制，加强澳大利亚与东盟国家的多边合作。[②] 这明显体现了澳大利亚利用防疫合作介入并加深影响东南亚发展事务的战略意图，最终形成对东南亚国家的全面合作机制。

---

① 刘丹、唐小松：《澳大利亚对中国周边国家的公共外交——以东南亚为例》，《国际关系研究》2019年第1期，第50页。

② Hervé Lemahieu, “The Case for Australia to Step up in Southeast Asia”, *Foreign Policy at Brookings*, 2020, pp. 10 - 11.

B.13
美澳关系动态及其展望

许少民　陆芃樵*

摘　要：　突如其来的新冠肺炎疫情强烈冲击着2020年全球政治经济秩序，但美澳同盟仍显示出强大韧性。两国在政治、安全、经济、卫生等各领域的合作继续加深。两国同盟关系多边化和网络化的趋势进一步加强。虽然美国防疫不力让美澳同盟关系的民意基础面临一定的考验，但两国民众总体上依然坚定支持美澳同盟。随着美国新当选总统拜登的上台，美澳关系可能会在诸如气候政策等具体议题上面临新的调整，但预计两国同盟关系稳中有进。

关键词：　美澳同盟　印太战略　关键矿物　四方安全会谈

2020年是国际政治中极不平凡的一年。新冠肺炎疫情全球肆虐，世界经济陷入困境，全球治理危机暴露无遗。在这一特殊背景下，美国和澳大利亚试图在各种挑战和不确定性中维持同盟关系的稳定。双边合作势头良好。本报告回顾2020年美澳关系在政治、安全、经济等领域的动态，分析美澳关系发展的新特点，预测美澳关系在拜登总统执政时期的发展态势。

---

* 许少民，中山大学国际关系学院副教授，教育部国别和区域研究培育基地——中山大学大洋洲中心研究员，主要研究方向为中澳关系、软实力和公共外交；陆芃樵，麦吉尔大学政治学系博士研究生，主要研究方向为中澳关系和印太安全。

一　2020年美澳关系回顾

2020 年新冠肺炎疫情肆虐全球，对全球政治经济秩序产生了深远影响，但美澳两国持续深化同盟关系的势头得以延续。新冠肺炎疫情甚至在某种程度上助推两国战略认知的趋近及其在关键领域合作的深化。

（一）战略层面高层交往频繁，政治共识日益加深

自奉行“美国优先”的特朗普总统执政以来，美国和欧洲、亚洲等地区的许多盟友和伙伴的关系都发生了或多或少的动摇。虽然美澳关系也一度面临波折，但随着美国“印太战略”的正式出炉，美澳很快在牵制中国和塑造印太秩序等核心议题上达成共识。两国政府都将美澳同盟视为双边关系和印太秩序的基石，澳大利亚成为少数能够和特朗普政府保持稳定合作关系的盟友之一。[①] 2020 年年中，在美国政府积极推动的外交议程中，澳大利亚基本上都坚定地站在了美国这一边。即使面对新冠肺炎疫情的冲击，两国仍然保持了较为频繁的高层交往。为彰显美澳关系的韧性，澳大利亚外交部长佩恩（Marise Payne）和国防部长雷诺兹（Linda Reynolds）在 2020 年 7 月冒着染疫风险和隔离不便亲赴华盛顿同美国国务卿蓬佩奥（Mike Pompeo）和国防部长埃斯珀（Mark Esper）举行第 30 届美澳年度部长级磋商（Australia-United States Ministerial Consultations，即外界所称的外长和防长“2 +2”会谈）。[②] 此外，澳大利亚总理莫里森（Scott Morrison）在年内多次

① 沈予加、喻常森：《特朗普时期美澳同盟发展趋势探析》，《当代世界》2019 年第 3 期。

② Stephen Dziedzic, “Australian Government Ministers Marise Payne and Linda Reynolds to Fly to US during Coronavirus Pandemic,” *ABC News*, 24 July 2020, https://www.abc.net.au/news/2020-07-25/ausmin-australiaunited-states-bilateral-meet-pandemic-defence/12490078，访问日期：2021 年 2 月 22 日。

与特朗普总统通话，就双边和国际议题保持紧密沟通。① 在美国大选结束后，莫里森也在第一时间致电拜登（Joe Biden），确认美澳关系重要性。②

新冠肺炎疫情暴发为美澳战略共识进一步加深提供了契机。以对华战略为例，在新冠肺炎疫情全球暴发之前，莫里森政府寻求避免中澳关系再度恶化，最大限度避免在公开场合批评中国。但2020年3月以来，澳大利亚多次针对新冠肺炎疫情等问题公开对华发难，双边关系进一步倒退。③ 中美关系也呈现类似发展趋势，疫情恶化了双方的战略竞争态势④，中美关系的民意基础和社会基础遭遇前所未有的挑战。⑤ 2020年的美澳外长和防长“2+2”会谈将焦点从中东地区转移到印太地区，会后发表的联合声明中自“9·11”事件以来首次未提及阿富汗、伊拉克、叙利亚或伊朗。这意味着美澳同盟工作重心的转移，具有重大的战略意义。⑥ 双方在会谈中还达成一

---

① Andrew Tillett, “Morrison and Trump Talk Virus, China”, *Australian Financial Review*, 22 April 2020, https://www.afr.com/politics/federal/morrison-and-trump-talk-virus-china-20200422-p54m4t, 访问日期：2021年2月23日；Samantha Maiden, “Scott Morrison Talks Coronavirus with Donald Trump”, News.com.au, 17 July 2020, https://www.news.com.au/finance/work/leaders/scott-morrison-talks-coronavirus-with-donald-trump/newsstory/66589b7ed6fa35fbbf68e531cb489433, 访问日期：2021年2月23日。

② David Crowe, “Morrison and Biden Speak about COVID-19 and Emissions in First Call”, *The Sydney Morning Herald*, 12 November 2020, https://www.smh.com.au/politics/federal/morrison-congratulates-biden-in-first-callwith-us-president-elect-20201112-p56dz1.html, 访问日期：2021年2月23日。

③《成竞业大使就新冠肺炎疫情等接受澳〈金融评论报〉采访实录》，中华人民共和国驻澳大利亚联邦大使馆，2020年4月9日，http://au.china-embassy.org/chn/gdtp/t1774672.htm。

④ Elizabeth C. Economy et al., “How 2020 Shaped U.S.-China Relations”, 15 December 2020, https://www.cfr.org/article/how-2020-shaped-us-china-relations, 访问日期：2021年2月23日。

⑤ Laura Silver, Kat Devlin and Christine Huang, “Unfavorable Views of China Reach Historic Highs in Many Countries”, 6 October 2020, https://www.pewresearch.org/global/2020/10/06/unfavorable-views-of-china-reach-historic-highs-in-many-countries/.

⑥ Lindsey W. Ford and Ashley Townshend, “In Annual Meeting, A New Direction for US-Australia Alliance”, The Brookings Institution, 4 August 2020, https://www.brookings.edu/blog/order-from-chaos/2020/08/04/in-annual-meeting-a-new-direction-for-us-australia-alliance/, 访问日期：2021年2月23日。

系列具体共识，主要包括签署一份保密的《同盟防务合作和印太军事态势优先事项的原则声明》；建立一个双边军力态势工作组；对如何推进在印太地区的军力态势合作提出建议；承诺加强在南海以及印度洋的定期海洋合作，包括双边以及与区域志同道合的伙伴国家一起采取行动等；并在中国香港、台湾、新疆以及5G、基础设施建设、网络安全等议题上加强协调合作。[①]

（二）安全领域谋求深度融合，积极提升备战水平

美澳两国在全球新冠肺炎疫情大流行之际加速深化安全领域的合作水平，主要体现在两个方面。

一方面，两国对印太地区和国际安全形势的战略判断趋近。特朗普总统执政不久就将大国竞争（而非恐怖主义）作为美国国家安全战略的重点，并将中俄视为“战略竞争对手”，积极增加军费开支，调整军事部署。[②] 2020年年中，莫里森政府也对澳大利亚面临的战略安全环境做出了更加消极的判断，并决定加大军事投入积极备战。2020年7月1日，莫里森政府发布《2020年国防战略更新》（2020 *Defence Strategic Update*）和《2020年部队结构计划》（2020 *Force Structure Plan*），计划在未来10年在国防开支上增加40%，总共投资2700亿澳元，旨在增强澳海空军的“致命打击”能力，首次提出部署路基远程导弹防御系统，发展反潜战、天基情报以及水下监视技术。[③] 这为美澳进一步增强在军事领域的“互操作性”（Interoperability）奠定了更加坚实的基础。特朗普政府对澳大利亚增加国防开支的举动积极表示欢迎。澳大利亚的安全战略调整思路更趋近于美国最新

① US Department of State, “Joint Statement Australia-U. S. Ministerial Consultations (AUSMIN) 2020”, 28 July 2020, https://2017 – 2021. state. gov/joint – statement – on – australia – u – s – ministerial – consultations – ausmin – 2020/index. html，访问日期：2021年2月23日。

② The White House, “National Security Strategy of the United States of America”, https://trumpwhitehouse. archives. gov/wp – content/uploads/2017/12/NSS – Final – 12 – 18 – 2017 – 0905. pdf，访问日期：2021年2月23日。

③ Colin Packham, “Australia to Sharply Increase Defence Spending W = with Focus on Indo-Pacific”, *Reuters*, 1 July 2020, https://www. reuters. com/article/us – australia – defence – idUSKBN242466，访问日期：2021年2月23日。

的国家安全战略；与此同时，在“美国优先”的执政思路下，特朗普政府频繁要求盟友增加防务开支，特朗普认为莫里森政府这一调整响应了其诉求，因此公开对此表示赞赏。①

另一方面，美澳军事合作在实务层面稳步推进。一是美澳两国频繁举行双边和多边军事演习。2020 年 4 月 13 日起，美澳两国海军在南海举行联合军演。② 7 月 19 ~ 23 日，美日澳三国在南海和西太平洋举行联合军演。③ 8 月17 ~ 31 日美国在夏威夷举行“环太平洋”军演。虽然受新冠肺炎疫情影响参演国家数量大幅下降，但澳大利亚赫然在列。④ 9 月 4 日起美澳在澳大利亚北领地展开联合军演，模拟远距离空袭。⑤ 9 月 12 日起，美日韩澳在关岛附近海域举行代号为“太平洋先锋”的海上联合军演。⑥ 10 月 19 日，美日澳三国军舰在南海举行联合军演。⑦ 11 月 3 日起，美日澳印四国在孟加

① Andrew Tillett, “Trump Hails Australia's Military Build-up: Morrison”, *Australian Financial Review*, 17 July 2020, https://www.afr.com/politics/federal/trump - hails - australia - s - military - build - up - morrison - 20200717 - p55d29，访问日期：2021 年 2 月 23 日。

② U. S. Pacific Fleet, “U. S. Navy, Royal Australian Navy Team up in the South China Sea”, 21 April 2020, https://www.cpf.navy.mil/news.aspx/130600，访问日期：2021 年 2 月 23 日。

③ Australian Department of Defence, “Australia, Japan and US Exercise in Philippine Sea”, 21 July 2020, https://news.defence.gov.au/media/media - releases/australia - japan - and - us - exercise - philippine - sea，访问日期：2021 年 2 月 23 日。

④ U. S. Indo-Pacific Command, “Multinational Exercise Rim of the Pacific 2020 Concludes”, 1 September 2020, https://www.pacom.mil/Media/News/News - Article - View/Article/2332853/multinational - exercise - rim - of - the - pacific - 2020 - concludes/，访问日期：2021 年 2 月 23 日。

⑤ The United States Marine Corps, “U. S., Australian Militaries Demonstrate Rapid, Long-Distance Airstrike Capabilities”, 4 September 2020, https://www.marines.mil/News/News - Display/Article/2337056/us - australian - militaries - demonstrate - rapid - long - distance - airstrike - capabilities/，访问日期：2021 年 2 月 23 日。

⑥ “Japan MSDF to Conduct Exercise with U. S., S. Korea, and Australia off Guam”, *Kyodo News*, 12 September 2020, https://english.kyodonews.net/news/2020/09/9f241e4fa329 - msdf - to - conduct - exercise - with - us - s - korea - and - australia - off - guam.html，访问日期：2021 年 2 月 23 日。

⑦ “U. S., Japan, Australia Conducted Naval Exercises in South China Sea Monday - U. S. Navy”, *Reuters*, 20 October 2020, https://www.reuters.com/article/southchinasea - trilateral - int - idUSKBN2750KR，访问日期：2021 年 2 月 23 日。

拉湾海域举行代号为“马拉巴尔”的海上军演。[①] 这是澳军自2008年以来首次参加“马拉巴尔”海上军演，引起外界高度关注和猜测。二是澳大利亚积极配合美国在全球范围内的军事行动和部署。2020年1月，澳大利亚派遣战舰“图文巴”号（HMAS Toowoomba）前往波斯湾地区，以守护霍尔木兹海峡安全为由，加入以美军领导，英国、沙特、巴林等国军队组成的“国际海事安全联盟”（International Maritime Security Construct）为期半年的巡逻行动。[②] 2020年7月，澳大利亚同意美国在澳大利亚北部的达尔文市建立一个由美国出资、商业运作的军事燃料储备库，用于巩固美军区域内补给与续航能力。[③] 三是美澳在军工研发合作上亦有进展。2020年美澳外长和防长“2+2”会谈联合声明中透露有超过50家澳大利亚公司以某种形式参与到F-35战斗机制造的供应链中。11月30日，澳大利亚国防部长雷诺兹宣布澳大利亚将与美国合作研发空射高超音速导弹。[④] 四是美澳加强在非传统安全领域合作。2020年12月，美澳共同签署了网络培训能力项目协议（Cyber Training Capabilities Project Arrangement），把澳军网络作战经验与意见并入美军网络司令部旗下的持续网络培训环境（Persistent Cyber Training Environment，PCTE）中，并与澳军分享该虚拟网络作战培训平台。[⑤]

---

① Sanjeev Miglani, “India, U. S., Japan and Australia Kick off Large Naval Drills”, *Reuters*, 3 November 2020, https://www.reuters.com/article/us-india-navy-drills-idUSKBN27J11Z, 访问日期：2021年2月23日。

② Andrew Greene, “Australian Warship HMAS Toowoomba Heads to Iran as Part of Operation Manitou”, *ABC News*, 13 January 2020, https://www.abc.net.au/news/2020-01-13/australian-warship-heads-to-iran/11861546, 访问日期：2021年2月23日。

③ Byron Kaye, “Australia to Get U. S.-funded Military Fuel Reserve as Relations with China Cool”, *Reuters*, 30 July 2020, https://www.reuters.com/article/us-usa-australia-pompeo-fuel-idUSKCN24V0T6, 访问日期：2021年2月23日。

④ “Australia Partners with U. S. to Develop Hypersonic Missiles”, *Reuters*, 1 December 2020, https://www.reuters.com/article/uk-australia-usa-defense-idUKKBN28B3FI, 访问日期：2021年2月23日。

⑤ US Cyber Command, “US and Australia Sign First-Ever Cyber Agreement to Develop Virtual Training Range”, 4 December 2020, https://www.cybercom.mil/Media/News/Article/2434919/us-and-australia-sign-first-ever-cyber-agreement-to-develop-virtual-training-ra/, 访问日期：2021年2月23日。

（三）经济领域合作重点突出，试图重塑产业链

重塑产业链，摆脱对单一国家和市场的过度依赖，提升联盟内部经济韧性是美澳在2020年经济合作领域的重中之重。早在新冠肺炎疫情暴发之前，主张“美国优先”的特朗普政府就已着手通过减税、贸易战等方式重塑产业链，吸引制造业投资回流。澳大利亚出于对中国崛起的忧虑也在试图积极拓展国际经济合作，增强贸易伙伴的多元化趋势，避免过度依赖中国。新冠肺炎疫情暴发让一些国家（特别是西方发达国家）深刻意识到全球化趋势下的劳动分工导致制造业外流，以致产业链过度依赖某一国的脆弱性。因此，谋求全球产业链区域化和本地化，尤其是摆脱对单一国家的依赖成为许多国家经济政策的优先事项。在美澳加强合作牵制中国的大背景下，美澳在双边和多边领域上重塑产业链的趋势更是得以强化，也更加具有针对性和政治意涵。

在双边层面，根据美澳两国在2019年9月达成关于制定《美国—澳大利亚关键矿物行动计划》（US - Australia Critical Minerals Plan of Action）的共识，美国务院在2020年2月26日举行美澳战略矿产工作会议，重点商讨该行动计划的细化。① 7月27日，澳稀土生产商莱纳斯（Lynas）有限公司宣布与美国防部签订合同，由美方提供资助，启动在得克萨斯州建设重稀土分离加工厂项目的设计工作。② 除稀土外，美国还承诺出资帮助澳大利亚扩大对锂、钴等战略矿产物质的开采规模，支持澳发展冶炼等矿产品加工行业。2020年12月10日，美澳举行第三届美澳能源安全年度对话，同意加深合作“确保战略矿产供应链的稳定性和韧性”，保证两国及其盟友能够获

---

① US Department of State, “United States and Australia Make Progress on Improving Critical Mineral Security”, 26 February 2020, https://2017 - 2021. state. gov/united - states - and - australia - make - progress - on - improving - critical - mineral - security/index. html，访问日期：2021年2月23日。

② Fumi Matsumoto, “Pentagon to Fund Rare-earth Refinery by Australia's Lynas”, *Nikkei Asian Review*, 27 July 2020, https://asia. nikkei. com/Business/Markets/Commodities/Pentagon - to - fund - rare - earth - refinery - by - Australia - s - Lynas，访问日期：2021年2月23日。

得战略矿产的稳定供应。[①] 在多边层面，2020 年 9 月美日印澳四国在东京举行的“四方安全对话”（Quad）上决定开展合作，“改善战略矿物、医疗用品和药品等领域的产业链”。[②]

（四）强化卫生领域合作，利用疫情合作展开政治攻势

新冠肺炎疫情的全球暴发为美澳围绕卫生议题深化合作提供了发力点。一方面，针对新冠肺炎疫情，两国高层保持紧密沟通和合作，并且将卫生领域的双边和区域合作提升至更加显著的位置。2020 年 7 月，美澳在外长和防长“2 +2”会谈后发表《2020 年澳美部长级磋商卫生安全声明》，表示将加强全球性的努力，防止并减缓未来的卫生危机和大流行病，并就以印太为中心的双边卫生安全合作提出一系列具体倡议。[③] 另一方面，美澳两国合作利用新冠肺炎疫情展开针对中国的政治战和舆论战。澳大利亚对特朗普政府“甩锅”中国和世界卫生组织的做法采取了迎合姿态。2020 年 4 月，澳方悍然公开号召要对 2019 新型冠状病毒的起源及扩散进行所谓的“独立调查”。[④] 这一倡议得到了美国的积极响应。[⑤]

除上述四个关键领域之外，美澳关系在其他领域也有进展。例如，在国

---

① US Department of State, “United States and Australia Make Progress on Improving Critical Mineral Security”, 11 December 2020, https://2017 – 2021. state. gov/joint – statement – third – annual – u – s – australia – energy – security – dialogue/index. html，访问日期：2021 年 2 月 23 日。

② US Department of State, “U. S. – Australia-India-Japan Consultations (The Quad)”, 25 September 2020, https://2017 – 2021. state. gov/u – s – australia – india – japan – consultations – the – quad – 3/index. html，访问日期：2021 年 2 月 23 日。

③ Australian Department of Foreign Affairs and Trade, “AUSMIN 2020 Global Health Security Statement”, https://www. dfat. gov. au/geo/united – states – of – america/ausmin/ausmin – 2020 – global – health – security – statement，访问日期：2021 年 2 月 23 日。

④ Lidia Kelly, “Australia Demands Coronavirus Enquiry, Adding to Pressure on China”, *Reuters*, 19 April 2020, https://www. reuters. com/article/us – health – coronavirus – australia/australia – demands – coronavirus – enquiry – adding – to – pressure – on – china – idUSKBN221058，访问日期：2021 年 2 月 23 日。

⑤ US Department of State, “Secretary Michael R. Pompeo at a Press Availability”, 20 May 2020, https://2017 – 2021. state. gov/secretary – michael – r – pompeo – at – a – press – availability – 6/index. html，访问日期：2021 年 2 月 23 日。

际发展与援助方面，美国倚重澳大利亚在南太平洋地区的影响力，联手推动双边或多边援助项目。2020 年 10 月，美日澳三国决定共同资助 3000 万美元为西太平洋岛国帕劳建造海底光纤电缆，这是 2018 年三国达成的“三方基础设施伙伴关系倡议”（Trilateral Infrastructure Partnership）的首个资助项目。①

值得注意的是，虽然美澳同盟在 2020 年中继续发展，但是两国仍在一些关键议题上存在分歧和差异。例如，尽管美国不断游说澳大利亚同意其在澳本土部署中程导弹，但澳至今尚未松口表示支持。② 在南海问题上，虽然两国承诺加强海上合作，澳大利亚也公开支持美国在南海展开所谓的“自由航行行动”，但并未公开表示会与美联合展开类似行动，而是强调澳将依据国际法实施所谓“自由航行”和“自由飞越”的权利。③ 澳外长佩恩在 2020 年澳美外长和防长“2 + 2”会谈后受访时也坦率指出，澳并非在所有对华问题上都与美立场一致，声称澳“将依据国家利益与安全自行做出对华关系方面的判断与决定”，而且“无意伤害”中澳关系。④

二　2020年美澳关系特点

回顾 2020 年美澳关系的发展轨迹可以发现，相似的战略判断、共同的

① US Department of State, “The United States Partners with Australia and Japan to Expand Reliable and Secure Digital Connectivity in Palau”, 29 October 2020, https://2017 - 2021. state. gov/the - united - states - partners - with - australia - and - japan - to - expand - reliable - and - secure - digital - connectivity - in - palau/index. html, 访问日期：2021 年 2 月 24 日。

② David S. Cloud, “U. S. Seeks to House Missiles in the Pacific, Some Allies Don't Want Them”, *Los Angeles Times*, 10 June 2020, https://www. latimes. com/politics/story/2020 - 06 - 10/pentagon - to - build - up - missiles - in - western - pacific - to - combat - chinas - expansion, 访问日期：2021 年 2 月 24 日。

③ Daniel Hurst, “Australia to Step up South China Sea Defence Cooperation with US-But Won't Commit to Patrols”, *The Guardian*, 29 July 2020, https://www. theguardian. com/world/2020/jul/29/australia - to - step - up - south - china - sea - defence - cooperation - with - us - but - wont - commit - to - patrols, 访问日期：2021 年 2 月 24 日。

④ David Brunnstrom and Daphne Psaledakis, “Australia Tells U. S. It Has No Intention of Injuring Important China Ties”, *Reuters*, 29 July 2020, https://www. reuters. com/article/us - usa - australia - pompeo - idUSKCN24T2MP, 访问日期：2021 年 2 月 24 日。

利益诉求和深厚的合作基础让两国关系即使面临新冠肺炎疫情的影响也保持了强大的韧性。同时，这一特殊年份中的美澳同盟也显示出了三大特点。

一是美国防疫乱局冲击美澳同盟的民意基础。特朗普政府在防疫上的糟糕表现让澳大利亚民众非常失望。根据美国皮尤中心 2020 年 9 月的民意调查显示，在受访的澳大利亚人中，仅有 14% 的受访者认为美国政府的防疫工作令人满意，仅有 23% 的受访者对特朗普有信心，仅有 33% 的受访者对美国抱有好感，后两项较前年均出现明显下滑。① 而且美国防疫失败对澳大利亚防疫造成巨大压力。在中国、韩国和意大利等国出现疫情大规模扩散后，莫里森政府果断宣布了对这些国家的旅行禁令，但对美国的旅行禁令却拖延至 3 月 19 日才实施。这直接导致美国成为澳大利亚感染病例的最大来源地。② 澳大利亚洛伊研究所 2020 年 6 月的一份民调显示，尽管 78% 的澳大利亚受访者仍然认为美澳同盟对于澳大利亚国家安全非常或相当重要，但是仅有 51% 的受访者表示非常或部分“信任美国会在世界上负责任地行动”。这个民调延续了特朗普总统执政以来逐年下滑的趋势。进一步说，66% 的受访者认为特朗普总统削弱了美澳同盟，68% 的受访者认为“澳大利亚应该仅对联合国授权的美国军事行动表示支持”，仅有 34% 的受访者认为澳大利亚应履行同盟义务支持“美国在亚洲的军事行动”。③ 从这些民调结果中不难发现，虽然美澳同盟在澳大利亚仍然享有非常高的公众支持度，但是澳大利亚民众对美国的信任和好感度双双下滑，而且对于澳方履行美澳同盟条约义务的支持并不是无条件的。

---

① Richard Wike, Janell Fetterolf and Mara Mordecai, “U. S. Image Plummets Internationally as Most Say Country Has Handled Coronavirus Badly”, Pew Research Center, 15 September 2020, https://www.pewresearch.org/global/2020/09/15/us-image-plummets-internationally-as-most-say-country-has-handled-coronavirus-badly/，访问日期：2021 年 2 月 25 日。

② Eryk Bagshaw, “Coronavirus Circulating in the US in January, Australian Travel Ban too Late”, *The Sydney Morning Herald*, 29 March 2020, https://www.smh.com.au/politics/federal/coronavirus-circulating-in-the-us-in-january-australian-travel-ban-too-late-20200327-p54el1.html，访问日期：2021 年 2 月 25 日。

③ Natasha Kassam, “Lowy Institute Poll 2020”, Lowy Institute, https://poll.lowyinstitute.org/report/，访问日期：2021 年 2 月 25 日。

二是美澳政治军事同盟多边化趋势加强。同二战后美国在欧洲建立的集体防御体系不同，美国在亚太地区的同盟体系是以双边条约为基础的“轴辐体系”。[①] 但是近年来美国积极谋求同盟和伙伴关系的多边化和网络化，鼓励盟友和伙伴之间也朝同盟或准同盟方向发展以“推动形成一个网络化和整合性更强的地区”。[②] 2020 年这一趋势继续加强，美国对此也毫不讳言。美国副国务卿比根（Stephen Biegun）在 2020 年 8 月就公开宣称美方有意在美日澳印“四方安全对话”的基础上组建“亚洲版北约”。[③] 澳大利亚出于自身国家战略考量也积极迎合美方意图，这从上文提及的 2020 年美日澳、美日澳印等三边或多边机制框架下频繁的军事和政治活动中可见一斑。2020 年澳大利亚与日本、菲律宾、印度等国政治军事合作的深化（尤其是与日本）也进一步加强了美澳政治军事同盟网络化的趋势。[④]

三是澳大利亚的对美依赖呈现出进一步加深趋势。尽管特朗普政府的“美国优先”政策加剧了美澳间的分歧，其在防疫上的失败也让澳民众对美

① Yasuhiro Izumikawa, “Network Connections and the Emergence of the Hub – and – Spokes Alliance System in East Asia”, *International Security* 45, No. 2 (2020), pp. 7 – 50.

② US Department of State, “A Free and Open Indo-Pacific: Advancing a Shared Vision”, 4 November 2019, https://www.state.gov/wp – content/uploads/2019/11/Free – and – Open – Indo – Pacific – 4Nov2019.pdf，访问日期：2021 年 2 月 25 日。

③ Robert Delaney, “US Seeks Formal Alliance Similar to NATO with India, Japan and Australia, State Department Official Says”, *South China Morning Post*, 1 September 2020, https://www.scmp.com/news/china/article/3099642/us – seeks – formal – alliance – similar – nato – india – japan – and – australia – state，访问日期：2021 年 2 月 25 日。

④ Kiyoshi Takenaka and Ju-min Park, “Japan, Australia Reach Security Pact Amid Fears over Disputed South China Sea”, *Reuters*, 17 November 2020, https://www.reuters.com/article/us – japan – australia – idUSKBN27X131，访问日期：2021 年 2 月 25 日；Dhruva Jaishankar, “India-Australia Security Relations: They've Only Just Begun”, *The Interpreter*, 19 October 2020, https://www.lowyinstitute.org/the – interpreter/india – australia – security – relations – they – ve – only – just – begun，访问日期：2021 年 2 月 25 日；The Philippine Department of Foreign Affairs, “PH, Australia Commit To Vigorous Defense And Security Cooperation At 5th Ph-Australia Strategic Dialogue”, 1 December 2020, https://dfa.gov.ph/dfa – news/dfa – releasesupdate/28299 – ph – australia – commit – to – vigorous – defense – and – security – cooperation – at – 5th – ph – australia – strategic – dialogue，访问日期：2021 年 2 月 25 日。

国政府的信心有所松动，但是2020年澳大利亚对美政策仍然显示出很强的“路径依赖”,[①] 进一步强化了对美国的依赖程度。除了前述美澳各领域合作的进展之外，澳大利亚在涉及中国主权、安全和发展利益的问题上采取错误言行，积极主动地配合美国，试图以此巩固美澳同盟的做法突出体现了这一趋势。在澳大利亚的国内政策辩论中，对于美澳同盟的实质性反思相当匮乏，有学者认同政府追随美国制衡中国的做法，也主张进一步加深二者的同盟关系。有学者将此趋势称为澳大利亚的安全“悖论”，即当美国的实力和国际形象的下滑、对美国的“盲从”有损其国家利益时，澳大利亚反而投入更大精力去深化美澳同盟，强化对美安全依赖。[②] 这一悖论彰显了美澳同盟的所谓“特殊性”，即该同盟关系不仅根植于共同利益和价值观，而且有强大的集体情感支撑。[③] 基于共同的语言、种族和历史因素，多数澳大利亚民众对美国抱有特殊的好感，感性地将美澳同盟视为澳国家安全和外交的支柱。这一情感很难在短期内随着美国政府和政策的变化而发生根本性转变。更重要的是，这一集体情感有意或无意地限制了澳大利亚政治精英制定政策时的视角和思维模式，使得美澳同盟的深化在缺乏严重外部冲击的情况下很难脱离既定轨道，反而在区域和国际局势出现渐进式变化时成为澳大利亚执政者的惯性动作。

三　美澳关系展望

美澳同盟的主导方是美国。美国白宫易主势必会影响美澳双边关系的

---

① Mark Beeson and Alan Bloomfield, “The Trump Effect Downunder: U. S. Allies, Australian Strategic Culture, and the Politics of Path Independence”, *Contemporary Security Policy* 40, No. 3, 2019, pp. 1 – 27.

② 李途：《二元困境、“反思主义”和澳大利亚外交政策的调整》，《国际论坛》2021年第4期。

③ Lloyd Cox and Brendon O’Connor, “That ‘Special Something’: The U. S. – Australia Alliance, Special Relationships, and Emotions”, *Political Science Quarterly* 135, No. 3, Fall 2020, pp. 409 – 438.

发展。就拜登政府此前披露的议程来看，短期内美澳关系并不属于其执政的优先事项。一方面，美国外交政策受其内政制约。由于新冠肺炎疫情的持续肆虐及其国内经济的困顿，拜登执政之初的重心无疑在于内政。另一方面，美国外交政策具有全球性，拜登政府对两国关系的注意力也会受其他更加紧迫的外交议题、突发事件以及新政府内部人事和政策磨合的影响。尽管如此，基于美澳在一系列重大战略问题上的共识，拜登政府仍需借助澳大利亚在印太地区的影响力来实现其战略和区域目标，美国对澳外交政策将显示出相当程度的延续性。美方仍将在军事、外交、经济等领域寻求与澳方的紧密合作。拜登就任以来美澳双方高层互动中透露的信息也印证了这一趋势。2021 年 2 月 3 日，拜登在与莫里森的电话会谈中将美澳同盟定位为“印太和全球稳定之锚”，表示将与澳方合作应对包括中国崛起、新冠肺炎疫情和气候变化在内的全球和区域挑战。① 同时，在注重修复和提升与盟友关系的大方向下，拜登政府释放出进一步加深和拓展包括由美日澳印组成的“四方安全对话”和“五眼联盟”等新旧小多边合作机制的信号。例如，2021 年 1 月 29 日，白宫国家安全顾问杰克·沙利文（Jake Sullivan）表示“将继承和发展四方安全对话形式和工作方式，（四方安全对话）将成为在太平洋地区制定美国务实政策的基础”。② 再者，拜登自竞选以来做出的最具体的外交政策承诺之一就是在其执政初年主办所谓“全球民主国家峰会”，以“针对全球性威胁采取集体行动”。③ 该峰会一旦成形，澳大利亚无疑是座上宾。此外，在 2021 年 6 月于英国召开的七国集团峰会上，澳大利亚总统莫里森与印度、韩国、南非的政府首脑成

① The White House, “Readout of President Joseph R. Biden, Jr. Call with Prime Minister Scott Morrison of Australia”, 3 February 2021, https: //www. whitehouse. gov/briefing – room/statements – releases/2021/02/03/readout – of – president – joseph – r – biden – jr – call – with – prime – minister – scott – morrison – of – australia/，访问日期：2021 年 2 月 27 日。

② United States Institute of Peace, “Passing the Baton 2021: Securing America's Future Together”, 29 January 2021, https: //www. usip. org/sites/default/files/Passing – the – Baton – 2021 – Transcript – FINAL. pdf，访问日期：2021 年 2 月 27 日。

③ Joseph R. Biden, Jr., “Why America Must Lead Again: Rescuing U. S. Foreign Policy after Trump”, *Foreign Affairs* 99, No. 2 (2020), pp. 64 – 76.

为座上宾，并与七国共同发表《2021 年开放社会声明》。该声明认为民主价值受到威胁，国际社会应当强有力地应对威权政府、贫富差距、种族歧视、选举不公、虚假新闻等挑战。[①] 未来这一组合是否会机制化和实体化值得观察。综上所述，这些多边机制都为美澳进一步合作开展价值观外交提供了契机。

对于拜登治下的美国政策新动向，澳大利亚一则以喜，一则以忧。一方面，拜登政府力图改善与盟友的关系，重回国际组织，重回多边主义，试图恢复美国未来的国际领导力。美国外交政策的稳定性及其可预测性明显提升。澳大利亚可能因此获取更大的空间来主动塑造美国的战略和行动。另一方面，拜登政府围绕气候变化和对华政策等议题可能会与澳大利亚产生或多或少的政策分歧或摩擦。一是拜登已反复表示气候政策将是其执政重心之一，自上任以来已让美国重返《巴黎协定》并承诺到 2050 年实现净零排放目标，而且表示将敦促包括盟友在内的所有国家更快地减少污染。[②] 这与积极捍卫化石燃料、在应对气候变化方面逡巡不前的莫里森政府形成了鲜明对比。[③] 后者曾经承诺，在 2030 年前减排 26% ~28%，回到 2005 年的水平，但这被美英等国认为缺乏决心，美驻澳外交官已公开呼吁澳在应对气候变化上设定“更具雄心的目标”，“直面”气候危机。[④] 虽然澳大利亚政府近期

---

① “2021 Open Societies Statement”, 13 June 2021, https://www.g7uk.org/wp-content/uploads/2021/07/2021-Open-Societies-Statement-PDF-355KB-2-pages.pdf，访问日期：2021 年 8 月 5 日。

② Joe Biden, “The Power of America’s Example: The Biden Plan for Leading the Democratic World to Meet the Challenges of the 21st Century”, Biden-Harris, 2020, undated, https://joebiden.com/americanleadership/，访问日期：2021 年 2 月 26 日。

③ “Australia’s PM Reluctant to Commit to Medium-Term Climate Goals: The Australian”, *Reuters*, 23 January 2021, https://www.reuters.com/article/us-climate-change-australia/australias-pm-reluctant-to-commit-to-medium-term-climate-goals-the-australian-idINKBN29S02E，访问日期：2021 年 2 月 26 日。

④ Daniel Hurst, “US Urges Australia to Adopt ‘More Ambitious Climate Goals’ as Pressure Mounts on Morrison to Act”, *The Guardian*, 4 July 2021, https://www.theguardian.com/environment/2021/jul/05/us-urges-australia-to-adopt-more-ambitious-climate-goals-as-pressure-mounts-on-morrison-to-act，访问日期：2021 年 8 月 5 日。

在2050年实现碳中和问题上的立场已显著改变,[①] 但是两国气候及相关能源政策上仍存在明显差异，美国总统气候问题特使克里（John Kerry）对此直言不讳。[②] 二是围绕对华政策，拜登政府更加务实且可预期的政策让澳大利亚稍感宽慰，也期许其能够给中国施加足够压力迫使后者改变对澳政策。从拜登上台以来的中美互动来看，美方的确如澳所愿多次悍然要求中国停止对澳所谓的“经济胁迫”，并将中美关系的改善与这一议题挂钩。[③] 但从结果看，澳方的期许基本落空。未来美方能否在澳关心的议题上对华保持高压政策将是两国关系中一个绕不开的议题。另外，希望与盟友在对华政策上实现统一战线的拜登政府是否会要求澳采取更多可能触怒中国的行动，澳又在多大程度上愿意进一步牺牲中澳关系来迎合美对华政策也值得关注。不过，虽然围绕这些议题美澳可能会产生分歧或摩擦，但是如前所述，内政优先且注重修复同盟关系的拜登政府在短期内很可能并不会对澳施加过多压力。

综上所述，拜登政府虽然不会在美澳关系上耗费过多精力，但是维持甚至进一步强化美澳同盟的立场明显。同时，莫里森政府对拜登政府表现出积极迎合姿态，已经表露在应对新冠肺炎疫情、气候变化、对华政策、产业链调整、国际贸易、印太区域安全等各领域加深合作的愿望。[④] 在双边层面，2021年美澳关系有两个尤为值得注意的指标性事件。一是拜登是否会应莫

① David Crowe, “Morrison Eyeing More Ambitious Climate Target of Net Zero by 2050”, *The Sydney Morning Herald*, 1 February 2021, https://www.smh.com.au/politics/federal/morrison-eyeing-more-ambitious-climate-target-of-net-zero-by-2050-20210201-p56yj3.html，访问日期：2021年2月27日。

② Daniel Hurst and Adam Morton, “Joe Biden's Climate Envoy Admits US and Australia Not on ‘Same Page’”, *The Guardian*, 23 February 2021, https://www.theguardian.com/australia-news/2021/feb/24/joe-bidens-climate-envoy-admits-us-and-australia-not-on-same-page，访问日期：2021年2月27日。

③ Jason Scott, “U.S.-China Talks Linked to Australia Ties, Biden Aide Says”, *Bloomberg*, 16 March 2021, https://www.bloomberg.com/news/articles/2021-03-16/u-s-china-progress-tied-to-australia-treatment-biden-aide-says，访问日期：2021年8月5日。

④ Daniel Hurst, “Renewing the Alliance: the Biden Administration and What It Means for Australia”, *The Guardian*, 20 January 2021, https://www.theguardian.com/us-news/2021/jan/20/renewing-the-alliance-the-biden-administration-and-what-it-means-for-australia，访问日期：2021年2月27日。

里森之邀访问澳大利亚。自2014年11月以来，美国总统已经近七年未出访澳大利亚。2021年是《澳新美安全条约》（*The Australia*, *New Zealand*, *United States Security*）缔结70周年，莫里森借机已多次邀请拜登访澳。对此，拜登回应其“热爱澳大利亚”，访澳将“无需特殊理由”。[①] 若拜登访澳成行，双方将在哪些领域进一步深化合作将备受关注。若其最终未能成行，也很有可能是由于拜登政府有更优先的执政事项，并不意味着美澳关系出现重大挫折。二是2021年下半年内将在澳大利亚举行的美澳年度部长级磋商。该磋商机制是两国就双边外交和安全合作以及区域和全球重大议题进行沟通协调的最重要平台之一，美澳合作的许多重要倡议都由此机制推出。[②] 2021年的会议内容和成果同样将是观察美澳关系走向的重要风向标。

展望拜登的第一任期，美澳关系预计会稳中有进。虽然双方可能会在气候变化等具体议题产生分歧，但是两国在战略上相互依赖的格局未发生变化，加深各领域合作的势头预计会延续。或许正如澳外长佩恩撰文所愿，拜登治下的“美澳同盟只会变得更加强健”。[③] 但是，强健的美澳同盟对于亚太区域的和平稳定及繁荣究竟是福还是祸还有待进一步观察。

---

① Rob Harris and Anthony Galloway, “‘Nothing to Fix’: PM, Biden Discuss Emissions, China, Australia Visit in Phone Call”, *The Sydney Morning Herald*, 4 February 2021, https://www.smh.com.au/politics/federal/biden-keen-to-visit-australia-spoke-to-morrison-about-emissions-reduction-20210204-p56zka.html, 访问日期：2021年8月5日。

② Australian Department of Foreign Affairs and Trade, “AUSMIN-Australia-United States Ministerial Consultations”, Undated, https://www.dfat.gov.au/geo/united-states-of-america/ausmin/Pages/ausmin-australia-united-states-minist erial-consultations, 访问日期：2021年2月27日。

③ Marise Payne, “As Joe Biden Says, This Great US-Australia Alliance Will Only Grow Stronger”, *The Australian*, 25 January 2021, https://www.theaustralian.com.au/commentary/as-joe-biden-says-this-great-usaustralia-alliance-will-only-grow-stronger/news-story/cbe788248cb76514e76226bd48438c06, 访问日期：2021年2月27日。

附　　录

Appendix

B.14
2020年大洋洲大事记

王婷婷 *

1月

4～11日　基里巴斯共和国总统塔内希·马茂访华，双方签署共建“一带一路”合作文件。

5日　澳大利亚国家林火恢复局（Bushfire Recovery Agency）宣布成立。

6日　澳总理莫里森宣布设立国家林火恢复基金，首轮拨款20亿澳元。

9日　澳表示决定不从伊拉克撤军，继续参与打击伊拉克的“伊斯兰国”（IS）恐怖组织。

13日　澳新军团级导弹护卫舰“图旺巴”号启程开赴波斯湾，参加保卫海上石油运输线路。

20日　第六届中澳高级别对话在澳大利亚悉尼举行。

---

* 王婷婷，中山大学大洋洲中心研究人员，主要研究方向为环境史、新西兰问题。

20日 澳政府新成立的关键矿产开发办公室（CMFO，Critical Minerals Facilitation office）正式开门办公。

2月

2日 日本外务省表示，约180亿日元官方开发援助（ODA）将主要用于完善太平洋各国的基础设施。

2日 因涉嫌“政治分赃”和利益冲突，澳农业部长麦肯齐（Bridget McKenzie）宣布辞去内阁职务，同时不再担任国家党的副领袖一职。

3日 因婚外情丑闻下台的澳前国家党领袖和副总理乔伊斯（Barnaby Joyce）挑战现任领袖麦科马克（Michael McCormack）。

4日 澳国家党领袖票决，乔伊斯挑战失败，水务部长利特普劳德（David Littleproud）当选副领袖。

6日 澳总理莫里森宣布改组内阁，调整国家党部长职务。

11~13日 太平洋岛国论坛贸易部长和官员在苏瓦举行主题为“太平洋贸易国家：从生存到繁荣”的会议。

12日 欧盟和太平洋岛国论坛秘书处签署总计9400万欧元的融资协议。

17日 通用汽车宣布将终止澳大利亚汽车品牌霍顿（Holden）。

21日 澳政府宣布增加11亿澳元拨款，升级北领地的亭达皇家空军基地。

24日 库克群岛籍莫纳·马托（Teremoana Mato）先生成为太平洋岛国论坛贸易与投资专员署新一任贸易专员。

26~28日 太平洋岛国论坛召开国家管辖范围以外海洋生物多样性第四届政府间会议区域筹备会议。

28日 新西兰总理阿德恩访澳，再提罪犯遣返问题。

3月

5日 中国援助巴布亚新几内亚旱稻技术第二次推广验收会在巴布亚新

几内亚东高地省成功举行。

8日 马绍尔群岛关闭边境。

10日 中国同建交太平洋岛国就新冠肺炎疫情举行卫生专家视频会议。

12日 澳大利亚公布卫生、就业和经济复苏三大抗疫计划。

17日 新西兰政府公布121亿新元应对新冠肺炎疫情的经济措施计划。

18日 新西兰实现安全堕胎合法化。

19日 新西兰从23点59分起关闭边境。

19日 斐济公布首例新冠肺炎确诊病例，同时宣布新的限制入境和入境隔离措施。

20日 汤加首相图伊奥内托阿宣布该国进入紧急状态。

20日 萨摩亚总理图伊拉埃帕宣布国家进入紧急状态。

20日 澳大利亚从21点起关闭边境，非澳新国民禁止入境。

22日 帕劳关闭边界。

24日 巴布亚新几内亚进入国家紧急状态。

25日 澳大利亚国民不得出国旅行的禁令生效。

25日 新西兰宣布进入国家紧急状态。

26日 瓦努阿图宣布进入国家紧急状态并关闭边界。

26日 中国政府向瓦努阿图政府提供10万美元防疫援款。

29日 澳出台更严格的限制外国收购新措施，任何外国和企业对澳大利亚任何企业进行竞购，都要经过外国投资审核委员会审批。

31日 中国驻巴布亚新几内亚大使薛冰代表中国政府向巴新政府转交“中国—太平洋岛国抗疫合作基金”捐款。

4月

2日 巴布亚新几内亚政府发布高达560亿基纳的一揽子经济刺激方案。

7日 针对新冠肺炎疫情的太平洋人道主义通道（PHP-C）正式启动。

13日 澳皇家海军的“巴拉玛打”（HMAS Parramatta）号导弹护卫舰

开始与美军舰在南海展开联合演习。

15日 新西兰毛利党宣布黛比·恩格雷瓦－帕克（Debbie Ngarewa-Packer）和塔米·耶尔（John Tamihere）为新任联合党魁。

20日 瓦努阿图共和国瓦努阿库党主席鲍勃·拉夫曼当选第24任总理。

22日 太平洋贸易援助战略（2020～2025）发展伙伴圆桌会议举行。

23日 中国援所罗门群岛抗疫物资抵达所国。

24日 中国向斐济捐赠30万美元以应对疫情。

27日 中国援萨摩亚农业技术合作项目高级专家刘国平在萨摩亚首都阿皮亚不幸离世。

5月

1日 澳大利亚Afterpay公司披露，腾讯公司以逾3亿元买入该公司5%的股份。

5日 澳新发表联合声明：将尽快建立跨塔斯曼海峡“大泡泡”。

13日 中国同10个太平洋建交岛国以视频方式举行应对新冠肺炎疫情副外长级特别会议。

13日 新西兰宣布解除国家紧急状态。

14日 新西兰政府公布2020年财政预算情况。

15日 亚洲协会政策研究所举办了主题为“COVID－19和太平洋岛屿：应对两次危机”的网络研讨会。

18日 澳大利亚在世界卫生组织大会上正式提出进行新冠独立调查。

18日 新西兰储备银行批准了中国工商银行设立奥克兰分行的申请。

19日 中国援助汤加抗疫物资交接仪式举行。

21日 马绍尔群岛共和国的菲力蒙·马诺尼（Filimon Manoni）博士被任命为太平洋岛国论坛秘书处副秘书长。

21日 瓦努阿图公布2021年和未来4年的官方政策方向。

22日 托德·穆勒（Todd Muller）当选为新西兰国家党新任党魁。

26日 澳颁布了创造就业（JobMaker）新计划。

27日 巴新政府原则批准《“联通巴新”2020～2040基础设施发展规划》。

29日 澳公布对外援助战略的最新情况，重点应对“印太地区的新冠肺炎挑战”。

6月

1日 新西兰抗议者声援美国的“黑人的命也是命”（Black Lives Matter）抗议浪潮。

3～9日 来自15个太平洋论坛岛国的40个民间社会组织的代表举行第六次年度会议（在线）。

6日 澳大利亚民众游行示威，声援美国抗议浪潮，同时谴责澳大利亚原住民在警察拘留所死亡事件（Australia to Stop Black Deaths in custody）。

9日 一份报告显示，2019年中国对澳大利亚投资比前一年下降58.4%。

9～10日 巴布亚新几内亚议会全票通过政府提交的三部能矿领域法律修正案，对这三部法律进行修订是政府“夺回巴新”行动的一部分。

15日 77家巴布亚新几内亚企业获准无需经过第三方港口可直接对华出口海产品。

17日 澳贸易部长伯明翰称，澳不排除参与海外“一带一路”工程。

17日 太平洋岛国通过共同应对新冠肺炎疫情协议。

22日 基里巴斯总统塔内希·马茂成功连任。

23日 《区域全面经济伙伴关系协定》（RCEP）第10次部长级会间会召开。

30日 澳政府宣布耗资13.3亿澳元的“网络增强态势感知和响应”的新反击方案，防止外国攻击。

7月

1日 澳国防部发布《2020年国防战略更新报告》（2020 Defence Strategic Update）。

1日 中国与瓦努阿图两国执政党举行了以“携手抗疫，共谋发展”为主题的网络研讨会。

7日 新西兰公布《适应更美好的世界：加速经济潜力》这一为期10年的路线图，以及《初级产业委员会的愿景和战略纲要》。

9日 澳以中国制定香港特区维护国家安全法为借口，宣布暂停与中国香港引渡协议。

9日 中国与纽埃签署《关于援纽埃抗疫医疗援助项目交接证书》。

10日 新西兰国家党华人议员杨健宣布将退出政坛。

14日 新西兰统计局数据显示，新西兰5月国际入境人数为61年来最低。

15日 中国同库克群岛签署《关于援库克群岛抗疫医疗援助项目交接证书》。

16日 澳政府宣布20澳亿元就业培训计划（Job Trainer）。

20日 新西兰政府宣布将拨出140亿新元，以防新西兰“遭遇第二波疫情”。

21日 新西兰工党资深华人议员霍建强宣布退出政坛。

26日 澳宣布了价值10亿澳元的国防一揽子计划。

28日 第30届澳美外长防长年度战略对话举行。

28日 新西兰以中国制定香港特区维护国家安全法为借口，宣布暂停和中国香港的引渡条例。

8月

4日 太平洋岛国论坛报道，论坛外长批准了《应对COVID－19的太平洋人道主义通道共同协议》。

5日 澳总理莫里森称与志同道合的国家建立“印太联盟”将是澳政府关键优先事项。

6日 太平洋岛国和联合国世界粮食计划署开启了太平洋人道主义航空服务。

6日 首届中国—巴布亚新几内亚经贸联委会以视频会议形式召开。

11日 巴布亚新几内亚中资企业商会向巴新捐赠防疫物资。

11~12日 太平洋岛国论坛第23届经济部长会议举行。

20日 由中国政府援助重建的密克罗尼西亚联邦卡马尔大桥项目竣工正式移交仪式举行。

26日 太平洋地区渔业部长会议在线上召开。

27日 澳政府公布《2020年澳大利亚外交关系（州及领地协议）法案》中，列出了关于确保涉外协议“透明度”的广泛改革措施。

9月

1日 英国与太平洋区域组织举行线上圆桌会议，讨论海洋与气候变化。

2日 澳统计局数据显示，澳2020年第二季度国内生产总值（GDP）下滑7.0%，是1959年有记录以来最大季度跌幅。

2日 中国驻所罗门群岛首任大使李明抵所履新。

6日 新西兰第52届国会正式解散，全面开启竞选模式。

16日 中国—太平洋岛国论坛对话会特使王雪峰同基里巴斯外交部常秘弗恩举行视频会谈。

21日 中国驻所罗门群岛使馆举行开馆仪式。

21日 新西兰宣布向全球新冠病毒疫苗计划提供2700万新西兰元支持。

23日 中国政府援助巴布亚新几内亚政府医疗药械捐赠仪式在莫尔斯

比港总医院举行。

30日 驻瓦努阿图大使周海成出席中国政府援瓦车辆项目交接仪式。

10月

3日 所罗门群岛确诊首例新冠肺炎病例。

6日 澳政府公布2020～2021财年联邦政府预算案。

12日 由联合国和中国捐赠的30台呼吸机在莫尔兹比港正式交由巴布亚新几内亚。

14日 澳宣布配偶移民改革更多细则，引入“品格测试”（Character Test）。

15日 中方援密克罗尼西亚联邦客货两用船项目实施合同签署仪式在密克罗尼西亚联邦首都帕利基尔进行。

16日 澳大利亚与新西兰之间的单向旅行圈正式启动。

17日 2020年新西兰国会选举初步结果显示，工党可单独执政。

19日 澳大利亚正式应邀参加“马拉巴尔－2020”联合军演。

19～22日 太平洋岛国驻华使节及太平洋岛国驻华贸易投资专员赴广东省交流考察。

29日 澳大利亚重要对华鹰派人物谢里尔（Andrew Shearer）被任命为国家情报总局局长。

11月

1日 新西兰“红绿合作”协议正式签订。

2日 澳公布设立联邦廉政委员会（Commonwealth Integrity Commission）。

2日 毛利裔纳纳娅·马胡塔（Nanaia Mahuta）出任新西兰外交部长，是新西兰首位女性外交部长。

5日 巴布亚新几内亚总理马拉佩在第三届中国国际进口博览会开幕式

上发表视频致辞，称进博会开启了巴布亚新几内亚通往中国及亚洲的大门。

5日 新西兰总理阐述新政府的经济支持措施。

6日 由工党领导的新西兰新一届政府正式形成。

6日 新西兰两项公投结果显示，安乐死法案通过，大麻娱乐化使用合法化未通过。

11日 澳政府通过了《2020年生物安全修订案（旅客申报和其他措施）法案》。

12日 巴布亚新几内亚国会全票通过新的《英国—太平洋临时经济伙伴关系协定》。

12日 巴布亚新几内亚国民议会全票通过《独立反腐败委员会法》。

12日 中国福建省中鸿渔业有限公司在巴布亚新几内亚西部省达鲁岛投资建设“综合多功能渔业工业园”项目备忘录签署仪式在巴布亚新几内亚首都莫尔斯比港举行。

15日 《区域全面经济伙伴关系协定》（RCEP）正式签署。

17日 澳大利亚总理莫里森访问日本，双方就签署“互惠准入协议”达成一致。

18~20日 第8期中国援巴新菌草、旱稻技术培训班举办。

21日 新西兰表示，将以全线上方式主办2021年APEC会议

30日 中国和太平洋岛国举行应对疫情第二次副外长级特别会议。

12月

2日 新西兰总理宣布新西兰进入气候紧急状态

2日 澳公布的数据显示，今年第三季度国内生产总值（GDP）增长3.3%，创下了44年以来最强劲的季度增速。

3日 澳统计局数据显示，2020年1~10月澳对全球货物贸易同比下降6.71%，澳中货物贸易额同比上涨1.07%。

4日 瓦努阿图被宣布从最不发达国家行列毕业，成为发展中国家。

4日 巴布亚新几内亚发布新版首都发展规划:《莫尔斯比港走向2030》。

7日 钱波大使向斐济总理姆拜尼马拉马转交中国政府抗疫援助款。

8日 新西兰皇家调查委员会公布了基督城枪击案调查报告。

8日 澳大利亚议会通过《澳大利亚对外关系(州和领地协议)议案2020》。

11日 太平洋岛国论坛领导人举行关于紧急气候变化行动的高级别圆桌会议。

15日 《南太平洋无核区条约》(拉罗汤加条约)缔约国召开首次会议。

15日 周海成大使代表中国政府向瓦努阿图政府提供10万美元防控疫情援款。

16日 澳大利亚就中国对澳大麦征收关税问题向世贸组织提起诉讼。

17日 澳投资签证新政颁布,现有的9种商业和投资签证将减至4种。

18日 澳大利亚总理莫里森宣布进行有限的内阁改组,教育部长铁寒(Dan Tehan)出任贸易部长。

Abstract

2020 – 2021 Blue Book of Oceania undertakes a comprehensive summary and assessment of the domestic political, economic and foreign relations developments of Australia, New Zealand, and most South Pacific island states in 2020. First of all, the pandemic delivered a major shock to the economic development and social governance of Oceania, especially putting unprecedented pressure on the South Pacific island states that are highly dependent on foreign assistance. Overseas tourism and international education sectors in Oceania bore the brunt of the pandemic. With the rapid deterioration of economic situations at home and abroad, Australia and New Zealand adopted quantitative easing economic policies successively, and sought to flatten the coronavirus curve in order to minimize the negative economic and social effects of lockdowns. This strategy achieved some success. Australia and New Zealand's economy in 2020 delivered a V-shaped recovery, with the booming real estate market as a major driving force.

In 2020, Australia's domestic governance shortcoming loomed large in its slow response to the wide spreading wildfire. The wildfires that swept the country from 2019 to 2020 not only caused a significant loss of life and property and environmental damage, but also exposed the structural deficiencies in Australia's social governance. The credibility of the ruling Morrison government suffered an unprecedented blow. As the pandemic stretched on, ethnic divisions and racism within the Australian society intensified. Suring anti-Asian hate speech and violence left minority communities with greater anxiety and psychological stresses.

New Zealand held a general election in 2020. Under the leadership of Jacinda Ardern, the ruling Labor Party secured a landslide victory. The result attested to the widespread recognition from the society for the ruling party's policy in various areas, and the success of New Zealand-as a country with a mild level of internal divisions-in curbing domestic class, ethnic, and cultural conflicts, and the resilience of its political system.

In 2020, benefiting from the geographic separation from high-risk areas, South Pacific island states did not experience significant COVID - 19 outbreaks. However, they lacked sufficient resources for self-rescue. On one hand, these countries were short of emergency epidemic prevention means and resources. On the other hand, they were yet to establish a truly effective public health system against the threats of the pandemic. Therefore, hardware and software-wise, pandemic prevention assistance from foreign countries, as represented by that from China, formed the basis for local epidemic prevention. It is reasonable to speculate that the continuing pandemic will exacerbate development inequalities among these countries and deepen their dependence on foreign assistance and great powers. Meanwhile, the Federated States of Micronesia represented by Palau withdrew from the Pacific Islands Forum in 2020, leading to the greatest crisis in the history of South Pacific island countries' regional cooperation after World War II.

Oceania's foreign relations in 2020 was negatively affected by the US government's wanton acts to fuel regional tensions and poison US-China relations. With the advancement of US-Japan-India-Australia strategic cooperation and the Indo-pacific Strategy, competition among major powers within and outside the region in Oceania continued to intensify. On one hand, on regional geopolitical issues, the US spared no efforts to woo Australia to participate in various provocations against China. And it increased aid and intervention to Pacific island countries, especially through military exchanges, attempting to integrate them into a broader geopolitical alliance system. On the other hand, Australia was at the vanguard of taking various actions that sought to undermine China's international reputation and contain China. These moves invited strong pushback from China, plunging the already-frosty bilateral relationship to a new low. In contrast, some noises over China-New Zealand relations notwithstanding, the New Zealand government maintained a rational and responsible attitude towards commenting and participating in international affairs.

Keywords: Australia; New Zealand; South Pacific Countries; COVID – 19 Pandemic; Indo-Pacific Strategy

Contents

I General Report

Abstract: The sudden outbreak of COVID - 19 pandemic dramatically interrupted international affairs including all the issues in the Oceania. On one hand, Australian became more ring-wing trend politically as the consequences of the growing populism and new conservatism ideology. Despite the uneasy economic situation, the Morrison government steadily stand by the traditional great power, and turned a more rough position in facing the rising new powers by irritating speeches and policies. On the other hand, New Zealand sustained a more neutral and calm attitude to international affairs for keeping its intentional cooperation, especially in economics, although it still kept a typical western ideology. Attacked by both the pandemic and climate change issues, the small islands states faced serious challenge in both domestic governance and regional coordination. All the events showed that the Oceania region can no longer remain isolated from the globalization world. Only multiple and reasonable framework of international cooperation can promise a stable development of the regional affairs and a benign role of the rising power is significant.

Keywords: Oceania; Political Framework; Foreign Policies; Climate Governance

Ⅱ Special Reports

Abstract: 2020 witnessed an accelerated right-wing polarization of Australian domestic politics and a fast increase on the power of its right-wing, racist and populist forces as a consequence of the country's declining economy and America's political rightwardization. The increasingly political rightwardization and populistization in the country indicate a slim possibility of the birth of any reforming force that is able to reverse this political trends in the near future. As a result, the Australian government was seen to retrogress in international cooperation for dealing with COVID-19 and global warming, and for advancing "free trade" and liberalization of investment. Australia ended its 28 year-long economic growth and suffered a marked economic contraction and unprecedented unemployment, which were partially due to its failure in COVID-19 control and its Cold War mentality of containing China by pursuing an economic semidisconnectedness. Australian economy has slowly moved out of recession since late 2020 thanks to the rising price of bulk commodities. Australian economic data are a testament to the magnitude of the Chinese market to Australian economic recovery and its long-term prosperity.

Keywords: Australia; Domestic Politics; Right-wing Polarization; Populistization; Foreign Policy; Economic Development

Abstract: In 2020, New Zealand suffered economic slump when the COVID-

19 pandemic affects all parts of the world. However, New Zealand's government had a successful response to the pandemic, which played a crucial role in the landslide victory of the Labour Party, led by Jacinda Ardern, in this year's election. The new Labour-led government will have more control in deciding domestic and foreign affairs. Besides, issues like economic recovery, environment protection, housing, and counterterrorism and gun control dominated New Zealand's politics. In terms of foreign affairs, New Zealand has been promoting multilateralism and the rule-based international order. New Zealand has enhanced its presence in the Pacific. New Zealand's relationships with major powers have shown the trend that integrates economic issues, security issues and value issues.

Keywords: New Zealand's Politics; Diplomacy of New Zealand; International Relations; South Pacific

Abstract: The fragility of the social and economic development and the sensitivity to big powers' policy have been two major features of Pacific Island Countries (PIC) in the process to achieve sustainable development goals. In 2020, the COVID −19 brought an unprecedented impact to the worldwide. Although the Pandemic did not spread in the large-scale in PIC region, the impact of COVID − 19 will be a long-term and far-reaching risk. In recent years, in order to hedge against China's rising influence in PIC, the United States, Australia and Japan continued to strengthen the foreign policy towards PIC, which has made a profound change of regional power landscape. Under the background of COVID − 19, on the one hand, PIC lack the ability to continuously prevent and control the pandemic and achieve economic recovery in the short term, on the other hand, they are subject to the policy choices provided by developed countries to enhance regional influence. Therefore, the contradiction between the PIC demands for sustainable development and the external environment is getting more and more prominent.

During the pandemic, China focus on the field of public health and carried out close cooperation with PIC, which is the promotion of building a community of common destiny for all mankind and the result of deepening practical cooperation and comprehensive strategic partnership between China and Pacific island countries.

Keywords: Pacific Island Countries; Sustainable Development; Foreign Policy

Ⅲ Topic Reports

Abstract: In modern countries' foreign policy decision-making system, think tanks, as one of the most important part, play an increasingly important role. In the traditional decision-making system of Australia, the power is mainly concentrated in the cabinet headed by the prime minister, and the participation space of social forces is small. However, in the 21st century, due to the diversity and complexity of foreign policy-making issues, think tanks are introduced into the decision-making process in Australia, just like most countries. Australia's new foreign policy-making think tanks are mainly divided into two categories: one is funded by the government and enterprises and operates as an independent legal actor; the other is affiliated to scientific research institutions of universities and has policy research orientation. This report is mainly based on the Australian defense and foreign policy think tanks listed in the *2020 Global Go To Think Tank Index Report* compiled by the think tank and civil society program (ttcsp) of the University of Pennsylvania. It focuses on 11 think tanks, four of which are high-level think tanks for China studies. On this basis, this report further analyzes the main paths and effects evaluation of Australian think tanks' involvement in foreign policy decision-making. This report found that Australian foreign policy think tanks have been deeply "embedded" in the process of foreign policy formulation and implementation, and they have become mutually dependent "cognitive community" and "interest community" .

Keywords: Australian; Foreign Policy Making; Think Tank; Roles and Implications

Abstract: Australia's international education industry has developed rapidly in the last decade. International education has developed into the country's fourth largest export industry and the world's second largest destination for studying abroad after the United States. During 2019 –2020, the field of higher education still has the largest number of international students, especially undergraduates and masters. Among them, Chinese and Indian students account for the highest proportion, and international students' major choices are mainly concentrated in STEM (science, technology, engineering, mathematics), social science, economic management and other fields. Under the influence of the global COVID –19 in 2020, the number of international students will fluctuate to a large extent, and the characteristics of "Asian regionalization" are more obvious. At the same time, the Australian government strongly supports international education.

Keywords: International Education; International Students; Australia

Abstract: New Zealand's general election in 2020, with two referendums, was hold successfully, although it was postponed to October 17, due to the concerns about the COVID –19 pandemic. Ardern and Labor party won a lands-lide victory, controlling more than half of the parliament seats; in contract,

National party and NZ First tasted bitter defeat. To great extent, Ardern and Labor party's successful response to the pandemic and the upheaval of National's leadership shortly before the election are the major factors to the result. The new cabinet which was formed by Labor party alone after the election reflects the continuity as well as change in the Ardern's agender. The pandemic, economic recovery, climate change, housing and uprising price of real estate will remain the priorities for the new government. In foreign affairs, New Zealand will continue to play an active role on the issues like global warming and trade, promote the relations with its important alliances and partners like Australia and China, and especially develop the cooperation with Biden's administration.

Keywords: New Zealand's Election; COVID -19 Pandemic; The Ardern Administration

B.8 The Relation between Japan and Oceanian Countries (2020 -2021)

Abstract: In 2020, the sudden COVID -19 pandemic triggered a global public crisis. The superposition of the great changes that are unseen in a century and centurial pandemic has pushed the international situation to evolve in the direction of uncertainty and accelerated transformation. Based on the national strategic demands and practical interests, Japan continues to promote the "Indo-Pacific Version", and its relations with Oceanian countries have demonstrated a trend of "promoting stability through progress as well as responding to changes with stability" . The cooperation between the two sides in the fields of political interaction, economic and trade mutual assistance, defense and security, and people-to-people and cultural exchanges has maintained an accelerated development trend. On the one hand, win-win cooperation is accord with the interests of all parties, Japan aims to develop special partnerships with Oceanian countries; On the other hand, facing complex changes in the geo-strategic situation, Japan continues to deepen its defense cooperative relations with Australia and other countries in an attempt to forge the Oceanian countries as the significant pivots of the "democratic and secure diamond" .

Keywords: Centennial Transformation; Centurial Pandemic; Special Partnerships; Democratic and Secure Diamond

Abstract: Australia-India water security cooperation is an important part of the bilateral comprehensive strategic partnership. Under the guidance of "India Economic Strategy 2035" and "Joint Statement on a Comprehensive Strategic Partnership between Republic of India and Australia", Australia-India water security cooperation has achieved certain results, such as establishing a special water security research center, promoting exchanges in water security cooperation between the two countries, and strengthening bilateral water resources science and technology cooperation. However, the awareness of water security cooperation between the two countries is in the embryonic stage, water security often gives way to the needs of economic development, and the influence of domestic politics and interest groups has delayed the process of water cooperation between the two countries. Only by solving problems and promoting cooperation can the two countries achieve a win-win situation in water resources security.

Keywords: Australia-India Cooperation; Water Security; Non-traditional Security

Abstract: Affected by the COVID -19 spread, the international economic and trade frictions and Sino-Australian tensions, the Oceania countries' foreign trade declined as a whole, but the trade between the major Oceania countries and China was relatively stable. Both outward foreign direct investment and inward foreign direct investment of Oceania countries decreased significantly. The signing of "Regional Comprehensive Economic Partnership Agreement (RCEP)" of both Australia and New Zealand and the signing of the Upgraded Free Trade Agreement between New Zealand and China are the highlights of major Oceania countries in promoting foreign economic and trade cooperation and regional economic integration. Looking ahead, the COVID - 19 pandemic situation and the effectiveness of prevention and control, the US economic situation and policies, and the relationship between Oceania countries and China will all have important influence on Oceania countries' foreign trade and economic cooperation.

Keywords: Oceania Countries; International Trade; International Investment; Regional Integration

Abstract: The COVID -19 Pandemic has developed into the worst global epidemic in a century, and all countries in the world have been affected in different ways. Located in the western and southern Pacific Ocean, most developing Pacific Island Countries have not yet seen a large-scale COVID -19 pandemic, which become the minority of global epidemic. However, large-scale border closures and segregation policies around the world lead to a major blow to industrial chains, supply chains and value chains, Pacific Island Countries have been unable to stand alone in the context of the deterioration of the world economy. Leading industries such as tourism and fishing in Pacific Island Countries suffered a major blow. To increase investment in the public health sector to prevent the spread of COVID -19 epidemic and help the private sector and their own people overcome the difficulties, Pacific Island Countries generally launched a large-scale economic stimulus plan. Since most of Pacific Island Countries are still developing countries, with low levels of economic development and poor economic resilience, significant increases in fiscal expenditures pose a threat to the sustainability of government debt.

Keywords: Pacific Island Countries; COVID –19 Pandemic; Economic Stimulus; Travel Industry; Fishing Industry

Abstract: Since the outbreak of COVID –19, countries around the world have taken emergency response measures, and followed closely the international cooperation on the fight against the epidemic. Australia, a developed country in the South Pacific region, has successfully controlled the spread of COVID –19. It is also actively helping Southeast Asia respond to the outbreak. Australia's anti-epidemic assistance to the region has the following characteristics. Firstly, Australia's assistance to Southeast Asian countries is all-round and multi-sectoral with bilateral cooperation at its core and supported by multilateral assistance. Secondly, Australia's aid to Southeast Asian countries is based on geostrategic consideration. Australia hopes to build an "open, inclusive and rules-based regional order" by strengthening its relations with Southeast Asian countries, in order to contain China's increasing international influence. To some extent, it will have a negative impact on regional peace and stability.

Keywords: Australia; Southeast Asia; COVID –19 Pandemic

Abstract: The COVID –19 pandemic had delivered a major shock to global economy and politics. Yet, The US-Australia alliance demonstrated strong resilience against this backdrop. The two countries continued to deepen their cooperation over political, security, economic, and public health affairs. While the US's poor handling of the pandemic to some extent damaged its image on the part of Australian people, the alliance still secured a solid social foundation in both countries. Furthermore, the trend of networking the alliance with wider partnerships was intensified. With the Biden administration taking office in 2021, the bilateral relationship, though facing new adjustments in some issues such as environment policy in all likelihood, is expected to remain stable, and even develop further.

Keywords: US-Australian Alliance; Indo-Pacific Strategy; Critical Minerals; QUAD

Ⅳ Appendix

皮书

智库成果出版与传播平台

皮书定义

皮书是对中国与世界发展状况和热点问题进行年度监测，以专业的角度、专家的视野和实证研究方法，针对某一领域或区域现状与发展态势展开分析和预测，具备前沿性、原创性、实证性、连续性、时效性等特点的公开出版物，由一系列权威研究报告组成。

皮书作者

皮书系列报告作者以国内外一流研究机构、知名高校等重点智库的研究人员为主，多为相关领域一流专家学者，他们的观点代表了当下学界对中国与世界的现实和未来最高水平的解读与分析。截至 2021 年底，皮书研创机构逾千家，报告作者累计超过 10 万人。

皮书荣誉

皮书作为中国社会科学院基础理论研究与应用对策研究融合发展的代表性成果，不仅是哲学社会科学工作者服务中国特色社会主义现代化建设的重要成果，更是助力中国特色新型智库建设、构建中国特色哲学社会科学“三大体系”的重要平台。皮书系列先后被列入“十二五”“十三五”“十四五”时期国家重点出版物出版专项规划项目；2013~2022 年，重点皮书列入中国社会科学院国家哲学社会科学创新工程项目。

皮书网

（网址：www.pishu.cn）

发布皮书研创资讯，传播皮书精彩内容
引领皮书出版潮流，打造皮书服务平台

栏目设置

◆ 关于皮书

何谓皮书、皮书分类、皮书大事记、
皮书荣誉、皮书出版第一人、皮书编辑部

◆ 最新资讯

通知公告、新闻动态、媒体聚焦、
网站专题、视频直播、下载专区

◆ 皮书研创

皮书规范、皮书选题、皮书出版、
皮书研究、研创团队

◆ 皮书评奖评价

指标体系、皮书评价、皮书评奖

◆ 皮书研究院理事会

理事会章程、理事单位、个人理事、高级研究员、理事会秘书处、入会指南

所获荣誉

◆ 2008 年、2011 年、2014 年，皮书网均在全国新闻出版业网站荣誉评选中获得“最具商业价值网站”称号；

◆ 2012 年，获得“出版业网站百强”称号。

网库合一

2014年，皮书网与皮书数据库端口合一，实现资源共享，搭建智库成果融合创新平台。

皮书网　　“皮书说”微信公众号　　皮书微博

S 基本子库
UB DATABASE

中国社会发展数据库（下设 12 个专题子库）

紧扣人口、政治、外交、法律、教育、医疗卫生、资源环境等 12 个社会发展领域的前沿和热点，全面整合专业著作、智库报告、学术资讯、调研数据等类型资源，帮助用户追踪中国社会发展动态、研究社会发展战略与政策、了解社会热点问题、分析社会发展趋势。

中国经济发展数据库（下设 12 专题子库）

内容涵盖宏观经济、产业经济、工业经济、农业经济、财政金融、房地产经济、城市经济、商业贸易等12个重点经济领域，为把握经济运行态势、洞察经济发展规律、研判经济发展趋势、进行经济调控决策提供参考和依据。

中国行业发展数据库（下设 17 个专题子库）

以中国国民经济行业分类为依据，覆盖金融业、旅游业、交通运输业、能源矿产业、制造业等 100 多个行业，跟踪分析国民经济相关行业市场运行状况和政策导向，汇集行业发展前沿资讯，为投资、从业及各种经济决策提供理论支撑和实践指导。

中国区域发展数据库（下设 4 个专题子库）

对中国特定区域内的经济、社会、文化等领域现状与发展情况进行深度分析和预测，涉及省级行政区、城市群、城市、农村等不同维度，研究层级至县及县以下行政区，为学者研究地方经济社会宏观态势、经验模式、发展案例提供支撑，为地方政府决策提供参考。

中国文化传媒数据库（下设 18 个专题子库）

内容覆盖文化产业、新闻传播、电影娱乐、文学艺术、群众文化、图书情报等 18 个重点研究领域，聚焦文化传媒领域发展前沿、热点话题、行业实践，服务用户的教学科研、文化投资、企业规划等需要。

世界经济与国际关系数据库（下设 6 个专题子库）

整合世界经济、国际政治、世界文化与科技、全球性问题、国际组织与国际法、区域研究 6 大领域研究成果，对世界经济形势、国际形势进行连续性深度分析，对年度热点问题进行专题解读，为研判全球发展趋势提供事实和数据支持。

法律声明